U0685092

高等院校空乘专业“十三五”规划教材

# 民航乘务员基础教程

## 第二版

主　编　李　永
副主编　江　群
编　写　双建萍　胡爱英
主　审　刘玉梅

中国民航出版社

**图书在版编目（CIP）数据**

民航乘务员基础教程 / 李永主编. —2 版. —北京：中国民航出版社，2013.8（2017.7 重印）
ISBN 978-7-5128-0127-1

Ⅰ.①民… Ⅱ.①李… Ⅲ.①民用航空 - 乘务人员 - 教材 Ⅳ.① F560.9

中国版本图书馆 CIP 数据核字（2013）第 174406 号

**民航乘务员基础教程**
李永　主编

---

责任编辑　杨玉芹
出　　版　中国民航出版社
地　　址　北京市朝阳区光熙门北里甲 31 号楼（100028）
排　　版　中国民航出版社照排室
印　　刷　北京富泰印刷有限责任公司
发　　行　中国民航出版社（010）64297307　64290477
开　　本　787×1092　1/16
印　　张　18.25
字　　数　367 千字
版　　本　2011 年 6 月第 1 版　2013 年 8 月第 2 版
印　　次　2017 年 7 月第 5 次印刷

---

书　　号　ISBN 978-7-5128-0127-1
定　　价　48.00 元

官方微博　http://weibo.com/phcaac
淘宝网店　https://shop142257812.taobao.com
电子邮箱　phcaac@sina.com

# “高等院校空乘专业系列教材”
# 编审委员会


**主　　任：** 刘玉梅（中国民航科学技术研究院副院长、民航安全技术中心副主任、中国民航消费者事务中心主任）

**副 主 任：** 丁国声（河北外国语职业学院院长、教授，教育部高等学校高职高专英语类专业教学指导委员会委员）

**主任委员：** 盛美兰（原海南航空客舱与地面服务部副总经理）
王淑华（原东方航空客舱服务部副总经理）
王冬梅（原东方航空云南公司乘务培训部经理）
张　燕（南方航空培训部副总经理）
陈毅真（厦门航空配餐部总经理、原厦门航空空中乘务部总经理）
王燕晴（厦门航空空中乘务部总经理）
华　敏（民航中南地区管理局客舱安全检查员）
梁秀荣（中国航协飞行与乘务委员会高级顾问）
周为民（原中国国际航空公司乘务教员）

**委　　员：** 李　梅　照日格图　陈久奎　郁钟铭　李松林
李进华　刘宗瑞　刘春明　张新南　贾玉成
王春玲　王昆欣　刘小芹　崔永兴　陈增红
罗　华　于　静　刘　杰

# “高等院校空乘专业系列教材”
# 编写指导委员会

**主　任：** 王建平

**副主任：** 谢　苏　郝志成　罗兹柏

**委　员：** 胡　靖　谢笑天　徐亚先　龚　锐
黄国良　唐　丽　索宏敏　郭　沙
王艳霞　胡爱英　石兴龙　励继红
陆　霞　李　君　李　永

# 修订说明

《民航乘务员基础教程》一书2011年7月出版至今已经两年，这两年是中国民航快速发展、全面发展、科学发展的时期，特别是2012年7月8日《国务院关于促进民航业发展的若干意见》的正式发布，明确了促进中国民航业发展的总体要求、主要任务和政策措施，进一步确立了民航业的战略地位，标志着发展民航业已上升为国家战略，建设民航强国战略构想被纳入到国家战略体系中。这是新中国成立以来国务院出台的第一部全面指导民航业发展的重要文件，是中国民航业发展史上的一个重要里程碑。在这种背景下，为更好地服务民航院校教学需要，满足空中乘务专业教学对民航最新发展资料及最新服务规范、对民航一线工作信息的需求（如空中客车380、波音787等新机型投入运营，更多机场开通航线带来的多种管理标准，空中交通管理方面的新方式、新技术，客舱服务工作的新标准、新要求等），满足师生了解民航基础知识、熟悉民航整体情况、树立民航全局观念、提高民航服务能力的要求，决定对本书进行修订。

《民航乘务员基础教程》在民航特色专业课程中占有非常重要的地位。由于空中乘务员的职责不仅仅是客舱服务，还要担负客舱安全职责如防止劫机、应对空中暴力、旅客急救、空难时组织紧急撤离等，既需要有过硬的专业知识和丰富的服务技能，更需要有高度的政治意识和良好的综合素质。做到这一点，就要知民航、爱民航、奉献民航。本教材内容共八章，分别介绍民航乘务员应该知道或必须掌握的民航业概况、民航发展历史、航空公司管理及航空运输知识、飞机知识、机场知识、空中交通管理知识、通用航空知识、民航油料航材航信三大保障服务系统概况、航空地理及航空气象基本知识等，紧密结合了民航工作实际及行业特色，知识点突出集中，脉络清晰简明，深度广度平衡，力求拓宽学生的知识点与知识面，为其将来的空乘实际工作奠定扎实的知识基础。

本书在修订过程中力争做到以下几点：一是易学易读，更适合于教与学，在修订过程中切实遵循教学规律和教材编写要求，注意教材中各个章节的内在逻辑性和外在相关性，有些内容适当超出在校学生的知识框架，以突出本书的科学性、前瞻性、引导性，实现教材的应负之责；二是应知够用，更方便于教与学，在注意各个章节逻辑相关的同时，也保持了各章节的相对独立性和完整性，力求做到纵向说清、横向说透，以有利于教师备课与讲授，方便学生简略学习或深度研究；三是方式灵活，更有效于教与学，根据目前的学生情况和他们在学习过程中现实的接受能力、接受心理，更注重文字应用的灵活化、通俗化，讲述方式的多样化，形成对学生学习的有效供给。总的修订原则是：修订后应更多反映民航发展、更加具备教材体例、更易结合教学形式、更好适应教学需要，更好地实现结构完整、体系科学、应知够用，有利于教学过程中教师根据实际情况取舍框架、学生根据自身需要阅读知识点。

出于保持本书连续性、系统性和稳定性的考虑，在本次修订过程中，全书结构及章节分类没有变动，只是在相关部分增加了中国民航的新发展、新资料、新调整，以使本书更完整、更翔实、更科学。凡涉及民航管理机构名称与数量、飞机机型与数量、航空公司名称与数量、机场等级与数量等情况时，均将资料延展到 2013 年 5 月。同时，再次认真通读全书文字，对修订前存在的资料错误、文字错误、内容重复等一并进行了修改与更正。

参加修订的四位作者分别为李永（中国民航出版社文化事业部主任、副编审，中国人民大学法学硕士，先后主编《空乘礼仪教程》、《民航基础知识教程》、《民航机场地面服务概论》、《民航服务心理学》等）、江群（武汉职业技术学院旅游与航空服务学院空乘教研室主任、副教授，华中科技大学经济学硕士）、双建萍（太原旅游职业学院旅游艺术系空乘教研室主任，山西大学文学硕士）、胡爱英（南京旅游职业学院人文艺术系副主任，南京师范大学文学硕士）。在修订过程中，我们抱着严谨认真的工作态度，反复斟酌，努力将修订原则实现于各章的内容之中，使之成为高等院校空乘专业师生教学所用的有益之书。

为保证本书在内容、体例上更加贴近高等院校的教学需求，编委会聘请了内蒙古师范大学旅游学院院长郝志成教授、山东师范大学教务处处长安利国教授、包头师范学院原院长初志壮研究员等专家学者，对修订稿进行了评审。他们提出了诸多宝贵意见，在此表示诚挚的谢意。

在本书的修订过程中，我们参阅了相关专著和文章，谨向这些著作的作者致以衷心的感谢，并欢迎提出宝贵意见。

由于我们的能力有限，本次修订工作仍难免疏漏和不足之处，对此我们依然持虚心学习的态度，乐于接受读者的批评与建议，并恳请各位专家、各院校教师和同学们不吝赐教。

《民航乘务员基础教程》编写组

2013 年 6 月

# 序　言

高等院校空乘专业系列教材是依照国家教育部、财政部实施高校教学质量和教学改革工程的指导思想编写的。教高〔2007〕1号文件指出，要调动政府、学校和社会各方面的力量，来深化教学改革，提高教学质量。本系列教材是民航局直属科研单位权威专家、航空公司资深乘务专家、教员和高等院校经验丰富的教师多方力量精诚合作的结果。教材充分体现了新教改理念所要求的科学性、创新性、前瞻性、实用性。

科学性。空乘专业的目标是培养合格的空中乘务员，但如何培养却是仁者见仁，智者见智。我们在对航空公司进行大量调研的基础上，把乘务学生需要学习的课程分为知识、技巧、外语三大块，由此，教材分为三个序列。第一个序列为学科型，包括《中国民航发展史简明教程》、《民航乘务员基础教程》和《民航客舱安全管理》。其教学目标在于使学生掌握必要的民航知识，为其将来的空乘实际工作奠定扎实的理论基础；第二个序列为项目实践型，包括《民航客舱设备操作实务》、《民航客舱服务与管理》和《民航服务礼仪》，该序列教材以工作任务（或岗位群）为驱动，在若干个项目下面设若干个模块，由浅入深、循序渐进。若干个项目结合实践，为实现教学目标奠定了扎实的基础。第三个为外语序列，外语既属于知识学科，又属于技能训练，本教材侧重于技能训练，重点培养学生的听说能力。

创新性。主要体现在第二序列和第三序列教材上，这两个序列分别由资深乘务专家以空乘人员岗位要求为目标来编写，他们把自己多年的工作心得和培训心得融于教材之中，为了便于学生熟练操作运用，教学方法实事求是，大胆创新，不拘一格。教师在设计、引导、辅导、答疑中起向导作用。学生为提高能力而预习并模拟实践，充分体现以教师为主导、以学生为主体的教学理念。这些特点，为民航空乘专业教学历史上之首创。

前瞻性。空乘人员主要在客舱工作，而民用飞机在不断更新换代，对客舱安全管理和服务质量的要求也日益提高。本系列教材充分考虑到了空乘工作的这一特点，在内容设置里有所体现，比如在机型介绍方面，增加了对波音787、空客380机型的介绍；在客舱安全管理方面，以国际民航组织提倡的SMS为理念。

实用性。如前所述，本系列教材的编写是建立在对用人单位大量调研的基础上，编写的指导思想和理念，序列的划分，项目的设置，知识点的选择，教学方法的选取，都以将来岗位要求为目标，以实用为原则。

本系列教材除了具备上述特点外，在编写体例上，也满足了高等教育教材系统性、完整性、规范性的要求，在章节中设有学习目标和课后思考。教材做到了理论与实际相结合，行文通俗易懂，既便于教师教授，又便于学生学习。

此系列教材从策划到出版，历经 3 年多，其间召开了 10 多次研讨会，涉及专家学者及行业管理者数十人，北京广慧金通教育科技有限公司在其中起到非常重要的组织、协调作用；中国民航科学技术研究院、中国民航出版社、各航空公司及开设空乘专业的相关院校，在编写过程中给予了真诚无私的指导和帮助，在此，我们向以上单位表示衷心的感谢。

由于教材编写时间紧，疏漏和不足之处在所难免，谨恳请各位专家、各院校教师和同学们不吝赐教。

"高等院校空乘专业系列教材"编写指导委员会

2011 年 5 月

# 前　言

本书是“高等院校空乘专业系列教材”中的学科型序列教材之一。遵照“高等院校空乘专业系列教材”编写指导委员会确定的编写要求及编写计划，《民航乘务员基础教程》编写组经过讨论交流，确定本书包括以下内容：

一、学习目标。依据学生在校学习及将来工作去向的要求，结合本章学习内容，提出3~6项学习目标，作为学生应该达到也容易达到的学习结果。

二、章节内容。本书共分8章，分别介绍民航空乘应该知道或必须掌握的民航业概况、民航发展过程、空乘发展历史、航空公司管理、航空运输知识、飞机知识、机场知识、航空气象知识、航空地理知识等，其教学目标在于拓宽学生的知识点与知识面，为其将来的空乘实际工作奠定扎实的知识基础。

三、资料链接。是结合本章所讲内容、线索而增加的相关资料，内容为民航发展过程中的案例分析、重要事件、档案资料、著名人物等，目的是丰富民航历史内容、增加信息含量、开阔学生视野、提高学习效果。

四、图片、照片。配合各章文字内容，选用恰当的历史照片及相关图片，以让学生直观而真切地学习民航知识、感受民航特点、品味民航工作。

五、思考题。在每章的最后列出了3~6道思考题，结合教材中的知识点、知识线、知识面考察和巩固学生的学习效果。

本书由中国民航出版社文化事业部主任李永和具有丰富高校空乘专业教学经验的江群、双建萍、胡爱英编写，李永主要负责本书内容结构、编写原则的确定，全书统稿及第一章、第二章第一节与第二节、第四章、第五章、第六章的撰写，江群负责本书第七章、第八章的撰写，双建萍负责第三章的撰写，胡爱英负责第二章第三节、第四节的撰写。在本书的编写过程中，我们抱着严谨、认真的工作态度，反复协商斟酌，努力将本书的编写原则实现于各章节的内容之中，使之成为高校民航专业师生教学所用的有益之书。

在本书编写过程中，我们参阅了相关专著，使用了数十幅图片，谨向这些著作和图片的作者致以诚挚的谢意，并欢迎提出宝贵意见。

《民航乘务员基础教程》编写组

2011年5月

# 目 录

CONTENTS

## 第四章　国内、国际主要航空运输企业



## 第五章　飞机的发明与发展



## 第六章　民用机场



## 第七章　航空地理基本知识

# 第一章　民用航空概况

学习目标

1. 了解民用航空业的产生与发展概况。
2. 熟悉中国民用航空发展的历史进程，特别是中国成为世界民航大国的巨大变化过程。
3. 掌握中国民航行业构成的八大系统。

## 第一节　民用航空基本概念及分类

航空，英文为 Aviation，是指所有飞行器在地球大气层内的航行活动，如气球、飞艇等轻于空气的飞行器是利用空气的浮力在大气层内飞行，飞机等重于空气的飞行器则是利用与空气相互作用产生的空气动力在大气层内飞行。飞机的发动机依靠飞机携带的燃料（航空汽油或航空煤油）与大气中的氧气相互作用产生动力推动飞机飞行。若是地球大气层以外的航行活动，则称为航天，英文为 Spaceflight。航天飞行器需自带燃料和氧化剂，不能借助空气（因为大气层外的空气里没有氧气）燃烧产生动力。航天分为载人航天和不载人航天两大类。

航空与航天是 20 世纪人类最伟大的发明之一，也是人类认识自然和改造自然进程中最活跃、最有影响的科学技术领域，是人类文明高度发展的重要标志。

人类在认识与探索大自然的漫长岁月中，早就产生了翱翔天空、遨游宇宙的愿望。但是在生产力和科学技术水平都很低下的时代，这种愿望只能停留在幻想的阶段。虽然人类很早就做过飞行的探索和尝试，但真正实现这一愿望是从 18 世纪的热空气气球升空开始的。气球首次把人类带离地面，其标志是 1783 年 11 月 21 日法国化学教授罗齐埃（Rozier）和陆军少校阿尔朗斯（Arlandes）搭乘约瑟夫-米歇尔·蒙哥尔费（Joseph Michel Montgolfier）和雅安-艾蒂安·蒙哥尔费（Jacques-Étienne Montgolfier）兄弟制造的第三个热气球在巴黎离开地面成功升空。随后，12 月 1 日，法国学士院院士夏尔（Charles）利用英国人亨利·卡文迪（Henry Cavendish）发明的氢气试验气球升空成功，平安飞行 43 千米，实现了首次氢气球载人飞行。由于氢气球的性能明显好于热气球，氢气球在法国和其他一些国家得到迅速发展。与热气球原理类似的还有中国的松脂灯（在四川省叫孔明灯），是在糊好的灯底盘上放置燃烧的松脂，松脂灯靠热空气飞上天空，但是它不能载人。

气球虽然能够载人飞行，但它随风飘荡，无法操纵，许多探索者们开始提出解决气球操纵问题的设想并付诸实践。1852 年 9 月 24 日，法国人亨利·吉法尔（Henri Giffard）驾驶他制造的第一艘可部分操纵的飞艇，以蒸汽机为动力驱动一副 3 叶螺旋桨控制方向，时速 8 千米/小时，飞越 28 千米，标志着人类开始了有动力的半操纵飞行。1884 年，法国人勒纳尔（Renara）和克雷布斯（Krebs）设计的“法国”号飞艇装备内燃机式发动机，时速达到 19.3 千米/小时，而且可以全向操纵，是这一时期最成功的飞艇。可以说，飞艇的出现，标志着人类实现了可操纵飞行。

但是，此时的飞艇有个很大的缺点，就是不能载重。为此，德国人齐柏林（Zeppelin）提出了全硬式飞艇设想。1900 年 7 月 2 日，他研制的第一艘硬式飞艇试飞成功。1908 年，他创办了生产军用和商用飞艇的“齐伯林飞艇公司”（后改名为德意志航空公司，即现在世界著名的德国汉莎航空公司的前身），该公司生产的飞艇在第一次世界大战中得到广泛应用，并成为世界上最早用于正式空运乘客的商用交通工具。然而由于飞艇体积大、速度慢、不灵活、易损坏，特别是历史上最大的商用飞艇德国的“兴登堡”号、英国的 R-100 号和美国的“阿克隆”号相继失事，导致近 100 人死亡，使飞艇发展遭到严重打击，几乎消失。

飞艇的成功仍不能让飞行探索者满意，因为它尽管有了发动机和可操作性，但没有像鸟一样的外形，还不是人类飞向天空的理想交通工具。人类在大气层中飞行的古老梦想真正成为现实，是在 1903 年莱特兄弟（Wright brothers—Orville Wright，Wilbur Wright）驾驶第一架带动力的、可操纵的飞机完成了短暂的飞行之后。

这是一个伟大的标志，尽管“飞行者”飞机是那么原始和简单，主要材料是木材、布和绳子，而且是手工制造完成的；尽管它在空中飞行的时间和飞行距离如此之短，飞行高度也仅仅只有 3 米多，但它是人类历史上第一次有动力的、可操纵的、载人的而且是持续的飞行，机翼的几何形状正确，螺旋桨桨叶设计合理，动力为汽油发动机，特别是横向稳定和操纵问题得到解决，实现了人类渴望已久的飞翔理想，被公认为飞机发明的开始而载入史册，自此人类进入了航空时代。之后经过许多杰出人物的艰苦努力甚至付出生命的代价，推动飞机性能不断提高，航空科学技术得到迅速发展，使航空业成为人类 20 世纪最伟大的行业之一。

航空行业包括三大部分，即航空制造业、军用航空业和民用航空业。

航空制造业是整个航空事业的基础。它拥有大批量的各类优秀人才，使用最先进的科学技术，不断地制造出各式各样的航空器供给军事航空业和民用航空业使用。

军事航空业是执行空中军事活动任务的航空活动，它是组成一个国家国防力量的重要部分，如空军、陆军航空兵、海军航空兵、伞兵等。航空制造业许多最新的技术发明和进展大多首先用于军事航空。军事航空技术的发展对整体航空业的发展起着极大的促进与推动作用。

民用航空业是指与人民生活息息相关的各种航空活动，它是一个庞大的行业，包括商业航空运输与通用航空运输两大部分。

商业航空运输，分为航空旅客运输与航空货物运输两种业务内容。经营这些业务的大都是一些企业，以提供航空服务换取利润为目的，所以被称之为商业航空。商业航空运输是交通运输业中的重要组成部分，与公路运输、铁路运输、水上运输、管道运输并列为五大运输方式，对各国国民经济的发展起着重要作用。

通用航空运输一般是指干线和支线定期航班客货运输以及出租飞机公司经营的空运业务以外的所有民用航空活动，是民用航空业的两翼之一。在 2003 年 1 月 10 日国务院、中央军委联合颁布的《中华人民共和国通用航空飞行管制条例》中对通用航空运输的定义为：所谓通用航空，是指除军事、警务、海关缉私飞行和公共航空运输飞行以外的航空活动，包括从事工业、农业、林业、渔业、矿业、建筑业的作业飞行和医疗卫生、抢险救灾、气息探测、海洋监测、科学实验、遥感测绘、教育训练、文化体育、旅游观光等方面的飞行活动。对这个定义也可以形象地讲为“通用通用，大家都用”。通用航空飞行一般使用小型飞机或直升机。通用航空由于灵活机动，所以用途很多，特别在世界发达国家中因为实行低空开放政策已是大众飞行的领域，而在我国目前通用航空的发展还处于探索发展阶段，其表现为 2010 年 10 月我国开始试行 1000 米以下低空空域开放的改革试点。

# 第二节　民用航空的历史与发展

## 一、飞机在战争中得到快速发展

飞机发明之后，大多数人还只是把它作为一个并无多少用途的新奇事物，而且人们接受这个新奇事物也会有个过程，所以航空在其开始阶段仅仅是一种具有个人色彩的探险活动。但恰恰是喜欢飞行的人们对航空的兴趣，使航空史上的许多“第一”诞生了：1906 年 11 月，巴西人阿尔见托·桑托斯-杜蒙（Alberto Santos-Dumont）用他的鸭式双翼机创造了第一个飞行距离纪录（220 米）；1909 年 7 月，法国人刘易斯·布莱里奥（Louis Blériot）第一次驾驶飞机飞越英吉利海峡；1909 年 8 月，美国人格伦·寇蒂斯（Glenn Curtiss）创造了第一个飞行速度纪录（69. 8 千米/小时）；1909 年 8 月，法国人于贝尔·拉唐（Hubert Latham）创造了第一个飞行高度纪录（155 米）；1909 年 12 月，中国人冯如驾驶自制的飞机（时速为 76 千米）在第一次国际飞行竞赛大会上获得冠军；1914 年 10 月，第一次真正的空战发生于第一次世界大战期间。

第一次世界大战推动了航空业的发展，到 1918 年大战结束时，原来只有几个人用木材和蒙布、绳子拼拼凑凑制造飞机的分散工棚，变成了具有相当规模的工厂，而且许多国家建立了专门的航空科研机构和航空工业，共出现 200 多个飞机厂和 80 多个发动机厂，生产出 183000 多架飞机和 235000 台发动机；飞机的性能有了显著提高——飞行速度由 100 千米/小时提高到 260 千米/小时，飞机升限则由 4200 米提高到 8810 米，飞行航程也加大到 1900 千米；飞机的结构和动力装置得到较大改进——多翼机被单翼机取代，出现了无张线和撑杆的悬臂式机翼，木质结构被改变，出现了金属机身等。而新型发动机的出现则使飞机可以做得更大、装载更多。航空发动机技术新进步的表现是——发展了星形直立气冷式发动机、采用了高辛烷值燃料、出现了发动机增压器以及变距螺桨开始使用。而在飞机机体设计和材料方面，则出现了收放式起落架、NACA（美国航空咨询委员会）整流罩、全金属应力蒙皮结构及屈服强度较高的铝合金材料等，并由此出现了可以使飞机在复杂气象条件下安全飞行的增压座舱。在飞机操纵方面，出现了高升力装置和自动驾驶仪，大大改进了飞机起飞、着陆性能和飞机操纵性能。这些新技术，推动着飞机在飞行高度、飞行速度和航程方面达到新的纪录，并在第二次世界大战中得到应用和新发展。

如果说第一次世界大战中空军只是初登战争舞台的话，那么第二次世界大战中空军则是大显身手，自始至终参战并成为影响胜负的重要力量。据不完全统计，二战中投入使用飞机的数量极大，仅1942年至1945年间，交战双方就生产了64万架飞机，其中大多数是战斗机和轰炸机。在此期间出现了一大批优秀机种，其性能比其前辈有极大提高，如美国的P-51“野马”战斗机，英国的“喷火”战斗机和“蚊式”战斗轰炸机，苏联的拉-5和拉-7战斗机，德国的Me-109战斗机，日本的“零式”战斗机。轰炸机有美国的B-17、B-25、B-29轰炸机，英国的兰开斯特轰炸机，德国的道尼尔217型轰炸机和容克斯Ju-87型轰炸机，苏联的图2型轰炸机等。

但是，活塞式发动机提供的功率和螺旋桨的效率已经达到极限，满足不了继续增速、突破音障和提高升限的需要，人们开始加紧研制新型发动机——喷气式发动机。1930年1月，英国人弗兰克·惠特尔（Frank Whittle）取得涡轮发动机专利。1937年3月，德国人冯·奥海因（H. Ohain）研制出世界上第一种轴流式喷气发动机，并于1939年8月装配在He-178飞机上试飞成功，成为世界上第一架成功飞行的喷气飞机。弗兰克·惠特尔在1937年4月试制成功离心式涡轮喷气发动机，并在1941年5月装配在E28/39飞机上成功飞行，速度达到850千米/小时，超过二战时盟国所有的高效能活塞发动机的战斗机。随后，美国、苏联引进喷气发动机，并先后制造出F-80、F-84、F-86、雅克15、米格9、米格15等喷气式战斗机。

飞机发展过程中又一项重大进步是飞机飞行速度突破音障，使飞机速度开始了向超音速时代转变。1947年10月14日，美国人耶格尔（Yeager）驾驶贝尔公司制造的XS-1研究机第一次在12800米高空达到1078千米/小时的速度，首次突破音障。1955年10月，美国F-100型飞机成功实现了水平飞行中的超音速飞行，飞机正式进入超音速时代。

自此以后至今，飞机发展大致经历了三个阶段。

第一阶段，时间为20世纪50年代初到60年代中期，是超音速飞机大批涌现的时期，发动机为涡轮喷气发动机或涡轮风扇发动机，代表性飞机有美国生产的F-100、F-102、F-104、F-4、F-111、B-1，苏联生产的米格19、米格21、米格23、米格25、苏7、苏17、图26、图160，英国生产的“闪电”，法国生产的“超神秘”、“军旗”、“幻影”Ⅲ、F-1，瑞典生产的萨伯35，中国生产的歼6、歼7、歼8等。

第二阶段，时间为20世纪60年代末到70年代末，是高机动性飞机出现的时期，飞行动力改为带有加力装置的涡轮风扇发动机或装配推力矢量喷管，使飞机飞行性能大幅提高，代表性飞机有美国生产的F-14、F-15、F-16、F-18、B-2，苏联生产的米格29、米格31、苏27、苏35，法国生产的“幻影”2000，英德意联合生产的“狂风”，瑞典生产的萨伯37等。

第三阶段，时间为20世纪80年代至今，是超高机动性能飞机研制和生产的时期，大量先进科学技术的使用使飞机性能得到进一步提升，完全做到了超音速巡航，代表性飞机有美国的F-22、F-35，俄罗斯的苏37，法国的“阵风”，英德意西合作的EF2000，瑞典的JAS-39等。

## 二、飞机造福人类：民用航空的兴起及发展

### 1. 民用航空的兴起

在飞机发明之后至第一次世界大战之前，飞机因其自身的原始和简陋而使其更多具有表演性甚至是冒险性，据统计，美国第一批从事航空邮政服务的40名班机飞行员，到1935年有31人死于飞行事故，平均飞行寿命只有3年。所以当时的人们称航空为“冒险者”的事业。但是这并没有阻碍人们把飞机应用于航空运输的努力——依据资料记载，世界最早的飞机货运飞行是在1910年11月7日，美国飞行员菲利普·帕马利（Philip Parmalee）受莫尔豪斯貂皮公司的委托，驾驶莱特B型双翼机，将一批丝织品从代顿（Dayton）运往哥伦布（Columbus）做促销活动；世界首次邮政飞行是在1911年2月8日，英国皇家海军中校温德姆（Windham）请法国飞行员亨利·佩凯（Henry Pequet）驾驶法制“桑马（Somma）”双翼飞机把一批信件从印度的阿拉哈巴德市（Allahabad）带往5英里外的奈尼（Naini），每封信附加航空费2.5便士；世界上首次航班飞行出现在1914年1月1日，美国著名飞行员托尼·贾纳斯（Tony Jannus）驾驶“伯努特（Benoist）”号水上飞机，载1名乘客，开始了从圣彼得斯堡（St. Petersburg）到坦帕（Tampa）的第一次航班飞行，航线全长31千米，航行时间约20分钟，单程票价为5美元。

第一次世界大战推动了飞机性能的极大提高，而且战后既有大量的剩余军用飞机，又有众多面临失业的飞行员，人们很快把飞机的功用转移到了民用上，而欧洲各国政府也极力支持民用航空的发展。在1919年1月协约国召开的巴黎和会上，法国政府建议签署国际航空公约作为巴黎和约的一部分。结果经过半年多的努力，共有38个国家签署同意了这一公约，被称为《巴黎公约》，该公约成为世界上第一部国家间的航空法。

1919年2月5日，德国成立了世界上第一家持续运营的航空公司“德意志航空运输公司”，首先开始了国内的民航运输——2月5日使用单发双翼飞机开辟了柏林至魏玛之间的定期客运航班，成为欧洲最早的定期航班。3月，德国容克斯（Junkers）公司使用本国生产的J-10改型全金属飞机开辟了德绍至魏玛的航线（7月18日，该公司又使用他们本国设计的世界上第一种全金属结构的民航飞机容克斯F13型飞机，满载6名乘客开辟了德国至瑞典斯德哥尔摩的航线）。同年5月1日，英国的民航飞行得到批准，并很快开始了一系列的专用运输飞行。8月25日，英国的“航空器运输和旅游公司”及法国的“法尔芒飞机制造公司”、“法国航线公司”开通了伦敦至巴黎之间定期的空

中客运和货运航班，确定了航线和机型，正式揭开了民用航空事业的大幕。随后，欧洲的几家航空公司所在国组建了国际航空运输组织“国际空中航行委员会”ICAN（International Commission for Air Navigation），其目的是促进国际航空的发展和使旅客感到方便。很快，以欧洲为中心联系各国的航空网开始形成。因此，1919 年被认为是民用航空正式开始的一年。

这时使用的飞机都是由军用飞机改装而成的，如英国德·哈维兰公司生产的 D. H. 4 单引擎轰炸机把座舱封闭后再加上两把椅子，就变成了由伦敦飞往巴黎航线的民航客机（狭窄的客舱只能容纳 2 名旅客）。法国的“哥利亚”（Goliath）双翼重型轰炸机也被改装成载客 12 ~ 20 人的客机，用于巴黎飞往伦敦和布鲁塞尔的国际航线。这些飞机飞行高度低，容易受到气流干扰引起颠簸，旅客晕机是经常的事情。飞机客舱设备简陋，根本没有空调，旅客们早上会冻得瑟瑟发抖而到中午却又汗流浃背。飞机飞行速度低，活塞发动机的巨大震动与噪声使整个客舱也跟着摇晃，旅客只好用棉球堵住耳朵，特别是长途旅行的旅客，不得不多次中途降落并在当地宾馆过夜。

尽管如此，民用航空业务发展十分迅速，至 1939 年第二次世界大战爆发前，民用航空迅速从欧洲发展到北美，然后普及到亚洲、非洲及大洋洲。中国也在 1919 年 3 月成立了国家级的航空管理机构——交通部筹办航空事宜处，并在 1920 年开始建立第一条民用航线。而 1927 年 5 月 21 日美国人林白（Lindbergh）横越大西洋的飞行成功后，航空便由洲内飞行变成了洲际飞行。在这一时期成立的最有代表性的航空公司有荷兰皇家航空公司（1919 年成立）、澳大利亚快达航空公司（1920 年成立）、墨西哥航空公司（1921 年成立）、苏联航空公司（1923 年成立）、芬兰航空公司（1923 年成立）、美国达美航空公司（1924 年成立）、英国航空公司（1924 年成立）、瑞典 ABA 航空公司（1924 年成立）、德国汉莎航空公司（1926 年成立）、美国联合航空公司（1926 年成立）、挪威 DNL 航空公司（1927 年成立）、波兰航空公司（1929 年成立）、中国航空公司（1929 年成立）、美国美利坚航空公司（1930 年成立）、中国欧亚航空公司（1931 年成立）、瑞士航空公司（1931 年成立）、法国航空公司（1933 年成立）、美国大陆航空公司（1934 年成立）、南非航空公司（1934 年成立）、加拿大航空公司（1937 年成立）等。这些航空公司在此时使用的最有代表性的民航客机是美国生产的波音 247、DC-3 和德国生产的容克斯 Ju-52 等。

### 2. 民用航空的大发展

1939 年第二次世界大战的爆发，中断了民航发展的正常进程，但是二战期间航空技术的突飞猛进又为战后民航事业的崛起奠定了基础，并由此迎来了民用航空的大发展时期。

这种大发展表现在以下四个方面。

①国际航空组织及管理迅速发展。1944 年，大战结束前夕，经过美国政府的建议，在美国芝加哥召集了 52 个国家参加的会议，签署了关于国际航空运输的《芝加哥公约》。它取代了 1919 年的《巴黎公约》和 1928 年的《哈瓦那公约》。此公约成为现在世界国际航空法的基础。根据公约的规定，1947 年成立了国际民航组织，即 ICAO（International Civil Aviation Organization）。从此在世界范围内有了统一的民用航空管理协调机构，民用航空成为有统一规章制度和约定的世界范围的行业，各国随后也建立起相应的民航主管当局或机构，代表政府参加国际民航组织。在此基础上，国际航空业务迅速发展起来，到 1987 年，全世界 192 个国家中有 180 多个国家参加了这一组织。至 2010 年，全世界 200 多个国家和地区中有 190 多个成为国际民航组织会员国。中国国民政府于 1944 年签署了《国际民用航空公约》，是国际民航组织的创始成员国之一，1946 年正式成为会员国（1971 年 11 月，国际民航组织通过决议承认中华人民共和国的代表为中国唯一合法代表，不再接受台湾“中华民国”代表）。

②在世界范围内出现机场、空中管制、航路网等基础设施的建设热潮，加上飞机性能的不断改善提高，使民用航空由过去的点线结构向点线面结构发展，逐渐形成了全球范围的航空网。

③民用飞机性能不断提高，品种不断增加，客舱设备持续完善，通用航空业务得到快速发展，特别是直升机进入民用航空服务领域，成为民航的又一主要航空器，开辟了民用航空新领域。

④喷气式民用客机开始使用，推动民用航空进入新的阶段，其标志是 1956 年的苏联图 104 投入航线使用，1958 年美国波音 707、DC-8 投入航线使用（虽然早在 1950 年英国就投入使用了世界上第一架喷气式客机“子爵”型，但因它采用的是涡轮螺旋桨，其速度并不比活塞式飞机快多少。1952 年，英国又制造了真正涡轮喷气的“彗星”号客机，但却在使用中因三次空中解体而中断使用）。由于喷气式客机的时速达到 1000 千米，航程超过 10000 千米，载客 160 人左右，促使民用航空由一个国家或一个大陆内的少量人使用的运输手段，变成为更全球性、更大众性的运输行业，成为交通运输（铁路、公路、水运、空运、管道运输）五大组成部分之一。

### 3. 民用航空持续发展阶段：全球化、大众化、安全舒适化

喷气式民用客机的使用，带来了整个民航系统的巨大变化。首先是航空公司的大量出现和快速发展——先进的飞机、巨大的市场需求和可能出现的高额利润造成航空公司的迅速增加。在发达国家先后出现了大量的航空公司，后来经过整合及兼并发展成数十家大型航空公司，如德国汉莎航空公司、法国航空公司、美国西北航空公司、美国联合航空公司、英国航空公司、荷兰航空公司、芬兰航空公司等。而发展中国家则把参与国际航空市场作为国家尊严和地位的象征，全力支持国家航空公司的成立与发展，至今几

乎每个国家都有自己或合作的航空公司。全世界民航业一片繁荣。

其次是机场建设的数量不断增加及性能的不断改善。由于喷气式客机的尺寸日渐大型化、起落重量和载重的增加以及飞机噪声带来的问题等，使旧的机场设施难以满足需求，于是改建、扩建、新建机场以适应和满足飞机性能要求、客流及货流要求，成为一个不间断的过程，时至今日仍在继续。例如，北京首都国际机场自 1958 年投入使用至今已进行到第四次扩建，始终保持着中国第一、亚洲领先水平。特别是为保证北京奥运会运输服务的第四次扩建完成后，其现代化程度与旅客吞吐量等已经进入世界机场前列，自 2009 年开始，北京首都国际机场旅客吞吐量已排名世界第二位。

第三，喷气式民用客机要求航行管理系统跟上变化，从航行管制到航路建设、航行情报通信手段等都在进行着改造和更新，以满足喷气飞机时代的速度要求、容量要求。

第四，民航客机朝着高速度、大型化、安全舒适化的方向发展并不断取得新的成绩。在提高飞机速度方面，1969 年英法合作生产的超音速客机“协和号”则是最好代表，它的时速达到 2150 千米，从伦敦飞往纽约只需要 3.5 小时，让人们的跨国之行如打的士汽车一样方便快捷；而在飞机的大型化方面，1970 年美国波音 747 宽体客机投入航线则是其重要标志，它是一种双层双通道飞机，最大载客量达到 400 多人；随后，飞机制造者和运营者们更多地考虑乘机的安全与舒适度，不断采用新材料、新技术增加飞机的性能，先后研制出单通道新飞机波音 737、757，空中客车 320，双通道飞机波音 767、777、787，俄罗斯伊尔 86、96，空中客车 300、340 及 380 等，特别是空中客车 380 飞机，最大载客量达到 500 多人，是目前世界上载客量最大的民用客机。

## 第三节　中国民航业的整体发展框架

民用航空行业是一个集高技术、大资金、高风险于一体的行业，安全水平要求高，又涉及领空主权和外交事务等敏感区域，要求协调迅速有效，判断细致准确，解决果断有力。表面上看是一架飞机飞行，实际上却需要几十个部门的共同工作，合理分工与相互协作来完成上百种任务，这是现代民航业的最大特征。大概而言，中国民航业现时结构组成有以下八部分。

### 一、行政管理系统

中国民航事务的最高管理机构是中国民用航空局，现有职能是：（1）研究并提出民航事业发展的方针、政策和战略；拟定民航法律、法规草案，经批准后监督执行；推进和指导民航业体制改革和企业改革工作。(2)编制民航行业中长期发展规划;对行业实施宏观管理;负责全行业综合统计和信息化工作。(3)制定保障民用航空安全的方针政策和规章制度,监督管理民航行业的飞行安全和地面安全;制定航空器飞行事故和事故征候标准,按规定调查处理航空器飞行事故。(4)制定民用航空飞行标准及管理规章制度,对民用航空器运营人实施运行合格审定和持续监督检查,负责民用航空飞行人员、飞行签派人员的资格管理;审批机场飞行程序和运行最低标准;管理民用航空卫生工作。(5)制定民用航空器适航管理标准和规章制度,负责民用航空器型号合格审定、生产许可审定、适航审查、国籍登记、维修许可审定和维修人员资格管理并持续监督检查。(6)制定民用航空空中交通管理标准和规章制度,编制民用航空空域规划,负责民航航路的建设和管理,对民用航空器实施空中交通管理,负责空中交通管制人员的资格管理;管理民航导航通信、航行情报和航空气象工作。(7)制定民用机场建设和安全运行标准及规章制度,监督管理机场建设和安全运行;审批机场总体规划,对民用机场实行使用许可管理;实施对民用机场飞行区适用性、环境保护和土地使用的行业管理。(8)制定民航安全保卫管理标准和规章,管理民航空防安全;监督检查防范和处置劫机、炸机预案,指导和处理非法干扰民航安全的重大事件;管理和指导机场安检、治安及消防救援工作。(9)制定航空运输、通用航空政策和规章制度,管理航空运输和通用航空市场;对民航企业实行经营许可管理,组织协调重要运输任务。(10)研究并提出民航行业价格政策及经济调节办法,监测民航行业经济效益,管理有关预算资金;审核、报批企业购买和租赁民用飞机的申请;研究并提出民航行业劳动工资政策,管理和指导直属单位劳动工资工作。(11)领导民航地区、自治区、直辖市管理局和管理民航直属院校等事业单位;按规定范围管理干部,组织和指导培训教育工作。(12)代表国家处理涉外民航事务,负责对外航空谈判、签约并监督实施,维护国家航空权益;参加国际民航组织活动及涉及民航事务的政府间国际组织和多边活动;处理涉及香港特别行政区及澳门、台湾地区民航事务。(13)负责民航党群工作和思想政治工作。(14)承办国务院交办的其他事项。

中国民航局下设7个地区管理局和1个直辖省管理局,每个地区管理局向其所辖省(市、自治区)派出民航安全监督管理机构。具体为:民航华北地区管理局——下辖民航北京安全监督管理局、民航天津安全监督管理局、民航河北安全监督管理局、民航山西安全监督管理局、民航内蒙古安全监督管理局;民航东北地区管理局——下辖民航辽宁安全监督管理局、民航大连安全监督管理局、民航吉林安全监督管理局、民航黑龙江安全监督管理局;民航华东地区管理局——下辖民航上海安全监督管理局、民航江苏安全监督管理局、民航浙江安全监督管理局、民航安徽安全监督管理局、民航福建安全监督管理局室、民航厦门安全监督管理局、民航江西安全监督管理局、民航山东安全监督管理局、民航青岛安全监督管理局、民航温州安全监督管理局；民航中南地区管理局——下辖民航广东安全监督管理局、民航河南安全监督管理局、民航湖北安全监督管理局、民航湖南安全监督管理局、民航海南安全监督管理局、民航广西安全监督管理局、民航深圳安全监督管理局、民航桂林安全监督管理局、民航三亚安全监督管理局；民航西南地区管理局——下辖民航四川安全监督管理局、民航重庆安全监督管理局、民航贵州安全监督管理局、民航云南安全监督管理局、民航丽江安全监督管理局；民航西北地区管理局——下辖民航陕西安全监督管理局、民航甘肃安全监督管理局、民航青海安全监督管理局、民航宁夏安全监督管理局；民航新疆地区管理局——下辖民航乌鲁木齐安全监督管理局、民航南疆安全运行办公室、民航喀什安全监督管理局。直辖省管理局为民航西藏自治区管理局。

## 二、航空运输企业

根据企业使用航空器的不同和运输目的物的不同可以分为航空运输企业（航空公司）和通用航空运输企业（通用航空公司）两大类。目前（至2013年5月）正在运营的航空运输企业有：

（1）中国航空集团公司，总部在北京，是中国唯一载国旗和担任中国党和国家领导人专机任务的航空运输企业。下辖航空运输企业有中国国际航空股份有限公司及西南、浙江、重庆、天津、贵州、西藏、上海等分公司，控股或参股中国国际货运航空有限公司、山东航空集团有限公司、深圳航空有限公司、昆明航空有限公司、河南航空有限公司、大连航空有限责任公司、中国国际航空内蒙古有限公司。

（2）中国东方航空集团公司，总部在上海，下辖运输企业有中国东方航空股份有限公司及西北、云南、北京、山东、安徽、江西、山西、河北、浙江、甘肃分公司，控股或参股中国东方航空江苏有限公司、中国东方航空武汉有限责任公司、中国货运航空有限公司、东方通用航空公司、上海航空有限公司、中国联合航空有限公司、幸福航空有限公司。

（3）中国南方航空集团公司，总部在广州，下辖航空运输企业有中国南方航空股份有限公司及北方、新疆、海南、河南、湖北、湖南、深圳、大连、吉林、黑龙江、北京、广西分公司，控股或参股汕头航空有限公司、珠海航空有限公司、贵州航空有限公司、中国南方航空集团海南有限公司（原北亚航空公司）、珠海直升机分公司及参股的厦门航空有限公司、四川航空股份有限公司、重庆航空有限公司、中国邮政航空有限责任公司。

（4）海南航空集团公司，总部在海口，成立于2000年，前身是1989年成立的海南省航空公司，也是中国民航最早上市的航空企业。其下辖航空运输企业有海南航空股份有限公司及新疆、广州、兰州、大连分公司，控股或参股中国新华航空有限责任公司、长安航空有限责任公司、山西航空有限责任公司、天津航空有限公司、扬子江快运航空有限公司、金鹿航空有限公司、金鹿公务机有限公司、西部航空有限公司、云南祥鹏航空有限公司、首都航空有限公司。

（5）四川航空集团公司，总部在成都，成立于2002年，前身为1986年成立的四川省航空公司。先后参股成都航空有限公司、河北航空有限公司。

（6）深圳航空有限责任公司，驻地深圳，1992年11月25日成立，初名深圳航空公司，2000年12月4日改为现名，2010年3月由中国航空集团公司控股。现为中国航空集团公司旗下企业。

（7）厦门航空有限公司，驻地厦门，1984年7月25日成立，中国南方航空公司控股。现为中国南方航空集团公司旗下企业。

（8）山东航空公司，驻地济南，1994年3月12日成立，1999年12月重组为山东航空股份有限公司，2004年被中国航空集团公司控股。现为中国航空集团公司旗下企业。

（9）上海航空股份有限公司，驻地上海，1985年12月30日成立，2009年7月合并于中国东方航空股份有限公司，改称上海航空有限公司。

（10）中国联合航空有限公司，驻地北京，1986年12月25日成立，2004年7月由上海航空公司、中国航空器材进出口集团公司重新组建，驻地北京。现为中国东方航空集团公司旗下企业。

（11）上海春秋航空有限公司，驻地上海，2004年5月26日成立。

（12）奥凯航空有限公司，驻地北京、天津，2004年5月26日成立。

（13）云南祥鹏航空有限公司，驻地昆明，2004年6月成立，为海南航空集团公司旗下航空公司。

（14）华夏航空有限公司，驻地贵阳，2006年4月16日成立。

（15）上海吉祥航空有限公司，驻地上海，2006年9月25日成立。

（16）西部航空有限公司，驻地重庆，2007年6月14日成立，为海南航空集团公司旗下航空公司。

（17）重庆航空有限公司，驻地重庆，2007年6月16日成立，为中国南方航空股份有限公司控股企业。

（18）幸福航空有限公司，驻地西安，2008年3月12日成立，为中国东方航空集团公司参股企业。

（19）昆明航空有限公司，驻地昆明，2009年2月25日成立，为深圳航空有限公司控股的航空公司。现为中国航空集团公司旗下企业。

（20）天津航空有限责任公司，驻地天津，2009 年 6 月 8 日成立。前身为 2007 年 3 月 30 日成立的大新华快运航空有限公司。现为海南航空集团公司旗下航空公司。

（21）河南航空有限公司，驻地郑州，2009 年 9 月 25 日成立，为深圳航空有限公司控股的航空公司。前身为 2007 年 10 月运营的鲲鹏航空公司（驻地西安）。现为中国航空集团公司旗下企业。

（22）成都航空有限公司，驻地成都，2010 年 1 月 15 日成立。前身为 2004 年 6 月 17 日成立的鹰联航空有限公司。现为四川航空集团公司旗下航空公司。

（23）首都航空有限公司，驻地北京，2010 年 2 月成立，前身为 2006 年 8 月成立的金鹿航空有限公司。现为海南航空集团公司旗下航空公司。

（24）西藏航空有限公司，驻地拉萨，2010 年 6 月 17 日成立。

（25）河北航空有限公司，驻地石家庄，2010 年 6 月 29 日成立。前身为 2007 年 11 月 8 日成立的东北航空有限公司。现为四川航空集团公司旗下航空公司。

（26）大连航空有限责任公司，驻地大连，2011 年 8 月 8 日成立。现为中国航空集团公司旗下企业。

（27）中国国际航空内蒙古有限公司，驻地呼和浩特，2012 年 8 月 23 日成立。现为中国航空集团公司旗下企业。

## 三、民用机场

民用机场是为航空运输企业服务的专业性及为旅客服务的社会性相结合的机构，也是为机场所在地社会经济交通运输服务的公众设施。因此，机场既是带有营利性的企业，又是带有为所在地区公众服务的事业性机构，并因此产生不同的结果：业务量大的机场会巨额盈利，而业务量小的机场会巨额亏损。但不论哪种情况，要保证航空运输企业的运营，保证航线的开通，保证民航业的顺利发展，机场的修建及相应水平的配套设施必不可少。

截至 2013 年 5 月，中国共有航班使用机场 185 个（不含台湾地区），其中旅客吞吐量（2010 年）排在前 20 名的机场是：北京、广州、上海浦东、上海虹桥、深圳、成都、昆明、西安、杭州、重庆、厦门、长沙、南京、武汉、青岛、大连、三亚、乌鲁木齐、海口、郑州。货邮吞吐量（2010 年）排在前 20 名的机场是：上海浦东、北京、广州、深圳、上海虹桥、成都、杭州、昆明、厦门、南京、天津、重庆、青岛、西安、大连、沈阳、武汉、长沙、乌鲁木齐、海口。飞机起降架次（2010 年）排在前 20 名的机场是：北京、上海浦东、广州、上海虹桥、深圳、洛阳、成都、绵阳、昆明、西安、杭州、重庆、厦门、南京、长沙、武汉、青岛、大连、乌鲁木齐、天津。

## 四、民航空中交通管理机构

新中国成立后的中国民航空中交通管理体制和制度，是根据民航政企合一和国土空防的需要制定的，日常的生产飞行组织和实施过程中的决策，由民航总局抓总，同时受空军制约，没有设立单独的组织机构。1980 年民航实施改革后，设置了民航航务管理机构。1986 年 1 月，国务院、中央军委决定设立国家空中交通管制局，负责全国空中交通管制工作，隶属民航局。随后，逐步在各地区管理局设立航务管理中心，在各省（市、自治区）管理局设置航务管理站。1994 年 6 月，民航总局空中交通管理局成立（总局航行司和航务管理中心合并改建而成），1996 年后各地区管理局的航务管理中心也逐渐改称空中交通管理局，中国民航空管系统开始规范化运作。

2004 年 6 月，新一轮民航空中交通管理体制改革顺利完成，形成了民航总局空中交通管理局—7 个地区管理局空中交通管理局—32 个空中交通管理中心（站）上下一体三级管理的民航空中交通管理体系。不承担区域管制任务的机场的塔台管制由所在机场负责，业务上接受民航空管部门的统一指挥和行业管理。2008 年开始，各个管理中心改名为管理分局，目前的具体构成情况如下。

中国民用航空局空中交通管理局，下辖 7 个地区空管局：

①民航华北地区空中交通管理局，下设民航山西空中交通管理分局、民航内蒙古空中交通管理分局、民航河北空中交通管理分局、民航天津空中交通管理分局、民航呼伦贝尔空中交通管理站；

②民航华东地区空中交通管理局，下设民航山东空中交通管理分局、民航安徽空中交通管理分局、民航江苏空中交通管理分局、民航浙江空中交通管理分局、民航江西空中交通管理分局、民航福建空中交通管理分局、民航厦门空中交通管理站、民航青岛空中交通管理站、民航宁波空中交通管理站、民航温州空中交通管理站；

③民航中南地区空中交通管理局，下设民航海南空中交通管理分局、民航河南空中交通管理分局、民航湖北空中交通管理分局、民航湖南空中交通管理分局、民航广西空中交通管理分局、民航桂林空中交通管理站、民航汕头空中交通管理站、民航湛江空中交通管理站、民航三亚空中交通管理站、民航深圳空中交通管理站、民航珠海空中交通管理站；

④民航西南地区空中交通管理局，下设民航云南空中交通管理分局、民航贵州空中交通管理分局、民航重庆空中交通管理分局；

⑤民航西北地区空中交通管理局，下设民航甘肃空中交通管理分局、民航青海空中

交通管理分局、民航宁夏空中交通管分局；

⑥民航东北地区空中交通管理局，下设沈阳服务保障中心、民航黑龙江空中交通管理分局、民航吉林空中交通管理分局、民航大连空中交通管理站；

⑦民航新疆空中交通管理局。

## 五、民航信息服务系统

信息服务系统进入民航业，在国外大约是20世纪60年代。中国信息服务起步较晚，网络建设速度慢，加上各种原因，与民航配套的信息服务滞后。正是因为这种情况，面对国外民航业的冲击，中国民航加强了信息化建设步伐。1980年，民航局发布《关于筹建民航计算机总站的通知》，1987年决定成立“中国民航计算机中心”。1989年10月，国家人事部批准成立“民航局计算机信息管理中心”。此后，民航信息化工作发展很快，特别在空管系统、旅客订座系统、机场离港系统、飞机载重平衡系统、办公自动化等方面的使用，彻底改变了民航依靠手工操作的状况，对民航业管理水平与服务水平的提高起到极大推动作用。2002年10月，经国务院批准，以中国民航计算机信息中心为主体，将中国航空结算中心整体并入，组建成大型国有企业“中国民航信息集团公司”。

中国民航信息集团公司下设中国民航信息网络股份有限公司（下有与国际航空电信集团合资组建的天信达信息技术有限公司；香港上市公司，股票代码HK0696）、中国航空结算中心等重点企业。

## 六、航空器材供应系统

新中国民航发展初期，因为航材消耗量不大及国内政治形势影响，民航系统的航材管理部门基本上是按照空军体制设置机构，民航总局设航材处，各地区管理局设航材供应科（处）。20世纪70年代，中国开始订购美国等西方国家的飞机，航材贸易额逐步加大。为了加强统一管理，做好这项工作，1980年10月，经国家批准，成立直属民航总局的中国航空器材公司，专门从事飞机发动机和各种设备、器材的进出口业务。1996年3月，中国航空器材公司更名为中国航空器材进出口总公司。

2002年10月，中国航空器材进出口集团公司在中国航空器材进出口总公司的基础上成功组建，成为从事以航空产品进出口业务为主的综合性服务保障企业，注册资金10亿元。下设中国航空器材进出口总公司、中国民航物资设备公司、北京航工经济发展公司、中国航空器材进出口集团公司西北分公司、中国航空器材肯尼亚有限公司等企业，并控股中航材租赁有限公司、北京凯兰航空技术有限公司、北京华材航空客货服务有限公司、中国航空能源（新加坡）有限公司。参股公司有：华欧航空培训中心、华欧航空支持中心、湖南博云新材料股份公司。

## 七、航空油料供应系统

新中国民航的油料供应业务一直由民航总局和地区管理局所属的油料部门负责管理，先是油料供应科，后设油料供应处，专业油料人员较少，人员素质相对较低。1980年民航局改由国务院直接领导、不再由空军代管后，航空油料供应也从当年起改为民航自行组织供应。此后迅速发展的民航事业带动了航空油料事业的发展，航空油料供应量快速增加，为了更好地适应新形势，解决政企不分的状态，加强全国统一性，1990年2月，经国家批准，中国航空油料公司正式成立，负责全国所有民用机场航班油料供应事宜。1992年5月，又更名为中国航空油料总公司。

2002年10月11日，以中国航空油料总公司及其所属部分企事业单位为基础组建的中国航空油料集团公司正式成立，注册资本37.69亿元。下有5个全资企业：中国航空油料总公司、中航油京津管道运输中心、北京中航油建筑工程设计院、北京中航油工程咨询公司、中航油大厦管理中心。有3个控股企业：中航油（新加坡）股份有限公司、中国航油（香港）有限公司、中航油进出口有限责任公司。参股5个企业：首都公务机有限公司、西安民航大厦有限责任公司、新疆民航社区物业管理有限责任公司、香港中石航有限公司、交通银行。一个驻外办事处：中国航空油料集团公司驻美国办事处。

2004年后，公司又组建或改建了中国航油集团陆地石油公司、中国航油集团海天航运有限公司、中航油进出口有限责任公司、中国航空油料总公司（下辖：中航油股份有限公司——下设天津、河北、内蒙古分公司，中国航油华东公司——下设安徽、浙江、福建、江西、江苏、山东、厦门、青岛分公司，华南蓝天航空油料公司——下设广东、河南、湖北、湖南、广西分公司，中国航油西南公司——下设重庆、贵州分公司，中国航油西北公司——下设甘肃、青海、宁夏分公司，中国航油东北公司——下设大连、黑龙江、吉林分公司，中国航油新疆公司，中国航油云南公司，中国航油太原公司）、深圳空港油料有限公司、天津国际石油储运有限公司、中国航油咨询公司、中航油大厦管理中心、上海浦东航油公司、中国航油烟台有限公司等企业。

## 八、中国民航的科研教育、文化宣传系统

中国民航的科研教育、文化宣传事业的发展和中国民航整个行业的发展规律相一致，经历了一个从无到有、从小到大、从弱到较强的发展过程。中国民航事业在改革开

放以来取得的快速发展，要求并带动了中国民航的科研、教育、文化事业的进步，同样，中国民航科研、教育、文化宣传事业的发展，也同时进一步有力促进了民航全行业的发展和进步。

### 1. 中国民航的科研机构和科技工作

截止到2013年5月，中国民航局直属科研机构有两个，一个是中国民航科学技术研究院，一个是中国民航第二科学研究所。中国民航科学技术研究院的前身为北京航空科学技术研究所，1982年12月经国家科委批准筹建，1986年9月正式成立。1987年7月改称中国民航局第一研究所。1994年12月30日经国家科委发文批准更名为中国民航科学技术研究中心。1995年5月5日，经民航总局党委批准，与民航总局航空器适航中心联合成立“中国民用航空总局航空安全技术中心”，同时保留“中国民航科学技术研究中心”名称，实行一个机构两块牌子，是民航总局直属事业单位。2010年1月13日，中编办正式批复同意中国民航科学技术研究中心更名为中国民航科学技术研究院，其主要职责是对民用航空安全和发展进行科学技术研究，负责民航行业技术的研发与推广，为民航局的决策和监督管理工作提供技术支持，向航空公司、民用机场、空中交通管理等企事业单位以及航空产品制造厂（商）提供技术咨询和服务。

中国民航局第二研究所的前身为中国民航局科学研究室，1957年7月9日由国家科学规划委员会批准成立，12月份正式组建。1959年12月8日更名为民航科学研究所。1970年因形势需要迁建至四川省新津县。1985年12月搬迁至四川省成都市，1987年5月改称现名，1991年迁建完成。中国民航局第二研究所是一个从事技术应用开发的科技型企业，拥有电子设备公司、信息技术公司、空管科技公司、自动控制公司、航空化学公司及农林航空研究室、技术测试中心等机构；专业领域涉及机场电子工程，信息管理系统，空中交通管理系统设备，航空物流技术工程，航空化学产品，农林航空技术的设计、研究、开发、生产、销售以及航化产品合格性能、民用飞机非金属材料阻燃性能、农林航空喷洒设备的技术测试等；是民航系统技术力量强、实力雄厚的集科研、设计、生产和技术测试为一体的综合性应用技术开发基地。它能够为民用机场、空管以及航空公司提供相应专业自动化系统的咨询、设计、集成、安装及维护服务；为民用机场、航空公司以及飞机维修公司提供道面维护、发动机清洗、客舱清洁等功能的航空化学产品；为民航适航部门、各生产厂商提供技术测试；为通用航空部门提供技术支持和技术测试。

### 2. 中国民航的教育工作与院校发展

新中国民航最早设立的培训学校是在1950年9月起先后开办的四所民航学校，即设在重庆的第一民航学校，负责训练通讯、气象、财务、场务等业务人员；设在天津的第二民航学校，负责训练飞行人员；设在上海的第三民航学校，负责训练机务人员；设在北京的俄文专修学校，负责培训俄语干部。1952 年 5 月中央军委、政务院发出《关于整编民用航空的决定》后，四所学校分别拨交空军司令部和重工业部航空工业局。

1956 年 5 月，国务院批准民航局在四川省新津县成立民航学校，9 月 11 日，空军司令部批准同意民航局在新津设立以培训飞行员为主的航空学校，22 日，国防部颁令公布该校番号为“中国人民解放军第十四航空学校”。1958 年 12 月，民航局决定以天津航空训练大队（第二民航学校 1953 年改称民航天津政治学习大队，1955 年 5 月改称航空训练大队）为基础组建中国民航高级航校。1960 年 5 月，十四航校的地勤专业划出成立“中国民用航空局成都机械专科学校”。1963 年 4 月，中央军委决定调整天津高级航校的空勤部分，使之合并到广汉第十四航校，改称“中国民用航空高级航校”，地勤部分和民航机械专科学校合并成立地勤学校，名称为中国民用航空机械专科学校，仍在天津。1980 年 10 月，第十四航空学校改名为中国民航飞行专科学校（1987 年改为中国民航飞行学院，专门培训飞机驾驶、空中领航、空中通信和航行管制人员），并于 1981 年参加全国统一招生。1981 年 8 月 10 日，教育部批准中国民航机械专科学校升格为中国民用航空学院，专门培训航空工程、仪表电气、无线电、航行、经营管理及外语人才。这两所院校，均列入全国高等院校序列，参加全国高等院校统一考试和招生。1984 年，以原中国民航干部学校为基础，组建中国民航管理干部学院，招收民航在职干部和职工，进行财经管理、运输管理、党政管理及英语培训。后成为民航在职干部的培训基地，承担民航系统高、中级干部的岗位培训和继续教育任务。此后，民航又在全国范围内先后成立了 10 多所中等专科学校、技工学校和中等职业专科学校，担负民航所需的初级技术人员的培训任务。这样，中国民航基本建立了一个由初、中、高三级配套，科目比较齐全的教育训练体系，基本上满足了当时民航事业发展的需要。

截止到 2013 年 5 月，中国民航有 2 所全日制本科高等院校（中国民航大学、中国民航飞行学院），1 所成人干部学校（中国民航管理干部学院），2 所职业技术学院（广州民航职业技术学院，1999 年 5 月 18 日经教育部批准由广州民航中专学校升格而成。上海民航职业技术学院，2012 年 5 月成立，由民航上海中等专业学校升格而成）。原有的民航北京中专学校、民航四川中专学校和技工学校等单位分别归并为其所在各地区管理局或航空集团公司或机场集团公司。

### 3. 中国民航的文化宣传工作

中国民航非常重视文化宣传工作。早在 1949 年 11 月军委民航局成立时就已设置中国民航报社，直属于军委民航局，首任副社长为张学让，但在 1952 年民航整编时取消编制。军委民航局上海办事处主办的《上海民航》也在 1950 年 7 月正式创刊，1951 年 3 月改为《华东民航》，7 月份停刊，共出 48 期。出现这种情况，是和当时动荡不定的形势分不开的。

1957 年 7 月，作为民航局党委机关刊物的《民用航空》杂志试刊出版，办刊宗旨是从政治思想上和业务技术上保证民航的安全生产和完成计划，发挥民航工作在国民经济中的作用，试刊为月刊，1960 年 7 月停刊。1961 年 1 月复刊，但不久又因为所属体制的变来变去而不得不停办。

1979 年 7 月 20 日，中国民航总局政治部编辑出版《中国民航（简讯）》，为不定期内部刊物，以反映和宣传民航系统内部工作情况为主。1986 年 4 月 30 日《中国民航（简讯）》正式更名为《中国民航报》，4 开 4 版，每周三出版。1987 年 1 月 1 日，经中共中央宣传部和新闻出版署批准，《中国民航报》公开发行。

1981 年 3 月，中国民航系统的第一本机上杂志《中国民航》第一期由中国民航杂志社编辑出版，它以中、英、日三种文字刊印，以民航建设、中外旅游、中国文化等为主要内容，发行方式以在飞机上赠阅为主。

为进一步贯彻对外开放政策，积极探索民航对外宣传的方式和途径，1983 年 11 月 22 日，民航局决定将《中国民航》杂志社、民航局运输服务司宣传广告室合并，成立中国民航宣传广告公司。1984 年 1 月 1 日，中国民航宣传广告公司正式成立并在北京召开成立大会。

1982 年，创刊于 1975 年名为《国外民航科技》的专业性期刊更名为《民航经济与技术》，并于 1989 年公开发行，是民航系统最早公开发行的综合性专业刊物，2001 年正式改名为《中国民用航空》，由中国民用航空总局主管。《中国民用航空》还同时出版《中国民航史料通讯》、《空中交通管理》、《航空安全》等杂志。

改革开放后，民航系统内多种报纸杂志纷纷创办：1985 年民航广州管理局创办《广州民航报》，后又改称《中南民航报》和《南方航空报》；1986 年 1 月，民航北京管理局创办航机杂志《鹏程》；同年 6 月，民航上海管理局的《上海民航报》复刊发行，后改为《华东民航报》；同年，民航局主管、中国民航管理干部学院主办的《民航管理》杂志创刊，它是全民航系统唯一省部级综合经济管理类刊物，为读者提供诸如民航经营、管理、技术、文化等多层面、多角度、多方位的观察视角，受到民航读者和社会各界的关注、喜爱。

1987 年 2 月以后，中国民航开始实施政企分开、简政放权的管理体制改革，六大地区管理局、六大国家骨干航空公司及一批地方航空公司、北京首都国际机场及一批机场企业相继成立。为了更好地宣传民航和本企业，服务旅客，积淀企业文化，众多报纸杂志也随之诞生，几乎每个企业都有自己的杂志或报纸。

截止到 2013 年 5 月，直属于中国民用航空局的文化宣传机构是中国民航报社中国民航出版社，成立于 2001 年 1 月，由中国民航报社与中国民航出版社联合组建。下属媒体单位包括《中国民航报》社、中国民航出版社、《中国民航》杂志社、《今日民航》杂志社、中国民航网（www. caacnews. com. cn）和中国民航电教中心等。

《中国民航报》是中国民用航空局主管的一份面向国内外公开发行的综合经济管理类大报，是中国民用航空局唯一指定的机上配发报纸。《中国民航》杂志是中国民用航空局主管、中国民航报社主办的民航综合类杂志，是中国民航业创刊时间最早、发行面最广、发行量最大的业界主流媒体。《今日民航》杂志是由中国民航报社主办，面向国内外公开发行的覆盖面最广、发行量最大的综合性航机、空港读物。中国民航网（www. caacnews. com. cn）是由中国民用航空局主管、中国民航报社出版社主办的中国民航系统内唯一一家经国务院新闻办批准发布新闻的综合性行业网站。

中国民航出版社成立于1993年9月13日，由民航总局申请，经国家新闻出版署批准，是直属于中国民航总局、以出版民用航空科技书籍为主的中央级多学科专业出版社，出版范围包括：民航总局颁发的各类法规、规章、条例、标准及文件汇编、统计资料；民航安全、科技、计财、运输、适航、基建、交通管制、经营管理等方面的应用知识和理论研究、学术专著、译著；职业道德教育、企业文化建设等精神文明方面的读物；国际民航组织有关的规章制度、资料等；民航大中专院校学生及在职人员的培训教材和参考资料等；同时出版与民航相关的其他各类图书，开展与民航内、外各专业技术部门、院校等单位的合作出版业务。出版社成立后，以“立足民航出精品，面向社会创效益”为办社宗旨，总结、积累、传播、交流国内外民航科技成果，普及民航知识，提供各个层次和领域的教科书，同时为保证飞行安全、提高机务维修质量、加强经营管理、努力培养人才和提高服务水平服务，至今累计出书1000余种计800多万册，在直接服务于民航事业发展需要的同时，取得了较好的社会效益和经济效益。

## 资料链接

### 中国民用航空局十二任局长

钟赤兵　1949年11月至1952年10月任军委民航局局长。

朱辉照　1952年10月至1955年6月任军委民航局局长。

邝任农　1955年6月至1973年6月任民航总局局长。

马仁辉　1973年6月至1975年6月任民航总局局长。

刘存信　1975年6月至1977年12月任民航总局局长。

沈　图　1977年12月至1985年3月任民航总局局长。

胡逸洲　1985年3月至1991年1月任民航局局长。

蒋祝平　1991年1月至1993年12月任民航局局长。

陈光毅　1993 年 12 月至 1998 年 6 月任民航总局局长。

刘剑锋　1998 年 6 月至 2002 年 5 月任民航总局局长。

杨元元　2002 年 5 月至 2007 年 12 月任民航总局局长。

李家祥　2007 年 12 月任民航总局党委书记、代局长；2008 年 3 月任交通运输部党组副书记、副部长，兼民航局局长、党组书记（正部级）。

## 思考题

1. 为什么说 1919 年是世界民航发展的元年？
2. 中国最早成立的两个航空公司名称是什么？使用代表机型有哪些？
3. 写出中国七大地区代表性机场与航空公司名称。
4. 中国成为世界民航大国的时间与标志是什么？
5. 构成中国民航行业的八大系统是什么？

# 第二章　民航乘务的历史发展与职业要求

学习目标

1. 了解民航乘务在国际上的出现与发展过程。
2. 了解中国民航乘务的产生与演变，熟悉新中国民航乘务的快速发展与正规化过程。
3. 掌握民航乘务的工作特点、行为规范、品质作风、专业形象和专业术语。

## 第一节　国际民航乘务的历史发展

### 一、最早的空中乘务与最早的空中小姐

世界上最早从事航空运输的地区是欧洲，然后发展到美洲、大洋洲、亚洲、非洲等地区。这些地区的代表国家有英国、丹麦、德国、法国、荷兰、澳大利亚、芬兰、苏联、美国等。

英国飞机运输和旅行公司（Aircraft Transport and Travel）1916 年成立，由英国的乔治·霍尔特·托马斯创建，是世界上第一家飞机空运公司。1919 年 8 月 25 日开始伦敦至巴黎之间的航空服务，使用的飞机是英国研制生产但经过改装的 D. H. 4A 单引擎轰炸机，客舱可坐 2 名旅客，飞行员则坐在前面的敞开式驾驶舱里。同年底生产出来的

D. H. 16 飞机已经可以乘坐 4 名旅客。

德国汉莎航空公司 1926 年成立，其前身是 1919 年 2 月成立的世界上第一家持续运营的航空公司“德意志航空运输公司”，该公司 2 月 5 日使用单发双翼飞机开辟了柏林至魏玛之间的定期客运航班，是欧洲最早的定期航班。

法国 1919 年开始与摩洛哥的空邮服务——1927 年这个服务被私有化，公司命名为空邮公司（Aero Postale）。同年 3 月 22 日，法国的法尔芒航空公司在巴黎与比利时的布鲁塞尔之间开辟每周一次的定期航班，是世界上最早的国际航班。1933 年该公司被国有化，并与数个其他航空公司合并为法国航空公司。

荷兰皇家航空公司（KLM Royal Dutch Airlines）成立于 1919 年 10 月 7 日，是今天世界上最老的、依然以它原名运行的航空公司。它既是世界上最早的航空公司之一，也是世界上最著名的航空公司之一。它的第一次飞行是 1920 年 5 月 17 日把两个英国人从阿姆斯特丹机场运送到伦敦克罗伊登机场。

美国最早的班机商业航线于 1914 年 1 月 1 日设立。最早的航空公司有布兰尼夫国际航空、泛美航空、达美航空、联合航空（最初为波音的子公司）、环球航空、西北航空和东方航空等。此时的旅客服务很少，大多数航空公司运送邮包。1925 年福特汽车收购了一家飞机制造公司，开始建造全金属的福特三发（动机）飞机，这是美国第一家成功的航班飞机，它可以运载 12 名旅客，并因此使得旅客运输服务开始有盈利。航空飞行逐渐成为美国运输网中铁路运输的补充。与此同时，胡安·特里普（Juan Trippe）开始建立一个把美国与世界其他各地连接在一起的航空网，他创办了泛美航空，使用一支水上飞机队开辟了洛杉矶至上海和波士顿至伦敦的航线。到 1940 年，泛美航空和西北航空（从 20 世纪 20 年代开始飞往加拿大）是美国独有的两个有国际航线的航空公司。

这些航空公司使用的飞机，几乎全是战争时期设计的，由于设计目的是为战争服务而不是为民用运输服务，因此飞机机舱非常狭窄，加上此时的航空科技水平比较落后，尚不能制造大型运输机，所以早期的航空都是以空邮、观光或军用为主，即使能够载客，亦只能勉强载 2 ~ 10 名旅客，根本容不下客舱服务员，飞机上的旅客一直是由驾驶员或副驾驶员负责兼顾照料的。

据相关文献记载，最早开始聘请空中服务员（Flight Attendant）的公司是英国戴姆勒航空公司（Britain's Daimler Airways），时间是 1922 年，这位空中服务员是英国白人，名叫杰克·辛德逊（Jack Sanderson）。遗憾的是，他在次年的一次空难中丧生，所以被人了解甚少。

很快，德国为代表的欧洲多家航空公司及美国的几家航空公司开始使用空中服务员，但在 1930 年以前，所有商业航空公司的机组全是男的，要么是飞行员需要料理航空邮件而根本无暇搭理那些数目极少但很勇敢的航空旅客，要么是后来有的航空公司机组增加了男服务员，其重要任务也是装卸行李等，所谓服务就是起飞前给旅客发泡泡糖以减轻耳压，在飞行中提供饮料和食品。有意思的是，那时航空公司总是雇用一些铁路、船运大亨的年轻儿子做服务员，因为他们的父亲多是航空公司的大股东，有近水楼台先得月之便。

最早的女空中服务员出现在1930年5月，一位名叫埃伦·丘奇（Ellen Church）的25岁注册护士被美国波音航空运输公司（联合飞机与运输公司的前身）聘用在飞机上照顾旅客。这年2月12日，美国波音公司驻旧金山董事史蒂夫·斯廷帕森（Steven Stimpson）去医院看望朋友，在医院里与护士埃伦·丘奇聊起天来。埃伦好奇地向他询问飞机上的有关事情，他却遗憾地表示：由于旅客们大都对飞机的性能不了解，为安全起见，他们喜欢坐火车而不愿意乘飞机；在飞机上的旅客中，也是什么样的人都有，许多人身体不适应飞行，晕机、呕吐的很多，甚至会出现突发疾病，需要各种服务，副驾驶员一个人实在忙不过来。埃伦不由得想起她所照料的那些病人，遂脱口而出："你们怎么不雇用一些女乘务员来从事这些服务呢？根据姑娘们的天性，是可以改变这一现状的。""对！"史蒂夫受此启发，恍然大悟，惊奇地叫了一声，连连拍手称妙。随后，史蒂夫给波音公司主席的年轻助手帕特发了一封电报，提议招一些聪明漂亮的姑娘充当机上服务员，还给她们起了个美名——"空中小姐"。公司主席拒绝了这个建议。但史蒂夫又多次坚持这种想法，5月初公司采纳了史蒂夫的意见，授权他先招8位姑娘，建立一个服务机组，试验期为3个月。史蒂夫高兴地将这一消息告诉了埃伦，埃伦又高兴地将这一消息转告给了其他一些护士们。于是，不到10天，埃伦和另外7位护士就登上了民航飞机，并于5月15日飞行在旧金山至芝加哥的航线上，从而成了全世界第一批"空中小姐"。

关于世界上第一位空姐的出现还有另外一种说法：埃伦·丘奇是美国依阿华州职业护士，她与其他护士不一样的地方就是她被展翅飞翔的飞机深深地迷住了，于是她要求去上飞行课，计划学习后在波音航空运输公司当驾驶员。波音航空公司总经理拒绝了她的想法，但建议她做空中服务员。埃伦让总经理认识到飞机上若配备一名穿白大褂的护士或许更能让旅客感到安全，也可以照顾空中不适的旅客。就这样，埃伦以护士的身份登上美国联合飞机与运输公司的航班。1930年5月15日，埃伦·丘奇成为世界上第一位"空中小姐"，在奥克兰（旧金山）至芝加哥的航班上工作。在随后三年里，该航空公司逐渐发现了空姐具有一种不可替代的商业魅力。自此，空中小姐正式步入世界各国的航空运输服务业。

埃伦·丘奇时代，波音航空公司对空姐的要求十分苛刻：年龄必须在25岁以下，体重115磅（52千克）、身高5.4英尺（165厘米）。空姐的具体职责很多，不仅要为旅客服务，而且还必须担负飞机起飞前的放置行李、打扫清洁等准备工作，还要协助飞行员或地勤人员进行如加油、擦洗机身、把飞机推入机库等工作，在航班飞行中，她们还要承担阻止旅客往窗外扔垃圾和烟头等细致服务。空姐的收入并不高，月收入仅 125 美元。埃伦的航空生涯仅延续了 18 个月，在一次偶然事故中受伤后，她退出了航空业，到明尼苏达大学完成学业，之后继续从事护士工作。1942 年，埃伦顺应战争需要，重上蓝天，当了航空护士。战后，她作为英雄被授予航空荣誉勋章。在她去世后，她的家乡把当地一机场命名为埃伦·丘奇机场。

美国其他航空公司如东部航空（Eastern Airlines）、美国航空（American Airlines）、西部航空（Western Airlines）看到波音公司这种新奇做法对吸引旅客很有帮助，竞相效仿，分别在 1931 年后招收“空中小姐”。欧洲国家的航空公司也纷纷采用这一做法，像瑞士航空公司、荷兰航空公司、德国航空公司等均在 1934 年后录用女乘务员，“空中小姐”很快风行世界各地，迅速发展为一种全球性的新兴职业。

## 二、国际民航乘务的历史发展

空中小姐出现后，飞机的男性驾驶员对她们并不看好，认为她们帮不上忙，而且他们也没时间照顾她们。刚开始，飞行员都不跟空姐说话，而飞行员的妻子们则担心自己的丈夫与空姐产生恋情，美国盐湖城一批飞行员的妻子甚至发起了写信运动，要波音航空运输公司把空姐从飞机上撤下来。但是旅客非常喜欢她们，空姐们得到了旅客的热烈欢迎，3 个月的试用期后，联合飞机与运输公司认为此举非常成功，决定继续招聘空姐在飞机上服务。

当时空姐也必须是“空姐”，不能是“空嫂”，空姐的婚姻是个禁忌。一个叫爱丽丝·珀多拉（Ellis Podola）的空姐因为结婚了，两个月后就被解雇。“空姐”不能是“空嫂”的原因是因为飞机经常因天气或其他原因耽搁，有时甚至会耽搁好几天，爱丽丝的老公会不客气地在半夜三点给公司领导打电话，问他的妻子在哪里，让航空公司的负责人非常难办。所以空姐必须单身并不能结婚的规定，在美国一直实施到 1968 年。

可以说，1968 年以前，美国的航空公司只雇用年轻、漂亮、苗条、未婚的白人女子作为乘务员。她们的主要工作是为旅客提供美丽、舒适的旅行经历，这种责任超过了她们保证旅客安全、消除恐惧和提供食物、饮料的职责。所以航空公司会聘用专家，训练空姐怎样穿着时髦的制服，怎样变得更优雅、美丽等等。这时的她们完全可以与明星一样风光，每当走过机场时，她们会立即成为众人瞩目的焦点——身材苗条匀称，穿着量身制作的制服，戴着白色帽子和白色手套，在众人的注目下昂首阔步走上飞机。

但是空姐的工作并不简单，光鲜的背后，是照顾生病和体弱的旅客，是执行安全规范并预防意外的发生。空姐要做那么多，公司还要求她们保持永远的优雅和可爱，让人们误以为她们好像根本不在工作；她们必须几个小时站在那里仍要保持头发一丝不乱，化妆和制服都完美无缺。

航空公司逐渐有了招收空姐大同小异的标准：年龄 20 至 27 岁；身高 1.58 ~ 1.73 米；身材苗条，比例匀称；体重接近 50 千克。但空姐的职业年限十分短暂，32 岁就得退休；工作期间必须单身，无小孩，不得怀孕。就像电影明星与米高梅公司签订拍片合同一样，空姐必须学会标准的站姿、行走、梳头及化妆，脸蛋儿要像大理石般光滑、洁白无瑕。她们这个职业也有了国际上通用的英文名字，即 Stewardess（女乘务员），此后，女乘务员作为职业名称被各国航空公司普遍采用。

这个时期，在空姐的穿着上，世界各国航空公司都有严格的要求。欧洲航空公司要求空姐穿黑短裙、长筒丝袜；英航则要求空姐蹲下或站立时严格限制腰弯幅度；英国维京大西洋航空公司为空姐设计了古苏格兰式红裙装；德国汉莎航空公司要求空姐穿袋状裤、绒毛鞋；加拿大航空公司则要求空姐穿黑西装、短裙、黑丝袜和平底鞋；全日空则要求空姐穿超短裙和半透明裤袜。

图 2.1　波音航空运输公司的第一批空姐（左三为埃伦·丘奇）

正是这种风潮将空姐带到荣耀的顶峰，她们的制服也开始有了巨大变化。1965 年，布兰尼航空公司请法国时装设计大师艾米利奥·普希（Emilio Pucci）为其空姐设计服装，结果该公司的空姐服装立刻成了关注点，公司的股票很快由 24 美元上升至 120 美元。布兰尼公司也因空姐服装给人印象深刻而由小做大，成为国际一流的航空企业。

其他航空公司对布兰尼航空公司的成功很是羡慕，纷纷效仿。很快每家航空公司都在空中小姐服装上大做文章，使空中小姐的服装更加时髦、丰富多彩。几乎每家航空公司的空姐都成为时装设计大师的模特儿，他们竞相用漂亮、美色和风格吸引旅客，美国环球航空公司（Trans World Airlines，Inc. 简称 TWA）在 1968 年甚至将迷你裙引入航空客舱。随后，各种款式、各种风格的制服被用来包装空姐。

空姐成为很多女孩梦寐以求的职业，一位美国歌舞团的女子很想成为空姐，她与几十个符合条件的年轻女子一起接受美联航的招聘面试。但是要获取这份工作比上大学更难，100 人只有 3 至 5 人能够受聘。这意味着在大西洋上空提供空中服务比进哈佛大学更难，因为哈佛大学的录取率为 15%。成为空姐变成许多女孩的美梦，能被选中者微乎其微。

航空公司在招录空姐时都有不同的优先条件。有的用“邻家女孩”型，有的必须具备良好背景，而一些小航空公司招聘空姐则看她们是否性感。世界上大多数航空公司都青睐会一门或多门外语的女孩。无论欧洲还是美国，空姐招聘条件大同小异，欧洲一些航空公司要求空姐上过一至两年大学，招录过程包括一系列面试和层层筛选，筛选过程还包括 IQ 测试和体能测试，其严格程度甚至超过美国联邦调查局招聘特工。有幸胜出的“空姐”被派往训练中心，训练时间为六周。培训中心设施豪华，还带有游泳池和网球场。

刚上任的空姐化妆打扮也受严格监管——有的公司甚至规定了指甲油和口红的颜色；有的还鼓励她们用假睫毛；有的航空公司在训练时强迫空姐化妆时涂绿色眼眉，一个个看上去红眉绿眼。空姐必须严格控制体重，为保持体形优美，很多空姐被迫穿上紧身衣服，并且必须按期接受例行检查。

20 世纪 50 年代，由于喷气发动机技术的应用，飞机更快更安全，机舱也改为压力舱，旅客们不再为安全担忧。很快，美国航班旅客首次超过火车旅客，空乘人员的工作量迅速增加，为了保护自己的利益，美国空姐空哥组织了工会，联合谈判工资、福利和工作条件。特别是 1954 年，美国航空公司为提升空姐的魅力，强行规定年满 32 岁必须退休，导致空姐的平均飞行时间只有 2 年，许多人不得不提前退休结婚，这种情况下，大多数空姐都要求把 2 年工作制改成终生职业，黑人女性则提出反对种族歧视，有和白人女性平等的就业权利。1957 年，莫霍克（Mohawk）航空公司（后并入美国航空）雇用了第一位黑人空姐。1964 年，美国民事权利法颁布，1968 年联邦法庭取消禁止空姐结婚和 32 岁退休的条款。1970 年许多公司迫于压力取消或者放宽了飞机乘务员不许怀孕和体重等方面的限制。1971 年，美国最高法院规定，航空公司不得歧视男性，他们和女性一样拥有就业权。后来，航空公司招聘空乘又取消了年龄限制，于是，大家看到了外国航空公司飞机上有空姐、空嫂、空婶、空哥、空叔，甚至空奶奶、空婆婆都是有的，那些祖母级的“空姐”，满头银发但精神矍铄、动作敏捷，态度和蔼，服务态度、服务经验、服务能力一点也不差。

亚洲各国的航空公司普遍成立于 20 世纪 30 年代、40 年代甚至 50 年代、60 年代，如中国的中国航空公司（1930 年正式成立）、中国欧亚航空公司（1931 年成立，1943 年改称中央航空公司）、菲律宾航空公司（1941 年成立）、香港国泰太平洋航空公司（1946 年成立）、日本航空公司（1951 年成立）、全日本航空公司（1957 年成立，由 1952 年成立的日本直升机和飞机公司、1952 年成立的远东航空公司合并而成）、韩国大韩航空公司（1962 年成立，其基础是最早成立于 1948 年的国家航空公司）、新加坡航空公司（1972 年成立，前身为 1947 年开始运营的马来西亚航空公司）、泰国航空公司（1951 年由暹罗航空公司和太平洋海外航空公司合并而成）。

亚洲各国航空公司选用空中乘务员的标准，基本上是年轻、漂亮、身材好、有文化、善服务的单身女性，最著名的代表是新加坡航空公司推出的“新加坡女孩”（Singapore girl），表现新加坡航空的身着特色马来西亚布裙制服的空中小姐，代表了富有亚洲女性特色的温柔、礼貌、平静、文雅的待客和服务方式，在全世界受到极大的欢迎和成功。1994 年，Singapore girl 进驻伦敦美杜沙夫人蜡像馆，成为全世界第一个陈列在此的商业机构形象。

随着时代的不断发展和社会文明的不断进步，亚洲国家招聘空乘的标准也在发生着变化，开始减少性别、年龄的限制与歧视，例如，中国的部分航空公司已经招聘空嫂和男性空中乘务员，韩国的航空公司也已经在近年的空乘招聘文字中取消了年龄限制。

目前，空中乘务员的英文表述是“Cabin Attendant”或“Cabin Crew”，即“客舱守护者”或“客舱乘务员”（2010 年中国劳动和社会保障部确定“民航客舱乘务员”为民航空乘职业名称），没有性别区分，男性乘务员（Steward）或女性乘务员（Stewardess 或 Air Hostess）都是客舱服务者，也就是说，当旅客踏进客舱那一刻起，他们便将所有的信任与倚赖交付于空乘。飞行中，旅客有可能会害怕、紧张、恐惧、感觉孤独、烦躁，甚至发怒，这时，作为一名空乘，有责任站在旅客的角度，换位思考，理解旅客，并耐心、细致地讲解，安抚旅客，满足旅客的心理安全需求，提供优质舒心的服务，确保旅客的乘机安全。让旅客从乘务员的行动中得到这样一个信息：我是安全的，并且可以得到优质的服务。正是这种工作要求，导致空乘在浩瀚的蓝天上飞行不仅不浪漫，反而极具挑战性，无论是生理上还是心理上都需要具有很强的适应能力。空乘人员只有努力充实自己，发掘自我潜力，提高自身修养，勇于接受挑战，才能做好乘务工作。要成为一名合格的空中乘务员，应该做到“猝然临之而不惊，无故加之而不怒”，并拥有自信、自强、镇静、诚恳、友善、热情、机智、果断、勇敢等品格。遇事处变不惊，言辞举措恰到好处，对自己的位置角色把握正确，冷静、理性、妥善地解决问题。

资料链接

**哈斯金老太太——世界上工作年限最长的空姐**

玛丽·克莱尔·哈斯金是英国航空公司的老太太空姐。1959 年至 1961 年间，她在联合航空公司工作，然后退休结婚，自从世界航空业协会取消针对已婚女性的禁令后，她于 1974 年又重返飞机，直到现在 63 岁的她还在当空姐。她说："当告诉别人你是航空小姐时，她们会觉得你十分了不起。现在你说你是飞机乘务员，她们会瞧不起你，因为你只是空中服务员。我努力解释并不只是服务员，我们是为旅客的安全工作，这是很重要的。现在很多人都意识到这点，特别在'9·11 事件'之后，它成为一项越来越难的工作，不仅因为潜在的恐怖，旅客也越来越刁难。工作的荣耀是别人给的，现在没有人给了。但不管我是空姐还是乘务员，我从来不后悔。"

## 第二节　中国民航乘务的发展概况

### 一、中国最早的民航乘务及初步发展

1930 年 8 月 1 日，新组建的中国航空公司正式开始运营。随后，欧亚航空公司、西南航空公司也分别于 1931 年 2 月 1 日、1934 年 5 月 1 日成立，在 1936 年之前，这 3 家航空公司利用洛宁型、史汀生型、赛科斯基型、海豚型、福特型、康摩多尔型、斯巴登型、康道尔型等型号飞机运营，因为飞机客舱小、座位少（一般为 4 ~ 10 个座位），均没有配备空中乘务员。1936 年后，中国航空公司与欧亚航空公司先后购买引进了较大型号的美国产 DC-2 型、德国产 JU-52 型客机，分别为 18 个和 15 个座位，开始在飞机上配备专职服务员，名称为随机侍应生，负责照管客舱里的一切事务。欧亚航空公司最早的侍应生是男性，中国航空公司侍应生则男女兼有。当年 5 月，欧亚航空公司公布了随机侍应生服务规则，对随机侍应生的责任作出明确规定——随侍的飞机应随时尽量清洁，对飞机上的公物应负保管的责任；公司供给旅客的食品、饮料，应随时自动供给；飞机到达航站时，收回客票交还航站；把航空机关颁行的禁令转告旅客并注意其实行，以及一切奉命办理的事项。同时规定：随机侍应生工作时，得听从飞机师及随机职员的指挥，不在机上工作时，应向总务股或飞机到达的航站报到，听候航站职员的指

挥；随机侍应生对待旅客均须具有谦恭和蔼的礼貌，不得稍有傲慢；旅客上下飞机需要扶掖的，应尽量帮助；侍应生必须在飞机出发前2小时到达出发站报到，协助站上照料一切，并按照载运日记点收行李货物及邮件，封锁舱内，俟抵到达站时，照数点交验收。欧亚航空公司还规定随机侍应生在公司服务期间，要寻找妥实保证人，缴纳保证金国币300元，并依式填写志愿书。

根据资料记载，中国最早的随机侍应生是中国航空公司的武庆华，不幸的是1938年8月24日他在自香港启德机场起飞前往重庆的“桂林号”（DC-2型）飞机上服务时，因“桂林号”受到日本军队5架战斗机攻击后机翼折断，迫降到江中，武庆华与副驾驶刘崇伦及12名旅客溺水遇难。

1938年，中国有了第一位空中小姐（当时叫“飞行侍应生”或“飞行女招待”），名字叫鲁美英（南京金陵女子大学毕业），是因日本军队进攻导致上海、武汉失守而搬迁到重庆的中国航空公司在重庆招聘的。当时招聘的要求是看护学校或者大学毕业生，在公司学习几个月的航空知识及公司各种业务情况后上机服务。遗憾的是她1940年10月29日执行航班任务时在云南沾益上空遭遇日本战机袭击，航班紧急降落过程中，鲁美英与机组成员一起帮助旅客从飞机上撤离时，因抢救儿童旅客而被子弹击中，由于伤势过重当晚遇难于曲靖医院（被袭飞机为中航DC-2型39号飞机，机长美国人Walter Kent及9名旅客也同时遇难）。鲁美英烈士的英名已列入1995年9月3日中国航空联谊会在南京紫金山下航空烈士公墓内建立的航空烈士纪念碑的名单之中。

在鲁美英之后，中国航空公司又聘用了一位姓林的女侍应生，中文名字已无从查考，英文名字为Winnie Lin。整个抗日战争中，中国航空公司在十分艰苦的情况下维持运营，到抗日战争后期，虽然客货运输量有所增加，但重要的任务是运送战争物资和军事人员，机上的侍应生骤减，以致最后取消，女侍应生更是完全绝迹。

1945年8月中国抗日战争胜利后，中国航空公司和中央航空公司先后购买了更大型号的飞机DC-3（21～28座）、DC-4（44～52座）及CV-240型（40座），开始成批招收女性飞行侍应员。1945年12月开始，中国航空公司在上海招考，先从报名的2000多人中初选300位，再在其中取10人，到1946年3月实取7人，最后上机服务的只有6人（朱庆观小姐被录取后因去青岛结婚一直没有报到），即钟佩瑜、何淑贞、蓝惠莲、邓秀春、梁宝华、卓鹤鸰，她们仅限飞国际航线。

1947年1月5日和1月6日，中国航空公司在《申报》、《大公报》上两次登载“中国航空公司招考女性飞行侍应员启事”，全文如下：“本公司为开辟国际航线，需用女性飞行侍应员数名，资格规定如下：（一）高中毕业，有护士经验者更为佳；（二）实足年龄20岁以上至25岁尚未结婚者；（三）身长五尺一寸至五尺五寸，体重在125磅以下；（四）仪态端庄，体格健全，不戴眼镜；（五）能操流利之国语、英语，并能讲其他方言。愿意应征者可于1月7日起至8日止随带学历证件及二寸半身照片两张至天津路2号本公司人事课报名。”由于这个时期正是中国航空公司和中央航空公司连续发生空难的时候（1946年12月24日晚3架飞机失事，1947年1月、2月、3月中航连续发生3次空难），报名应征的人数不是很多，所以招考工作进行了很长时间，最后只录取到4名。

1947年5月1日，第十一任中航总经理刘敬宜上任，他依据自己了解的国外航空公司普遍使用空中小姐的情况，决定加强空姐的使用和培训。5月12日，中国航空公司在《申报》、《大公报》上刊登“中国航空公司招考女性飞行侍应员启事”，拟招考第三期女乘务员。为了吸收更高素质的人才，6月19日，中国航空公司又在《申报》、《大公报》上刊登“中国航空公司招考女性随机服务员启事”，在把“飞行侍应员”改为“随机服务员”的同时，还公开了考试科目，即（一）口试；（二）体格检验；（三）笔试（国文、英文、常识）。经过各个环节的选拔，最后录用了10名女性，并在7月18日完成培训。

1947年8月，在中航试航雅加达的航班上，中航总经理刘敬宜对国际课课长顾其行说：国际航班会越开越多，要加快对空中乘务员的培训，培训时要突出中国特色。经训练后务使其对旅客服务周到，然后分派到DC-3、DC-4型客机上随机服务，解答并帮助旅客解决各种困难。随后，9月3日、9月4日、9月10日，中国航空公司在《申报》、《大公报》上连续三次刊登“中国航空公司续招女性随机服务员启事”，招考第四期空姐，要求必须是“高中毕业、年龄在二十五岁以下的未婚女性，符合条件者在经公司培训后分配到各航线”。这一次招考延续时间比较长，到1948年才最后完成（1948年8月17日在龙华机场举行毕业仪式），实际录取13人。她们先到龙华机场报到，然后集中在天津路2号的公司办公大楼里开始上课，上课内容为飞行原理和职业道德等。飞行原理均由清华大学航空系毕业的教授主讲，职业课则由美国的教师进行，不久便跟着飞机在市内上空飞行，进行飞行体会和实际体验。据统计，到1948年底，中国航空公司女性侍应生已增至30多人。在这一年中，中航新投入使用的DC-4型（“空中霸王”）飞机上，已经可以配备侍应员2人，并设有烹调室，供应旅客茶点，冬天还开放暖气。当时的空姐头戴船形帽，短式烫发，穿一身深色制服（春夏季为米色凡立丁西装套裙，上衣贴身收腰，胸部为S形前襟加咖啡色镶边，下衣为过膝的中裙；秋冬季为橄榄绿色的轧别丁套裙），上衣佩上中航航徽，配套浅色丝袜、半高跟黑色皮鞋及皮挎包，真是年轻漂亮、风度迷人，加上服务周到，让中航公司的服务竞争实力大大增强。空姐的迷人程度之高，以至于中国航空公司总经理刘敬宜的女儿刘道玲在随父亲参加空姐毕业典礼时就暗下决心长大以后做空姐，没想到她把这一想法向父亲提出时，刘敬宜冷淡地说“你还不够资格”，使刘道玲很多年以后还埋怨父亲不给自己鼓励。不过这也从一个侧面反映了中航公司空中小姐的激烈竞争和高质量。

图 2.2　1948 年，中航第四届随机服务员结业合影
（右八为总经理刘敬宜，右一为副总经理昆廷·罗斯福）

1947 年 3 月，中央航空公司试航至泰国的国际航线获得成功，其试航报告中提到：其他国家的航空公司出入于西贡、曼谷的航班很多，他们都有随机服务，从竞争计，中央航空公司也应有女性随机服务员。嗣后，中央航空公司在上海《申报》、《大公报》上刊登公开招考女性随机服务员的广告，招聘条件为：应考人员年龄为 20 ~ 25 岁之间的未婚者女性，须面目端正，体格健全，身高 1.5 ~ 1.7 米，体重在 40 千克以上至 59 千克之间，能讲国语、粤语、英语，能写读中英文字者为限。也是因为刚刚过去的多起空难，加上中央航空公司的实力与名气不如中国航空公司，所以报名应考的人数不是很多。后来，中央航空公司把招聘年龄放宽到 26 岁，才于 1948 年 1 月有 6 名经过培训的“空中小姐”上机服务，到 1948 年 6 月又增加 5 人，此后还在不断继续招训，以满足当时国际国内客机上为旅客服务的需要。

这一时期，中国航空公司和中央航空公司的机上服务也是非常简单的，特别是中国航空公司，在 1945 年以前，所有开办的航线不论飞行时刻长短，飞机上一概不备饮食，都由旅客自备。到 1946 年 5 月中航首批空姐登机服务时，中航仅有的 DC-3 型和 C-46 型客运飞机的后舱设备仍然比较简单，除红茶及咖啡的加温设备外，没有供应热餐的设施，所以只发给旅客每人一个冷餐盒，冷餐盒由地勤人员在飞机起飞前备妥负责送上飞机放置于后舱工作台下的柜橱内，空姐在出发前按时到达机场后，先到简令下达室了解当日气候情况、机组成员名单，并从地勤人员处取得当班飞机旅客名单，以便在旅客登机时核对姓名和人数，并在中转站及终点站交接，直至全部旅客安全抵达其目的地。由于当时飞机旅客人数较少，所以在一般情况下，空中小姐的工作比现在的空姐闲得多。但是因为当时录取的空姐人员为数不多，故仅国际航线、香港航线及国内北平、台北两条航线设有一名空姐，其他航线如无特殊需要则均无空姐。就连1946年初中航向美国订购来的当时最先进的DC-4型飞机上，仍无供应热餐的设施，所以即使在这种当时最大的客机上，空姐在飞行中的工作量并无多大增加，仍是按时发给旅客和机组人员冷餐盒及饮料，并随时巡视机舱，发现旅客需要睡眠时，为其放下座椅靠背，必要时盖上毛毯，如遇旅客打铃需要饮料时，则随时供应，常规服务依旧。不久，运行于国际航线和北平航线的飞机均以DC-4型代替，但由于空姐短缺，原应设有两名空姐的飞机也不得不减为一人，直至1947年及1948年又先后扩招了20多名空乘后，才在DC-4型航班上设置了2名空乘。

中国航空公司于1946年、1947年和1948年招收的四批空姐以及中央航空公司在同时招收的一些空中小姐基本上从事了机上服务工作，她们大多数在1949年5月上海解放前随公司转移至香港。1949年11月9日“两航”起义后，几乎所有的空乘人员都回到了祖国的怀抱。回国后的空乘人员一部分调到地方工作，一部分被安排在上海和天津两个机场，她们中的一些人也曾飞过专机的任务，或为来华访问的外国领导人提供专机服务，中央航空公司的空乘人员丁伟、陆素莲还参加了1950年中国民航“八一开航”时天津—北京—汉口—广州航线的飞行。但是绝大多数空乘逐渐转到民航地面服务工作，直到退休。

图2.3　“八一开航”时的潘国定机组，左一、左二分别为空乘丁伟、陆素莲

## 二、新中国民航第一批女空乘——十八姐妹

新中国成立初期，国家社会百废待兴，经济发展程度有限，对航空运输的需求不大，不具备立即大规模发展民航事业的条件，中国民航局执行“小飞”的方针，于1950年8月1日开辟了天津—北京—汉口—广州和天津—北京—汉口—重庆两条航线，其中天津—广州航线因为空防安全，只飞了一个航班即告暂停；天津—重庆航线也在1951年2月1日以后停飞天津—北京—汉口航段，改为重庆—汉口—重庆航段。虽然以后又逐渐开通了几条国内航线，但这些航线的客货运输量很小，上座率不高，空余座位较多，客舱里常常客货混装，所以机上的服务也简单，由随机报务员兼做。如果有重要旅客或专包机时，则临时在民航局机关里抽调女干部或者在地勤女职工中临时抽调几人上机负责空中服务。民航上海管理处也在1952年8月开辟了解放后第一条从上海经汉口至重庆航线，尽管所使用的飞机是较大型号的DC-3型飞机，飞机上也没有设置专人负责机上服务工作。

1952年，新成立不久的中国人民航空公司曾从天津的军委第二航空学校机械队学员中抽调蔡庆云、李勇泉等4名男学员上机做空中服务员兼职保卫工作，他们是新中国民航招收的首批空中男乘务员。但是不到一年，他们转做了其他工作，飞机上的男乘务员也随之取消了。

1953年以后，民航随着国民经济的恢复相应发展起来，短短几年，开辟国内航线23条，国际航线4条，以首都北京为中心，通达了36个国内外城市。机型也开始逐步更新，从苏联购买的里2型、伊尔12型、伊尔14型飞机，取代了美制C-47型、C-46型飞机。客货运输量也有了较大增长，为满足旅客需要，提高服务质量，在机上设置专职乘务员的工作被提上议事日程。

1955年8月，新中国民航开始第一次招收女空中乘务员，招收对象为北京市中学生。招收工作是保密的，没有向社会公开招聘，所招人员全部是由各学校推荐的品学兼优的应届初中毕业生。到年底，在北京市教育局的配合下，中国民航局经过精挑细选，共选中16人，加上从部队复员到民航局机关的2人（张素梅、寇秀荣），共18人，她们成为新中国民航第一批空姐。

1955年11月，这批空姐报到集中，开始进行大约半年的培训。她们自己按照年龄大小进行了排队，号称“十八姐妹”，后来就慢慢叫开了——大姐张素梅，依次是宛月恒、寇秀荣、宋淑敏、李雅惠、陈淑华、马鸿志、李淑清、郭肇贤、康淑琴、王绍勤、朱玉芳、石秀英、王竹报、张若兰、沈伦、李淑敏、孔宪芳。培训班设在长安街王府井南口的民航售票处的大院内。培训科目和内容是先地面，后空中。地面知识培训包括值

机、配载、气象、航行、运输、旅客接送等，教员由曾在“两航”工作过的专业人员担任，班主任是精通民航运输业务的吴景岩（原中国航空公司秘书处联谊课课长，1939 年北京大学毕业，1941 年进入中国航空公司工作。积极参加了“两航”起义的筹备工作并参加起草《中航起义宣言》。1949 年 11 月 9 日参加“两航”起义，随“两航”总经理北飞到北京。后任中国航空公司工作委员会副主席、军委民航局编辑室副主任、民航局商务处副科长），他的英语水平也很高，所以后来又担任了英语教员（另一位英语老师的名字叫尤保山）。机上服务的业务培训老师是韩燕信、温更辛（均为原中国航空公司的空中服务及运输服务工作人员），她们负责培训在飞机上为旅客服务操作的程序要求，飞机上的各种设备如何使用，不同的旅客如何接待，飞机起落时应该注意什么，上机前个人衣着化妆等准备工作。另外还有俄语学习，老师是一名俄国女性；礼节、服饰培训方面，则请了外交部礼宾司的同志讲课。地面理论课完毕后，她们上机进行空中乘务工作训练。一开始是在西郊机场的本场进行随机起降几十个起落，以适应空中反应。有几个姑娘不习惯高空环境，在飞行几十个起降后，脸发白，出冷汗，恶心呕吐，她们真切地感受到了当空姐的难受滋味。

图 2.4　新中国民航第一批女空乘——十八姐妹

（前排左起：王竹报、宛月恒、郭肇贤、宋淑敏、张若兰、陈淑华、李淑敏、孔宪芳、李淑清、李雅惠、张素梅，后排左起：王绍勤、寇秀荣、马鸿志、沈伦、康淑琴、朱玉芳、石秀英）

集训结业后，宛月恒、李淑清2人分配到民航重庆飞行队，即后来的民航成都管理局；陈淑华、孔宪芳2人分配到民航乌鲁木齐飞行队，即后来的民航兰州管理局；宋淑敏、王绍勤2人分配到民航广州管理处，即后来的民航广州管理局。其余12人分配到民航北京管理处（后来的民航北京管理局）飞行队担任乘务员工作。在飞行前，首批空姐统一制作了工作服，冬季是深蓝华达呢西装套裙，上衣有两排带局徽的铜扣，西装裙及一条西裤，无沿圆帽，上有局徽，右袖上方有金线绣的特制标志（机长、副驾驶、机械员、领航员、服务员和报务员各不同）。穿半高跟黑皮鞋，长丝袜，圆领白丝绸衬衣，冬季外加一件绿色呢子大衣，翻领，也有两排带局徽的铜扣，加上短腰带毛边的深咖啡色皮靴。秋装是灰色毛哔叽料子，夏季是较薄的凡尔丁浅豆沙色着装，样式同冬装。除此以外，自己根据工作需要又自购了手提小皮箱，和上下班用的自行车。“十八姐妹”除少数人在机上工作到最高年限（当时规定空姐到45岁停飞，现在规定为50岁退休），其余都因身体欠佳、结婚生子或随丈夫调动等原因先后停飞或改做地面工作。飞行时间最长的是康淑琴和王竹报，康淑琴一直到46岁才停飞，历任民航北京管理局（中国国际航空公司）飞行总队乘务大队大队长、政委和中国国际航空公司纪委办公室主任等职务。王竹报自1957年起多次执行专机任务，先后任乘务大队副大队长及大队长、国航乘务部党委书记、国航飞行总队工会主席，并多次获得民航局“先进生产工作者”、“三八红旗手”等称号。

图2.5　新中国民航第一批女空乘（十八姐妹：另外三人因执行任务未参加合影）

20 世纪五六十年代的飞机及机上的供应与现在相比简直是天壤之别。那个时期的飞机小，多半是苏式前三点和后三点的里 2 型和伊尔 14 型飞机，旅客坐椅只有 10 多个，最多 24 个，每架飞机上只有一名乘务员。在夏季飞行的前一天，乘务员要在将近 50 度高温的停机坪上打扫飞机客舱内的卫生，一会儿就汗流浃背（当时飞机客舱没有专职的清洁工，一切清扫工作全由乘务员完成）。在飞行时，因为客舱不是密封的，受气流影响很大，所以一遇到坏天气，如雷电厚积云时，飞机就会严重颠簸，有的乘务员和旅客随着颠簸或缺氧而严重呕吐。而且，那时旅客及机组人员不能在机上用餐，只能通过其他工作人员在中途事先备好空勤灶及旅客的餐食。由于条件恶劣，飞行一天下来，机组工作人员累，空姐更累，旅客也不舒适。特别是飞西北航线，那里多是高原沙漠地区，气流很不稳定，飞机就像在茫茫大海中飘摇，上下摇晃着与雷鸣电闪搏斗。飞行员如没有高超的技术和丰富的飞行经验，判断稍有失误，就会机毁人亡。但是新中国的第一批空姐们，多年来在飞机小、供应设备差的条件下得到了锻炼，增长了为旅客服务的本领，即使在航路天气不好飞机严重颠簸时，依然能来往于客舱间，给旅客送去温暖和真诚微笑。

此时的飞行条件确实艰苦：飞机上没有空调设备，要么很热，要么很冷。按照要求，乘务员每次飞航班之前的前一天就要开始准备——首先要体检，身体稍有不适都不能飞行；然后，飞行机组和乘务员开个碰头会，准备次日的飞行；接下来，乘务员就要上飞机做卫生，卫生工作量很大，一个人忙不过来，一般都会有同事帮忙一起打扫卫生；当天飞行之前，乘务员自己用开水灌满暖瓶，提上飞机，为旅客提供热水服务——当时客机上没有加热设备，不能提供热食，只有糖、水果、香烟，茶水是从地面带上去，每到一个经停站，乘务员要提着热水瓶下去灌水。现在客机上，再不用提着热水瓶上飞机了，咖啡、可乐、果汁、啤酒、白开水，应有尽有，而且可以点用粤菜、川菜、沪菜、东北菜等，真的是吃香的、喝辣的，样样齐全；那时飞机上的小食品、机供品等是管理局其他部门的工作人员骑平板车送来的，大家再一起搬上飞机。客人上飞机后，空乘先给每名旅客发一把扇子，每人送一盒 5 支装的香烟，有时候是中华牌，有时候是凤凰牌，每人送一袋水果糖。起飞后，空乘开始给旅客送冷饮、餐食。当时的热食并不像现在的餐食有包装，而是装在一个大的容器里，由乘务员用大勺给旅客盛。给旅客喝的饮料是浓缩橘子水再兑上水。那时飞机没有直达航线，一般要经停两三个航站，一次航班要几上几下，每次落地后，乘务员都要打扫客舱和厕所，清理座椅，更换清洁袋，整理书报，按照要求，旅客下机后，乘务员要马上清扫整理，并在 1 小时内清洁完毕。清扫客舱的工具如拖把、铅桶、抹布被空乘们戏称为"三件宝"，而现在的飞机上舒服得很，可以躺着睡觉、看录像、玩电脑、爬楼梯，对比没有空调的飞机那是享受多了。几乎所有的空乘都说过这样的话："没有食品车，所有餐食都是我们一盘盘端出去，整个航程都在不停穿梭。那时候我们的服务理念是‘五勤、四好、三不怕，四心、五当、五主动’，即嘴勤、眼勤、耳勤、手勤、腿勤；服务态度好、服务技能好、清洁卫生好、回答问询好；不怕脏、不怕累、不怕烦；接待旅客要热心、回答问题要耐心、接受意见要虚心、服务工作要细心；当老年旅客的好儿女、当小旅客的好阿姨、当病患旅客的好护理、当残疾旅客的好帮手、当不常乘机旅客的好向导；主动迎送客人、主动扶老帮幼、主动解决旅客困难、主动介绍航线知识、主动了解旅客需求。大家全都是凭着一份热情，拼命干活。”

新中国第一批空中小姐“十八姐妹”培训上机后，自 1956 年开始，民航北京管理处（1959 年 1 月改称民航北京管理局）和其他几个管理处又先后招收多批女乘务员，但是每次招收的人数都不是很多，基本上是按地区或按单位的定点选招。直到 1972 年冬季中央军委、国务院批准民航大规模招收女乘务员。这个时期招收的女乘务员虽然不多（1972 年以前民航北京管理局全部空乘人员数量一直没有超过 76 人，其他民航管理局的空乘人数则更少），但她们都随着中国民航的发展成长为民航乘务业务的领军人物和骨干，其代表人物有：李士云、杨丽梅、施雪珍、周玲妹、张秀花、朱靠英、梁秀荣（历任民航北京管理局第一飞行总队乘务大队副队长，中国国际航空公司培训部副部长、部长，中国航空运输协会客舱管理委员会秘书长、乘务员委员会总干事。先后编写中国国际航空公司《飞行乘务手册》、中国航空集团公司《飞行乘务员手册》、《高级乘务员职业技能考试指南》、《B737-300/800 飞行乘务员操作手册》、《B767-200/300 飞行乘务员操作手册》、《未来空姐面试指南》等）、徐淮平（历任中国南方航空公司乘务训练中心总经理、客舱服务部总经理，广州民航职业技术学院副教授）、盛美兰（历任深圳航空公司乘务部总经理、海南航空公司客舱与地面服务部副总经理、中国新华航空公司客舱与地面服务部总经理，华北民航培训中心总经理）、张伶俐（历任民航总局消费者事务中心主任、中国民航协会客舱管理委员会主任）、郝丽丽（历任民航兰州管理局第八飞行大队乘务队队长，中国西北航空公司飞行部副总经理、客舱服务部总经理，1987 年获得全国“五一劳动奖章”）、王淑华（历任民航上海管理局第五飞行大队乘务队副队长，中国东方航空公司客舱服务部中队长、副经理兼乘务培训中心主任，中国东方航空公司客舱服务部副总经理，中国民航协会客舱管理委员会副主任）等。

据资料记载，民航上海管理局 1957 年初才有第一名乘务员，名字叫牟兰，是从中国民航局设在天津的民航学校分来的（1958 年初调离飞行队转到地面工作）。1959 年 1 月中国民航局又派来陈继珠、汤永芬两名乘务员，开始在飞行队下专门组建了一支专职的乘务分队。同年 6 月，民航上海管理局在上海郊区女知青中招收 10 多人送到天津的中国民航高级航空学校培训，3 个月后分配回上海管理局 6 人。1960 年以后，民航上海管理局又从天津的民航高级航空学校分来 6 名乘务员。到 1963 年 7 月全国民航统一编定飞行队伍番号，民航上海管理局飞行队被命名为中国民用航空第三飞行大队并成立乘务分队时，只有 9 名乘务员，她们是：周兰芬、许金妹、殷梅英、张惠兰、崔绍珍、王桂兰、余明钰、徐凤臣、胡凤兰，人称“空中九姐妹”。1965 年 9 月 1 日，中国民航总局将在上海的民航第三飞行大队更名为民航第五飞行大队，下设的乘务队有乘务员 18 人。此后，曾陆续补充过少量空乘人员，但是直到 1978 年，民航上海管理局乘务队只有 42 名乘务员。

民航沈阳管理局成立于 1964 年 11 月 11 日（1964 年 9 月 14 日经空军司令部批复同意设立），在此之前东北地区的民航业务均由民航北京管理处管理和领导，飞行队伍有 1965 年 9 月组建的民航第十飞行大队（前身为 1963 年 9 月成立的民航第二十三飞行大队）、1966 年 3 月组建的民航第十二飞行大队（前身为 1963 年 11 月成立的民航第二十四飞行大队）。1966 年 9 月，民航沈阳管理局使用里 2 型飞机开辟沈阳—长春—哈尔滨—佳木斯航线，为保证机上旅客服务工作，民航北京管理局调派 3 名乘务员编入第十飞行大队，她们是东北民航第一批乘务员。1972 年，东北地区第一个乘务分队“民航第十飞行大队乘务分队”组建，有乘务员 13 人。自 1980 年起，民航沈阳管理局开始在高中毕业生中招收空中乘务员，首批在沈阳地区招收 18 人，到 1986 年 1 月十大队乘务分队扩编为乘务中队时，民航沈阳管理局所属的乘务员已有 89 人。

民航西安管理局成立于 1986 年，在此之前西北地区的民航业务中心在新疆，1955 年 1 月 1 日在乌鲁木齐成立民航西北管理处，同年 9 月更名为民航乌鲁木齐管理处。1956 年 6 月接收新中国民航第一批空中乘务员（十八姐妹）中的陈淑华、孔宪芳。1958 年 10 月，民航乌鲁木齐管理处东迁至甘肃兰州，成立民航兰州管理局，统一管理西北地区民航业务，兰州管理局所属飞行队伍于 1963 年组建民航第六飞行大队，1965 年 9 月改称民航第八飞行大队。新疆地区的民航业务则由 1959 年 1 月 1 日正式组建的中国民用航空新疆维吾尔自治区管理局负责，该局 1961 年 5 月接收民航兰州管理局分来的第一批空中乘务员，共 3 人，即常淑萱、刘雪芳、郑伯浮，她们成立了乘务组。其飞行队伍 1963 年 8 月组建民航第七飞行大队（1965 年 9 月改称民航第九飞行大队）。1965 年后，民航兰州管理局先后分配刘淑兰、司兰香、孙玉梅、陈珊等乘务员到民航新疆区局，1970 年 5 月组建乘务分队。1981 年 11 月 14 日，民航新疆区局首次向社会招收空中乘务员，1984 年 10 月乘务分队扩编为乘务队。1985 年 1 月新疆航空公司成立时，共有乘务员 50 人。1986 年 5 月 1 日，民航兰州管理局迁至陕西西安，更名为民航西安管理局，统管陕西、甘肃、宁夏、青海四省（区）民航业务。1989 年 12 月，民航在西北地区实行政企分开的管理体制改革，民航西安管理局改称民航西北管理局，中国西北航空公司、西安西关机场亦同时组建（民航陕西省管理局撤销）。

民航成都管理局成立于1958年7月，负责管理四川、云南、贵州等省的民航事务。其前身为1955年组建的民航重庆管理局——该局于1955年3月建立飞行队伍，1956年6月接收新中国第一批空中乘务员（十八姐妹）中的宛月恒、李淑清。1959年9月16日，民航成都管理局成立乘务队，这是民航成都管理局也是西南地区第一支乘务队伍。1963年7月，管理局飞行队伍组建民航第五飞行大队（1965年9月改称民航第七大队），乘务队伍也随着飞机数量增加和型号更新不断扩大，到1986年，第七飞行大队共有空乘人员88人。1987年10月，民航在西南地区实行政企分开的管理体制改革，民航成都管理局改称民航西南管理局，负责对四川、云南、贵州、西藏等省、区的民航事务进行管理，中国西南航空公司、成都双流机场亦同时组建。

民航中南管理局成立于1992年12月，负责管理河南、湖北、湖南、广东、广西、海南等省的民航事务。其前身为1958年12月组建的民航广州管理局（前身为民航广州管理处），该局1956年6月接收新中国第一批空中乘务员（十八姐妹）中的王绍勤、宋淑敏，1959年又接收民航高级航校分配来的三批14名空中乘务员，并在1963年7月组建中国民航第四飞行大队（1965年8月27日更名为第六飞行大队）时下设了乘务分队。1976年，随着空乘人员数量的不断增加，乘务分队更名为乘务队。1979年12月，民航中南管理局首次从社会上招收乘务员，在广州市分两次招收了22人。此时，中南管理局的空乘队伍共有71人。

## 三、中国民航历史上最大规模招收军人身份的女乘务员

1967年1月26日，国务院、中央军委发布《关于民用航空系统由军队接管的命令》，1969年11月20日，国务院、中央军委批转民航总局党委《关于进一步改革民航体制和制度的请示报告》，决定把民航划归空军建制，成为空军的组成部分，实行准军事化管理，各项制度按空军的规定执行，但是对外名称不变，仍称民航总局。自从这两个指示开始执行到1980年3月5日国务院、中央军委发布《关于民航总局不再由空军代管的通知》使中国民航脱离空军建制，中国民航乘务员是穿着军装进行空中服务的。

1971年下半年以后，国内外接连发生几件重大历史事件，形势发生了急剧变化。一是9月13日林彪乘飞机外逃摔死在蒙古温都尔汗，林彪反革命集团被粉碎。二是10月25日联合国通过了恢复中华人民共和国在联合国的一切合法权益的重大决议。11月19日，国际民用航空组织第74届理事会第16次会议通过决议，“承认中华人民共和国政府的代表为中国驻国际民用航空组织的唯一合法代表”，从而驱逐了台湾的代表。三是1972年中美关系解冻、中日两国建立正式邦交。可以说，中外交往增加的局面即将到来。1972年1月1日，中国民航与巴基斯坦航空公司开辟的中巴航线复航，航线由

原来的达卡—广州—上海改为卡拉奇—科伦坡—仰光—上海—广州。这些客观形势的发展，对民航机上服务人员的外语水平等提出了新的要求。在此情况下，民航上海管理局向民航总局上报了《关于招收空勤乘务员的请示报告》，提出“民航第5飞行大队现有空勤乘务人员15人，其中年龄在25岁以上的9人，现已结婚的6人，即将结婚5人，需要停飞安排地面工作的4人。根据现有人员状况，已不能应付和完成正常的航班生产任务”。

中国民航总局将这个要求转告了中央有关部门。1972年11月，国务院、中央军委联合发出《关于为民航征集女乘务员的通知》，决定在当年冬季征兵时为民航征集女乘务员200人，分别分配给民航各个管理局，其中北京管理局120人，上海管理局80人。这是中国民航有史以来最大规模的一次招收女乘务员，也是中国空乘发展过程中承上启下、发挥了巨大作用的一代乘务员，她们在前辈空乘的带领下，奉献自己的智慧、汗水与青春，成为中国民航乘务事业的骨干与榜样。杨丽华、刘玉梅、王银香、梁富华、郝玉萍等就是她们中的突出代表。

1973年大批招收军人乘务员后，每年还会补充招收数量不等的女兵进入民航，这个时候，空中乘务员的统一服装是没有徽章的解放军军装（黄军装、蓝裤子、大头皮鞋）。但是就是在本年底开始，中国民航在国际航班上逐渐告别军装，更换为统一制服，民航总局借鉴了“乒乓外交”中运动员的着装，为乘务员准备了一身的确良制服。这身制服也不是每个乘务员都有的，而是只配备了一部分，每次有专机任务或是外事活动的时候，乘务员之间就要互相调换着穿，穿完之后再还回去。不久每人又配发一套深蓝色毛料冬装和一套灰色夏装——男服是中山装、军便帽，女服是上海流行的方领直腰宽松式上衣和普通西裤、圆头方口黑皮鞋。穿上新衣服，乘务员们都非常兴奋，纷纷到照相馆拍照留念，照相馆还将她们着装的照片摆进橱窗。为了配合这套服装，乘务员们还买了自己喜爱的毛衣和旅行包，在执行国际航线和专机、包机任务时显得精神抖擞。但是这套服装并不是很成功，外国旅客常常批评乘务员的服装没有腰身，不能展现女性的美，颜色也显得很沉重。后来，中国民航空勤人员又经历一次换装，冬装统一为深蓝色斜纹毛料西装，夏装为毛凡尔丁西装，男装的颜色冬夏相同，女装的颜色鲜艳一些，为天蓝色。男装配大盖帽，女装配大沿帽，并佩戴民航总局的航徽，另有毛领活里的蓝毛料大衣，黑皮鞋、出差包等。

这个时候中国空中乘务员队伍出现的另一个变化是男性空中乘务员的出现——分析男性空中乘务员出现的原因，一是民航开辟了飞行距离在5000千米以上的长远航线，乘务员在这样的航线上不但要连续工作10个多小时，而且还要在服务过程中发送大量饮料、餐食和纪念品；二是现代化的飞机都是密封增压舱，乘务员长期在空中飞行，要承受缺氧、低气压等“飞行负荷”对人体健康的影响，男性乘务员的抵抗力一般大于女性乘务员。这些新招收的男性乘务员为了达到工作标准，进行了艰苦的训练，例如，为了给旅客明快、稳重、热情的印象，男乘们不但练语调、步伐，甚至还要练坐、蹲、立、行，真的是一个手势、一个眼神、一句敬语、一个微笑都要从头学起，认真掌握。

## 四、中国民航首次派乘务员去外国航空公司学习

1979 年初，中国民航总局开始进行改善提高民航运输服务质量的工作，在以改善中日、中法两条国际航线服务工作为试点的同时，重点推进全国乘务员的培训与素质的提高。4 月 19 日，国务院批准了民航总局《关于派乘务员去日航进行短期培训的请示报告》，同意民航北京管理局派出 8 名乘务员和 2 名翻译去日航客舱训练所培训，学习内容包括紧急情况处置、服务技能和对特殊旅客的照顾以及实习等课程共 252 小时。

8 月 25 日，中国民航派往日本航空公司研修学习的乘务员一行 10 人，即中国民航总局和日本全日空航空公司共同组织的第一批“中国民航乘务员赴日研修团”，在代鑫玲、梁秀荣的带领下到达东京，10 人中有 2 名翻译，8 名乘务员，分别为民航北京管理局的代鑫玲、梁秀荣、蒋秀英、郝玉萍、武韵秋、孙秀萍，另有民航上海管理局的梁润桃和民航广州管理局的陆安。这是中国民航首次派乘务员去外国航空公司学习。她们受到了日航顾问平田元先生和日航客舱训练所教官们的欢迎。乘务员学习团自 8 月 27 日开始上课，时间为一个半月，学习内容包括紧急情况处置、服务技能和特殊旅客的照顾以及实习等课程。中国的空中乘务员第一次近距离地接触和感受了先进国家航空公司乘务员的培训方式和管理制度，印象极为深刻，参加研修的梁秀荣后来回忆说，这次学习让她认识到，作为一名合格的乘务员，不仅要有好的形象、好的身体，更要有好的服务技巧、好的客舱安全管理能力。

1980 年 4 月，中国民航总局在全民航范围选调第二批赴日本学习研修的乘务员，即中国民航总局和日本全日空航空公司共同组织的第二批“中国民航乘务员赴日研修团”，总计 10 人，她们在民航北京管理局乘务大队大队长王竹报的带领下到达全日空航空公司研修学习，10 名乘务员是民航北京管理局的梁富华、胡惠萍、赵惠玲，民航上海管理局的赵建茹、王玲，民航广州管理局的徐淮平、朱靠英，民航兰州管理局的郭仿琴，民航沈阳管理局的沈艳军，民航成都管理局的徐淑娜。另有 1 名翻译，名字叫吴伟。

在去“全日空”训练前，民航总局领导接见并欢送了她们。当时的民航总局副局长李钊在会上语重心长地对她们说：“你们是全国各地挑选出来的优秀人才，到了‘全日空’要好好学习、刻苦学习，把别人好的先进的东西学回来。民航未来的发展需要你们，将来学成回到各自的岗位，要为中国民航的发展、乘务事业的发展努力工作。你们十个人就像是种子，要在各地扎根、开花、结果。”

图 2.6　领队王竹报（前排中）与“研修团”全体人员

她们就这样肩负着重托，去“全日空”进行了 40 多天的学习研修。学习期间，她们看到日航豪华、现代化的空姐训练中心，很是震撼与羡慕，盼望着中国也能拥有好几座不次于她们的乘务训练中心，尽管这只是当时的梦想，但却是中国民航未来的发展方向和目标。参加赴日研修的徐淑娜回忆说：1980 年，我有幸由中国民航总局选派到日本“全日空”参加乘务训练。到了“全日空”，看到它们的现代化训练中心、先进的训练设施、训练有素的乘务员、漂亮整洁的客舱，对我来说在当时都是无法想象的，心灵的冲击也是巨大的。我们当时所执飞的全是苏制里 2、伊尔 14、安 24 飞机，最大的飞机是伊尔 18，在设施设备上条件相差甚远。在日本的培训让我大开眼界，让我深深体会到训练有素的乘务员应该是从这样一个现代化的训练中心走上蓝天的，从那时起我就开始梦想，我们中国民航也应该有一所自己的乘务员训练中心。

徐淮平也在自己写的“赴日研修的日子”文章里回忆说：1960 年至 1980 年，民航不要求乘务员微笑服务，强调的是以阶级斗争为纲，乘务员要严肃端庄，时刻盯着旅客，观察客舱有什么异动。直到 1983 年全国开展“文明礼貌月”活动后，才开始重视乘务员的礼仪形象。去日本学习之前，民航没有强调过要微笑服务，我们只知道为人民服务。

1980 年，中国民航总局和日本全日空航空公司共同组织“中国民航乘务员赴日研修团”，我作为民航广州管理局的代表参加，这是民航广州管理局的空乘首次接受国际标准的培训。这次接触，由当时 80 多岁的知名日中友好人士冈崎嘉平太先生促成，他和周恩来总理的关系很好。在欢迎仪式上他说自己非常钦佩中国红军的二万五千里长征，希望我们也能发扬长征精神。他还说，中国和日本，就像哥哥和弟弟，以前是弟弟向哥哥学习，现在哥哥向弟弟学习，互相学习。

这也是我第一次出国学习。日本的航空服务，很早就要求微笑服务，他们的空乘笑得很自然，那是职业化的微笑。不过我观察到，大多数空乘下了飞机就不笑了。我们这些到日本学习的空乘，对这种职业化的微笑能较快地接受。我第一次发现，原来空乘的培训工作，有那么专业系统化的规定。比如一个简单的送茶动作，除了微笑，要说敬语，还有手势、表情、目光、弯腰等等。开始时许多学员忙着想如何说日文敬语，脸上还要微笑，动作就像木偶表演一样。

我们在日本接受了系统的空中乘务员空中服务与安全训练。在逃生训练中，波音747上舱撤离滑梯足有两层楼高，下面黑压压的人群，都是日本媒体。我们看见电视摄像机的灯光，还有闪光灯。我当时只有一个念头，不能丢人，不能丢中国人的脸，一定要做得很好。我滑到地面，像弹簧一样，立刻站起来。我们每个人都做得干净利落。日本记者问我们，为什么都做得这么好，我们谦虚地说，“按照教官教的去做”。

在日本45天，我耳目一新。我一直在想，对空乘的专业系统训练不是我们做不到，而是还没做，如果我们做了，就能比他们做得更好。

1992年，中国国际航空公司在全国率先拥有了先进的现代化的乘务培训中心，不久，中国南方航空公司和中国东方航空公司等航空运输公司也都有了现代化的乘务培训中心，中国逐渐可以和世界先进的航空公司乘务培训机构媲美了！

## 五、民航开始面向社会不拘一格招收空中乘务员

1980年3月，中国民航脱离解放军建制，不再由空军代管，此后，中国民航进入一个新的快速发展的阶段。

这种快速发展表现在空中乘务方面有以下几个特点。

### 1. 空乘招收方式改变，开始对社会招收空中乘务员

先是民航北京管理局向社会招收具有高中文化水平的适龄人员，然后集中送到中国民航机械专科学校培训一年，合格后才可以上机从事乘务工作。民航沈阳管理局也于1980年在高中毕业生中招收空中乘务员，首批在沈阳招收18人。随后，民航上海管理局、民航兰州管理局、民航广州管理局、民航成都管理局也开始向社会招收空中乘务员。

尽管这些空中乘务员是按照选拔空军的标准来招收的，但却是民航第一批由地方上公开招收的、没有军籍的“空中小姐”，她们掀开了中国民航空乘服务史上崭新的一

页。1980 年沈阳管理局招收的 18 名空乘之一、后任中国南方航空股份有限公司北方分公司客舱部总经理刘淑娟回忆说：当时几乎是按照选空军的标准来选空姐的，考核时要经过目测、笔试、政审等多个环节，尤其对体质的考察比现在要严格许多，身上不能有疤痕，脸上不能有痘痘。那个时候我国使用的是飞行中机身颠簸剧烈、客舱内煤油味重的螺旋桨小机型，服务难度很大。经过长期的军事化训练后，我才适应了空中的平衡。当时空姐们穿着 8 厘米高的高跟鞋，为旅客递送玻璃瓶饮料和小包装香烟。这些在今天看似简陋甚至违规的服务，在当时是最标准的。

此后，各个航空公司根据实际需要，不断招收多个层次的空中乘务员：或向社会高中毕业生招收，或在大学生中招收。民航北京管理局 1982 年 5 月在北京招收应届高中毕业生空中乘务员，男女兼收 60 人，第一次启用了中国民航总局颁发的《空中乘务员体格标准（试用）》；中国国际航空公司从 1994 年 1 月开始在北京三星级饭店服务员中招收空中乘务员；云南航空公司 1994 年 9 月向社会招收已婚空中女乘务员；上海航空公司 1994 年 12 月 13 日在《新民晚报》第 1 版刊登消息从上海纺织系统招收“空嫂”；中国东方航空公司从 1996 年 4 月开始招收日本籍空中乘务员，后又招收韩国籍、印度籍空中乘务员。

### 2. 空中乘务员招收数量越来越多，队伍迅速扩大

中国的改革开放政策及其带来的社会巨大发展推动着中国民航的改革与发展，特别是 1987 年后，中国民航进行了以航空公司与机场分设为特征的体制改革，将原民航北京、上海、广州、西安、成都、沈阳 6 个地区管理局的航空运输和通用航空相关业务、资产和人员分离出来，组建了 6 个国家骨干航空公司，实行自主经营、自负盈亏、平等竞争。6 个国家骨干航空公司是：中国西南航空公司、中国东方航空公司、中国国际航空公司、中国西北航空公司、中国北方航空公司、中国南方航空公司。与其同时，自 1985 年 1 月 1 日起，由地方政府组建的厦门航空公司、新疆航空公司、上海航空公司、浙江航空公司、武汉航空公司、中国联合航空公司、四川航空公司、中原航空公司等也纷纷成立。以经营通用航空业务为主并兼营航空运输业务的中国通用航空公司也于 1989 年 7 月成立。

这些航空公司的组建以及更多飞机的引进，需要补充更多的空乘人员。按照中国民航局 1985 年 11 月 2 日下发通知的规定，要按照机型与航班任务对飞行乘务组进行定员（含主任乘务员、乘务长）：有配餐任务的每 25 名至 30 名客座配 1 人；无配餐任务的每 35 名至 40 名客座配 1 人。各型飞机的标准定员一般为：波音 707 型、MD80 型、伊尔 62 型、图 154M 型、波音 737-300 型等飞机配乘务长 1 人，乘务员 4 人；波音 767 型、空中客车 310 型飞机配乘务长 1 人，乘务员 7 人；波音 737-200 型、三叉戟型、伊尔 18 型等飞机配乘务长 1 人，乘务员 2 人；安 24 型飞机配乘务长、乘务员各 1 人。以上标

准可根据实际旅客人数调整。专、包机按实际需要配备乘务人员。里2型与伊尔14型飞机只配乘务员1人。依据这个要求，各个航空公司不断加大招收空乘数量，同时注意了招收对象的文化学历层次。

1988年1月，北京电视台报道了民航北京管理局决定从应届大学生中招收10～30名空中乘务员的消息后，前往北京管理局招飞办公室的大学生络绎不绝，询问、联系电话不断。让大学生加盟空乘的队伍，在国际上的许多航空公司早已不是新鲜事情，但是在国内却是一个首创。在通过初试合格的50人中，不乏优秀拔尖人才和男生，毕业于北京大学化学系的林立、北京外语学院（现北京外国语大学）英语系的方星慧（男）、北京师范大学教育系的任丽萍、北京财贸学院金融系的刘彤、北京海淀走读大学经济管理系的张丽萍、北京纺织工程学院服装系的王宇等是其中的突出代表。

### 3. 空乘服务质量逐渐提高，空乘管理机构更为完善

1980年以后，随着大型客机的引进，民航运输业务快速发展，但服务设施和人员培训一时跟不上，加之存在“吃大锅饭”和“官商”思想，有的领导不重视服务工作，不重视解决社会舆论的压力和发生的问题。针对这种情况，民航总局采取多种措施，狠抓服务上台阶，提出要着重进行思想教育，对服务工作进行整顿，开展了“安全、正常、服务好”和“文明礼貌月”活动。1980年5月7日至12日，民航总局在北京召开了“全国民航百日服务质量总结授奖大会”，41个先进单位和65名先进个人荣获民航总局颁发的锦旗、奖状、喜报和奖金，国务院副总理耿飚、陈慕华、康世恩等人参加。会议决定在全民航范围内继续深入开展“安全、正常、服务好”活动。1982年2月12日，民航总局政治部、工会、团委、运输服务局联合下发通知，响应全国总工会、共青团中央等9单位提出开展第一个“文明礼貌月”的活动，并进行检查验收、评比表彰。4月18日，民航系统“全民文明礼貌月”活动总结表彰大会在北京首都机场举行，第十飞行大队乘务队、第五飞行大队乘务分队等5个先进单位，第一飞行总队乘务大队、第七飞行大队乘务队、第八飞行大队西安乘务分队等9个做出优异成绩的单位受到了表彰。

1983年12月7日，中国民航局作出了“关于提高运输服务质量的决定”，提出“人民航空为人民、为国家”的服务宗旨。这既是我党全心全意为人民服务宗旨的具体体现，也明确定位了社会主义民航与旅客的关系。要求民航职工高标准，严要求，树立旅客第一、服务第一、信誉第一，全心全意为旅客、货主服务的思想，尽到人民航空为人民服务的光荣职责。“决定”的贯彻执行，进一步增强了民航人员的服务意识，改进了服务态度，逐渐形成了“想旅客所想，急旅客所急、热情周到、微笑服务”等做好旅客服务工作的好传统。

1985年6月1日至10月31日，中国民航局在北京、上海、广州、沈阳、西安、成都6大机场和8个窗口（乘务队、候机室、售票处、旅客餐厅、宾馆、货运仓库、装卸

队、客舱清洁队）开展了优质服务竞赛活动，简称“六八竞赛”活动。1986 年，这项活动又扩展到桂林和乌鲁木齐机场，推动了民航服务工作质量的进一步提高。与此同时，民航狠抓人员培训，进一步完善规章制度，修订服务手册，提出了服务工作规范化、标准化、制度化的具体要求，服务设施也逐步得到改善。具体表现为：1981 年，北京、上海、广州等地相继成立了与外资合资的航空食品公司，机上餐食质量得到改善；1984 年，我国建立了自己的电子计算机订座系统，逐步实现了客票销售、出港、行李管理和货运自动化。

1986 年 1 月 8 日，中国民航局又召开改进空中服务工作会议，提出改进空中服务的三点要求：一是加强职业道德教育，端正服务思想，提倡文明服务，一心为旅客着想，重信誉，讲质量，干部多深入基层解决问题；二是各单位要围绕服务工作制订一套可行制度，做到程序化、标准化、规范化，层层把关，各负其责；三是各部门要团结协作，遇事从大局出发，多商量，确保第一线正常服务，绝对不拿工作怄气。4 月 4 日至 9 日，全国民航空中服务工作会议召开，中国民航局各管理局有关领导、运输服务处以及乘务队负责人王竹报、孙秀梅、郝丽丽、赵建茹、唐志萍、朱建英、玛利亚等齐聚北京，献计献策，探讨改进民航乘务工作。会议要求严格规章制度、严格督促检查、培养严细作风，号召民航人争创世界先进水平，并决定在天津的中国民航学院建立乘务员训练中心，对乘务员定期轮训、考核和颁发乘务员执照，并要使之成为制度，未经训练或虽经训练但考核不合格者不得上机工作。

经过几年的努力，民航服务质量有了很大提高，窗口形象明显改观。特别是政企分开的体制改革以后，各航空公司、机场重视开展优质服务，不断创新思想，提出各自的经营理念和服务品牌，服务质量有了明显提高。

随着中国旅游事业的发展，乘坐民航飞机来华旅游的外国老年人旅游团逐年增多，乘坐民航飞机旅游的其他老年旅客和弱、幼、孕、残疾旅客也在增多，在旅途中给予他们更多的帮助，是体现中国民航服务质量的一个重要方面。为此，民航局于 1987 年 6 月 4 日下发《关于对老、弱、幼、孕和残疾旅客给予特殊照料的通知》，要求做到：老、弱、幼、孕和残疾旅客在上、下自动步道和上、下楼梯时，要有服务员照看，防止摔倒；候机楼内设有电梯的，要安排他们乘坐电梯；对坐轮椅车而又无人陪伴的残疾旅客，应安排服务员推车接送他们上、下飞机和进、出候机室；上述旅客上、下飞机时，特别是使用客梯车上、下飞机时，乘务员和地面服务员要协作配合，给予他们照料和搀扶等；凡使用客梯车的飞机，客梯车司机应预先检查客梯车的完好和安全，认真做到停车稳当牢靠，客梯升降位置适当。乘务员必须事先检查平台是否靠稳、活动栏杆是否开到位，然后站在客梯车平台一侧迎、送客人；飞机在航行、起、降前或空中遇有颠簸时，乘务员要主动帮助他们安排好行李、系好安全带；老、弱、幼、孕和残疾旅客在候机和乘机过程中，候机室服务员和乘务员应主动了解其困难和要求，经常询问他们的需要，给予热情照应和帮助。

1994 年 4 月 8 日，共青团中央、中国民航总局联合组织的全国民航系统创建“青年文明号”活动现场会在首都国际机场隆重召开，标志着作为跨世纪青年文明工程重要组成部分的全国创“青年文明号”活动在民航系统率先拉开序幕。此后 10 多年里，民航各个单位特别是航空公司乘务队坚持创建工作的开展，先后有近 100 个乘务组获得国家级、省部级“青年文明号”荣誉，为提高民航服务质量、推动民航事业发展、促进青年文明工程作出了重要贡献。

总之，中国民航乘务员队伍在不断扩大的同时，注重严格的政治与业务培训，使人员素质和服务质量均有了较大的提高，这个过程大体经过三个阶段：第一阶段是航空公司成立之初，即 1987 年以后，强调的是服务态度温和、不与旅客争执，对民航这个服务行业来说是最原始、最基本的要求。第二个阶段是 1990 年以后，民航狠抓服务工作的规范化、标准化、程序化，如乘务员仪表仪容，站立、行走、下蹲、托盘等，这种“三化”的训练和队伍建设，使服务工作逐步走上了正轨。第三个阶段是 1995 年以后，以培养乘务人员的高雅气质、修养和营造优美舒适的乘机环境作为提高服务质量的主要工作，突出体现民航企业特色的“名牌服务”、“精品服务”，让旅客在享受服务的同时，感受到民航企业的精神风貌与独特文化。

#### 4. 空乘服装受到重视，多种款式精彩亮相

1986 年 6 月，中国民航局下发通知，决定民航乘务员在年底前改换新式制服。考虑到正在进行的民航政企分开、权力下发的改革工作，民航局决定只负责规定空乘制服的费用标准，制服的样式、颜色、布料等由各管理局、航空公司自行确定，争取年底有一批身着新式制服的乘务员在航班上与旅客见面。

1987 年开始，进行体制改革的中国民航先后组建了中国西南航空公司、中国东方航空公司、中国国际航空公司、中国西北航空公司、中国北方航空公司、中国南方航空公司，各个航空公司走上了企业化的道路。空乘也逐渐换上了具有本公司特色的空乘服装，特别是中国国际航空公司，聘请世界著名服装设计师皮尔·卡丹先生为国航设计出了一套具有历史意义的“宝石蓝”颜色的空姐制服。1988 年 7 月 1 日，国航的空姐穿上了这套“宝石蓝”制服，包括无领上衣、套裙和长裤，条纹图案的衬衫领口，还系有一条领巾，头上的小圆帽显得十分优雅。男乘务员服装则加入了领章的设计内容，式样为西服。这是新中国民航历史上第一套真正意义的空姐职业装，也是当时非常少见的名牌服装，空乘们都特别自豪和珍惜。这说明中国民航人已经认识到员工职业装对航空运输企业形象的巨大作用，此后，各个航空公司，包括地方政府组建的航空公司，纷纷推出了自己公司的空乘制服。其中中国国际航空公司、中国东方航空公司、中国南方航

空公司、中国西南航空公司、四川航空公司、山东航空公司、深圳航空公司等还推出多套多款空乘制服。

## 六、空乘院校及培训机构纷纷成立，教育培养逐步规范

历经50余年的发展，中国民航事业日益壮大，空乘职业越来越受公众关注。20世纪90年代末期，许多高校纷纷开办空乘专业，为中国空乘队伍培养高素质专门人才。1999年，中国民航总局直属的中国民航学院开始设立空中乘务专业，学历为三年制大专，面向应届高中毕业生招生，开创了乘务专业高等职业教育的先河，是教育部和民航总局首家批准设立空中乘务专业的院校。中国民航学院空中乘务专业的教育培训工作始于1958年，根据中国民航发展形势和社会教育需求，顺应国家高教体制改革及空乘招生培养规模的不断扩大，于2001年率先成立了国内第一家乘务学院。该院招生基本实行订单式培养，先后与国内多家航空公司签订培养空中乘务员协议，使学生入校即为“准”空乘。这些“准”空乘在学习空中乘务专业规定课程的同时，由航空公司委派专业人员讲授相关专业知识，3年学习期满后将直接被协议公司录用为正式乘务员。

图2.7　中国民航大学的老师在向空乘专业学生讲解化妆知识

随后，中国民航总局下辖的另外4所全日制国有公立普通院校，即中国民航飞行学院、中国民航管理干部学院、广州民航职业技术学院、上海民航中等专业学校，也于2000年开始设置空中乘务与旅游管理专业（专科）、航空服务专业（专科）、航空乘务与旅游管理专业（专科）、空中乘务专业（专科），招考应届高中毕业生。

与此同时，非民航系统的全日制国有公立普通院校和一大批民营空乘培训机构也纷纷设立空中乘务专业，进入空乘教育的发展竞争阵地，如北京航空航天大学、南京航空航天大学、沈阳航空工业学院（已改名为沈阳航空航天大学）、南昌航空大学、郑州航空工业管理学院、厦门旅游学校、海口经济职业技术学院、北京市求实职业学校。民营空乘培训学校机构有浙江育英职业技术学院、北京国际经贸民航管理学院、北京东方大学民航管理学院、北京逸仙专修学院航空服务专业、北京应用技术大学航空学院、上海飞尔航空乘务进修学校、黑龙江海燕航空乘务职业技能培训学校、山东青岛民航学校、山东青岛求实职业技术学院航空服务学院、山东临沂沂蒙职业学校航空乘务专业、秦皇岛东方航空服务中等专业学校等。

现在航空公司招收空姐、空少基本上走院校招生和社会招生两种形式。但是，两者比较而言，航空公司更喜欢直接到空乘学院或空乘专业去选拔人才。在航空公司看来，空乘学校的学生最起码在校接受了相对系统的训练，专业素质相对较好，把他们招来后，经过短期集训就可以上机试飞，大大节省了航空公司的培养成本。与此相比，从社会上招收来的空乘人员，由于素质参差不齐，航空公司在日常的管理、培养方面会浪费很多的人力物力。

## 七、空乘录用实行社会选秀，优秀之中再选优

### 1. “中国空姐——首届空乘院校推介展示会”

为规范我国民航空乘人员培训和流动市场，提高航空公司新录入乘务人员的从业素质，更好地发挥民航总局在毕业生就业工作中的政府调控职能，经民航总局批准，中国民航人力资源开发中心主办，中国民用航空总局航空安全技术中心、中国民航报社、北京外航服务公司以及国内各大航空公司等协办的“中国空姐——首届空乘院校推介展示会”于2004年2月25日至2月27日在中国民航管理干部学院举办。这是一次系统展示国内未来空乘人员最高水平的全国性行业活动，会上，国内14家航空公司包括中国国际航空公司（中国国际航空西南公司）、中国东方航空股份有限公司（中国东方航空西北公司、中国东方航空云南公司）、中国南方航空股份有限公司（中国南方航空北方公司、中国南方航空新疆公司）、海南航空股份公司、上海航空股份公司、山东航空股份公司、四川航空股份公司、深圳航空公司、厦门航空公司负责招聘工作的相关领导到场，国外知名航空公司也委派专人到场观摩。为做好展示推介会的裁判工作，“中国空姐——首届空乘院校推介展示会”裁判委员会特别任命中国民航总局消费者事务中心主任张伶俐、顾问梁秀荣为本次推介会的总裁判长和副总裁判长。来自全国近20所空乘院校的数百名学员参加了航空形象、航空知识和航空英语以及才艺展示三项竞赛，

经过激烈角逐，于27日上午举行了隆重的闭幕式和颁奖典礼。北京昌平职业学校、沈阳航空工业学院、广州民航职业技术学院从参赛的众多空乘院校中脱颖而出，分获团体综合奖项的中国空姐金奖、银奖和铜奖；东方财经日语大学航空运输服务学院获中国空姐才艺团体金奖，广州民航职业技术学院获中国空姐形象团体金奖；中国空姐知识和航空英语团体金奖则由沈阳航空工业学院摘走。另外，在本次大赛中表现突出的来自北京昌平职业学校的徐冠兮获得个人综合素质金奖。

图2.8　首届空乘院校推介展示会学生展示现场

### 2. 第二届“中国空姐——百丽丝杯空乘院校推介展示会”

本次推介展示会是在2004年2月首届空乘院校推介展示会成功举办的基础上的又一次全新登场，于11月1日在北京21世纪饭店隆重开幕，仍由中国民航人力资源开发中心主办，中国民航总局航空安全技术中心、北京外航服务公司及国内14家航空公司协办。来自14家空乘院校的18个代表队共180名优秀选手要在3天内通过笔试、才艺表演和综合评比，之后分获各个奖项。

本次大会组委会在全面征求了各大航空公司意见之后，与第一届推介展示会相比在以下几个方面进行了重新调整：第一，增加了参赛选手的笔试内容考核；第二，压缩了才艺展示；第三，在个人单项展示中，将形象展示与知识考查进行合并。这样安排不仅为空乘院校之间、航空公司之间以及空乘院校和航空公司之间提供了一个互相沟通、交流和学习的平台，更是展示我国未来空姐风采面貌和前沿服务形象的璀璨舞台。10月30日，所有选手参加了笔试部分的考试，其中包括航空英语和航空专业知识；11月1

日至2日，选手在北京21世纪饭店进行形象展示（含才艺展示）比赛，评选出参赛院校与选手的各个奖项。成都航空职业技术学院的刘溪娟因个人综合评比方面的突出表现一举摘得“最佳智慧奖”和“个人综合排名金奖”两个大奖。沈阳航空工业学院成人教育学院的顾雪华用自己的微笑征服了所有的裁判和观众，获得“最佳微笑奖”，沈阳航空工业学院成人教育学院的刘星彤因其靓丽的外形摘得本次大会“最佳形象奖”桂冠，“最佳气质奖”由沈阳航空工业学院成人教育学院的祝嘉镁获得，海口经济职业技术学院的尹美惠获得“最具亲和力奖”。在团体排名方面，沈阳航空工业学院成人教育学院、成都职业技术学院和上海飞尔航空乘务学校分别获得团体总分金、银、铜奖。

本次推介展示会吸引了14家国内航空公司亲临现场择优选才，各航空公司分管人力资源的负责人悉数到场，并于11月2日与所有参赛选手进行了面对面的现场交流招聘。他们以自己专业的眼光为所在的航空公司择优挑选空乘后备人才，同时也使许多参赛选手通过现场招聘实现了自己的蓝天之梦。

3. “金通航空”杯中国院校空乘专业风采展示会

“金通航空”杯中国院校空乘专业风采展示会由辽宁金通航空培训服务有限公司主办，分为预赛、复赛和总决赛三个阶段。预赛阶段从2005年3月18日开始，至11月19日结束，共有全国36所设置空乘专业的院校（含培训机构）和360名参赛选手报名，在经历了严格的资格审核、层层选拔、表演节目和比赛节目选定等过程并通过团体表演、航空知识与英语、个人形象与才艺的比赛后，确定了9所具有国立资质、具备统招资格、拥有完备教学资源且享有较高声望的空乘专业院校及90名参赛选手参加复赛和总决赛，即沈阳航空工业学院（2010年3月改称沈阳航空航天大学）、中国民航飞行学院空中乘务学院、金陵旅馆管理干部学院（2007年11月改称南京旅游职业学院）、武汉职业技术学院、沈阳航空工业学院成人教育学院、北京昌平职业学校、南京旅游学校、沈阳市商贸学校、辽宁金通航空培训服务有限公司等9支参赛队。

复赛和总决赛阶段从11月20日开始，当天，组委会将分布在全国5个城市的9支参赛队和90名参赛选手集中到主办地沈阳，一方面对参赛队的团体节目进行精雕细琢，同时对个人航空知识与英语、航空形象与才艺进行了强化。组委会还组织参赛队和选手到上海进行了客舱安全训练项目的培训与比赛，进行了航空英语笔试及团体参赛项目和个人参赛项目的评定。

12月18日，伴随着主题歌“蓝天女孩”的欢快乐曲，总决赛暨颁奖仪式在辽宁电视台1号演播厅隆重举行。民航总局领导及航空公司专家莅临并担任评委，辽宁卫视进行了全程直播。

经过激烈的竞争和评比，沈阳航空工业学院民航学院、中国民航飞行学院、金陵旅馆管理干部学院分别获得了团体综合金、银、铜奖；金陵旅馆管理干部学院、中国民航飞行学院、沈阳航空工业学院分别获得了航空知识与英语金、银、铜奖；武汉职业技术学院、中国民航飞行学院、金陵旅馆管理干部学院分别获得了航空形象与才艺金、银、铜奖；北京昌平职业学校获得了客舱安全训练第一名；沈阳航空工业学院、辽宁金通航空培训服务有限公司、沈阳市商贸学校分别获得了团体表演金、银、铜奖等五个团体奖项。中国民航飞行学院的选手程旭蕾、武汉职业技术学院的选手陈丽燕、沈阳航空工业学院的选手马晓野分别获得个人综合素质金、银、铜奖；武汉职业技术学院的选手张丹获得“最佳智慧奖”，金陵旅馆管理干部学院的选手何丽获得“最佳微笑奖”，沈阳航空工业学院的选手李楠获得“最佳形象奖”，武汉职业技术学院的选手陈丽燕获得“最佳才艺奖”，中国民航飞行学院的选手陈旭蕾获得“最佳气质奖”，沈阳市商贸学校的选手吴洋洋获得“最具亲和力奖”。

图 2.9 “金通航空”杯中国院校空乘专业风采展示会现场

“金通航空”杯中国院校空乘专业风采展示会的成功举办，在国内首次进行了政府搭台、企业唱戏、院校展示的有益尝试，共有 192 名参赛选手和学生直接被国航、东航、南航等航空公司聘用，大大推动了空乘专业人员教育、使用、培养的新模式。

4. 南方航空公司与电视台合作开展的多届“新空姐全国招募大汇”

2006 年 7 月 5 日，中国南方航空公司与广东电视台开始合作举办“2006 南航（中国）新空姐全国招募大汇”（简称空姐新人秀）。这是我国第一次以公开电视选秀的方式选拔空姐，也是我国第一次将空姐如此专业的选拔与最热门的全国海选方式相结合。“空姐新人秀”在沈阳、武汉、南京、成都、广州 5 个赛区同时进行。参赛选手通过面试、笔试、体检、真人秀、直播晚会的形式进行海选、复赛、决赛。以公开、公平、公正的方式通过层层考核，各赛区前 15 名进入在广州进行的复赛，最终前 50 名成为南航的正式空姐（中国南方航空公司提供 50 名空姐招聘职位）。整个大赛由中国南方航空集团公司和广东电视台主办，广东卫视全程播出，计划每年举办一届。

2007 年 6 月，第二届“南航新空姐招募大汇”举办，招收 180 名新空姐。本届招募首次将报名者户口限制放开，打破农村户口不可报考空姐的陈旧规定。大赛以突破性的招聘模式开创了“中国最大规模的空姐主题电视招聘”，南航把全部 180 名空姐名额都放入大赛招选，使参加大赛成为进入南航成为空姐的唯一渠道，吸引了无数年轻女孩的目光。由于南航在空乘招收上突破户口限制，对于参赛选手不再硬性要求“城镇户口”，使来自吉林的农村姑娘张诗幻等人得以参加大赛，并最终加入南航空姐行列。

2008 年 6 月，第三届“南航新空姐招募大汇”举行，为南航招募 200 名空姐。与以往相比，此次南航招收空姐不但对外形条件有要求，而且更加注重应聘者的综合素质、英语能力、心理素质、亲和力和服务意识，招募空姐不再是比脸蛋、比身材，更要比笑容、服务意识、语言等综合服务素养给旅客留下的整体感受和印象。特别是 2007 年 11 月 15 日南航正式加入天合联盟后，南航向国际化进程又迈出了重要一步，精通英语的国际化人才已成为南航参与国际化竞争的重要指标。为了更好地招纳更多优秀的国际化人才，南航选择了全球最大的国际性职业英语测评考试——托业考试作为此次选秀的标准，并依据托业考试提供的“国际航空业通用岗位职级标准”为空姐量身订制了所需要的岗位分数，在国内民航业中首开先河地提出“空姐超前职业规划”理念，为新入职空姐提供专业、超前、长远的职业规划，以满足她们成为空姐及走上其他工作岗位甚至是企业管理层铺就道路。

2009 年 7 月，第四届“南航新空姐招募大汇”举行，中国南方航空公司继续采用公开海选和电视选拔的方式，在全国范围内招聘 400 名空姐，共开设广州、沈阳、武汉、长沙、乌鲁木齐 5 大选区。与往届不同的是，本届招募大汇伴随着万众瞩目的广州亚运会，着力打造“亚运空姐”概念，优胜选手不仅可以一圆南航空姐梦想，还将以空乘、引导员、志愿者等身份出现在亚运赛场，为亚运服务、为亚运喝彩。中国亚运新空姐招募大汇在国内首次将报名者身高标准从 165 厘米降至 163 厘米，为更多梦想圆梦蓝天的选手提供机会。大汇继续采用南航特有的考核流程：①南航 VIP 旅客目测面试；

②南航专业评委目测面试；③笔试（基本素质能力测试、英语能力测评）；④体检（基础检查、辅助检查）；⑤专业复试；⑥各选区电视晋级赛；⑦年度总决赛。通过各选区电视晋级赛的选手，即获得准空姐资格，可以进入岗前培训，培训合格后与南航签订劳动合同。每选区前5～10名的优秀选手，参加年度总决赛。

2010年3月22日，“第五届空姐新人秀——中国新空姐招募大汇之亚运空姐总决赛”正式启动，南航连续第五次以公开海选、电视选拔的形式来选拔空中乘务员。本届大赛是中国民航史上最大规模的空姐招聘盛会，招聘人数和选区数都创下了历史新高，在全国共设置10个选区，招收1000名乘务员，同时经过层层选拔，挑选其中的精英在亚运精品航班上为各个国家和地区的运动员、官员和来宾服务。

2011年3月27日，民航史上最大规模的空姐招聘盛会“空姐新人秀——第六届中国新空乘招募大汇”正式拉开帷幕，在全国10大选区（西安、乌鲁木齐、长沙、武汉、广州、北京、哈尔滨、郑州、南京、重庆）招收男女乘务员1500名，其中男乘是第一次登上招募大汇的舞台。此次最大的特点就是每个赛区的选手人数不做限制，“只选优，不怕多”。本届大汇沿用南航成熟的考核流程，六道考核关分别从形象、气质、亲和力、文化素质、身体素质、职业潜力、表现力、应变能力等方面对选手做最综合、最全面的考验，不仅有专业评委的测评，还邀请高端旅客作为评委亲身参与评选，利用网络、短信等方式收集旅客对候选选手的意见，在选拔阶段就充分考虑到乘务员的直接服务对象——旅客的感受。可以说，南航选拔空中乘务员的标准代表了国内行业的最高标准，这样经过层层选拔的新空姐素质高、形象好，能够代表中国空中乘务员的形象。本届比赛仍由广东电视台以及各选区主流媒体对赛事进行全方位立体式的报道，并将通过微博发布、网络投票、线上线下互动等方式向广大观众展示选手美丽、典雅、动人、激情的风采。

南航举办的多届空姐大赛，探索了中国民航空乘招聘制度的创新，有利于避免招聘过程中外界的干扰，防止暗箱操作，以保证空乘招聘的质量。南航客舱部相关负责人表示：通过空姐大赛选拔来的已上岗空乘人员工作适应快，做事积极主动，而且多才多艺，善于展示自己，给南航的空中服务带来了一股新风。她们个性鲜明，思想活跃，对人对事有独立见解，处事落落大方，善于与旅客沟通、交流，素质比较全面。承办空姐大赛活动的南航文化传媒有限公司相关负责人表示：多年的实践证明，南航首创的空姐大赛是成功的。2007年，首届空姐新人秀就获得了“2007广告人·中国峰会暨第三届广告人中国案例奖”电视类金奖。从某种程度上说，南航的空姐大赛已不仅仅是一个企业的招聘活动，它已演变成一种社会现象，成为社会生活的一部分。活动的内涵已被社会主动挖掘，南航的社会责任、企业文化、品牌效应、规模优势、行业特点等，也随着活动的进行而成为中国社会的时代印记。一流企业做标准，南航逐步树立的一个中国民航界的空乘选拔标准、模式甚至操作流程，都已被社会广泛关注，甚至其他航空公司也开始效仿。

5. “国航奥运空乘新星”全国招募活动

作为2008北京奥运会的航空客运合作伙伴，中国国际航空股份有限公司（下称国航）极为注重传播奥运理念和弘扬奥运精神，全力实践“承载奥运，放飞梦想”的奥运服务宣言，大力提升品牌价值与竞争能力，不断提高保障奥运优质航空运输服务的能力，为此于2007年9月28日启动在全国范围内开展的“300名奥运空乘”招募暨“奥运空乘新星”评选活动。本着宣传奥运、服务奥运的宗旨，设立北京、成都、上海、广州四大分赛区，将奥运新星空中天使诞生的精彩历程呈现在全国观众面前。通过这种招募、评选活动，广泛宣传奥运、宣传国航，促进国航服务品质提升，为国航可持续发展储备乘务人才。也正是因为这种考虑，本次招募对象不再只局限于应届生，而是放宽条件以吸引更多社会优秀青年。

招募、评选活动分为以下几个阶段：第一阶段，海选，对报考人员进行初步目测面试，报考人员6~10人一组，由奥组委、社会各界代表、国航专业招乘工作人员组成评委进行目测考核，面试通过者取得通行证，继续下一轮赛事；第二阶段，笔试，对报考人员进行笔试，考查其基本文化素质，内容以初三毕业会考水平为参考，电脑阅卷，当场评分，宣布入围名单，笔试通过者加盖通行证，继续下一轮赛事；第三阶段，体检，在航空卫生医疗中心体检队确定的当地三甲医院，由国航专业体检工作人员考查选手身体素质，每天体检30~40人，体检结果出来后，宣布入围名单，体检通过者加盖通行证，继续下一轮赛事；第四阶段，复试，主要目的是观看选手个性才艺展示，全面考核选手综合素质，内容包括2∶1面试、无领导小组讨论、决策面试等，当天出复试结果，宣布入围名单，复试通过者加盖通行证，晋级分赛区100强；第五阶段，各大分赛区晋级赛，通过当地合作电视台直播的参赛选手无领导小组讨论、情景模拟、才艺表演、真情表白等，完成分赛区“100进50”晋级赛，分赛区50强，晋级全国80强复赛；第六阶段，全国精英赛，全国四大赛区精英汇聚，通过七大洲风情展示、才智问答、短信投票机制等完成全国“80进10”复赛，10名“国航奥运空乘新星”绚彩诞生，并评出冠亚季军及七大单项奖。同时在全国选出300名优秀参赛选手进入国航培训中心培训，成为国航乘务员的新生力量。她们将按照参赛区域就近分配到：北京客舱服务部、内蒙古分公司和天津分公司客舱服务部；国航上海基地、浙江分公司客舱服务部；国航西南分公司、重庆分公司、贵州分公司客舱服务部；进入总决赛的80名乘务员，将安排在北京或上海工作，保障公司的奥运重点航线。

## 资料链接一

### 从“单打独斗”到团队协作　东航客舱服务20年

2008年11月，中国东方航空股份有限公司（China Eastern Airlines Corporation Limited，简称东航）客舱服务部（简称客舱部）迎来了20周岁的生日。从成立初期的264名员工，到如今的3169名员工，从最初的1架飞机上只有1名乘务员，到现在客舱内的团队管理、团队服务，在这场改革的浪潮中，东航客舱服务发生着翻天覆地的变化。大到东航重组、制度革新、社会竞争的日趋激烈，小到标致的制服、统一的妆容、电脑排班，林林总总的变化，让每一位东航乘务员深切地感受到时代的变迁、企业的进步。

回顾历史，笔者采访了几位与东航客舱部共同成长的员工，一起寻找着珍贵的记忆，触碰着一路走来时跳动的脉搏。

笔者（宫宇航）：王亚平和陆雅萍都是在改革开放初期参加工作的，请谈谈上个世纪80年代乘务员的管理模式和工作环境是怎样的？

图2.10　1978年时的乘务员合影

王亚平（1978年参军担任乘务员，1980年转业进入民航，是中国民航史上最后一批具有军人身份的空中乘务员）：我在沈阳当兵，1980年回到上海，在当时的第五飞行大队。那时候都是军事化管理，令行禁止。每天过着集体生活，一个月才能回一趟家，请销假制度非常严格。不执行航班的时候，大家都是一起到空勤食堂吃饭，一同锻炼身体，有时晚上还要组织学习、唱歌。人们的思想比较保守，穿衣也十分朴素，单位要求大家平日里也必须穿着制服，长发女孩只能扎两只麻花辫儿。在服务中要求主动、热情，不要给客人留电话号码，不要与旅客拍照。

陆雅萍（1979年参加工作，担任乘务员）：那时候条件挺艰苦的。飞机上没有空调设备，要么很热，要么很冷。每次飞航班之前，乘务员在头一天就要开始准备。首先要体检，身体稍有不适都不能飞行；然后，飞行机组和乘务员（飞机小，基本上只有一名乘务员）开个碰头会，准备次日的飞行；接下来，乘务员就要上飞机做卫生，工作量很大，一个人忙不过来，不过同事之间都很团结，一般都会有同事帮忙一起打扫卫生。飞行之前，乘务员都是自己灌好暖瓶，提上飞机，为旅客提供热水服务。那年代的食品、机供品都是骑平板车送来的，大家再一起搬上飞机。

笔者：乘务员在空中都做些什么呢？

王亚平：那时的服务流程都很简单，一般就是起飞以后给旅客送些纪念品、橘子水、糖果之类的，后来增加了巧克力，旅客都很喜欢。执行国际航班（香港线和日本线）的服务内容会多一些，飞机上会提供进口的可乐、雪碧、小瓶洋酒、牛肉干等。办理国际护照的乘务员非常有限，能飞国际航班的乘务员都很让大家羡慕。我们也会做机上广播，不过不是通过广播器，而是靠嗓门儿，由于飞机发动机噪音很大，我们都是站在客舱中间大声告诉旅客飞行时间、距离、经过的省份等。

图2.11　1980年的飞机上，乘务员在进行客舱服务

笔者：旅客对乘务员服务工作满意吗？

王亚平：当时乘坐飞机的不是首长就是干部，对我们都很客气。那时的服务流程比

较少，巡航时，我们常常在领导们的身边陪他们聊天。有时候飞机飞得比较低，我们会像导游一样为旅客介绍下面的景点，到了目的地还会推荐一些当地有特色的东西。有的旅客晕机，吐得很厉害，我们要帮着收拾呕吐物，告诉他们一些防治晕机的小窍门。

笔者：以前的飞机比较小，客座数少，只有一名乘务员服务，什么时候客舱里开始逐渐形成团队的服务和管理？

盛晓蓉（1987 年参加工作，是东航客舱服务部成立以后资格最老的空中乘务员）：从引进“三叉戟”开始，飞机上配备了 3 名乘务员，逐渐形成了团队的概念，那时我们没有分号位，3 个人都是你争我抢地干活，互相帮助、协调完成机上的工作。MD90 飞机引进后，团队管理基本成型，5 名乘务员中，2 位负责头等舱，3 位负责经济舱，其中一位资深的乘务员担任乘务长。1988 年 6 月东航成立，同年 11 月客舱部从飞行大队中独立出来，自成体系，乘务员团队的管理模式更为科学化，客舱服务的标准更加规范化，随之而来的变化就更多了。

笔者：客舱部成立以后，你们感到了哪些明显的变化？

王亚平：客舱部的组织结构经历了几次大的变革。最初，客舱部按照航线特点，成立了长航线分部、国际分部、国内分部，后来又变成 3 个中队，每个中队成立固定的飞行大组，再后，3 个中队转变成 6 个分部，取消了固定大组飞行。2004 年乘务员的组织结构进行了大转型，实行按业务等级进行管理的方式，即形成了客舱经理部、乘务长部、头等舱乘务员部、普通舱乘务员部、外籍乘务员部。2005 年，客舱部推行了空勤人员的绩效考核方案，更加规范了各等级乘务员的管理，对乘务员自身素质的要求也越来越高。

盛晓蓉：飞机越来越先进，航线越来越多，乘务员的队伍不断壮大。以前乘务员可以经常在单位碰面，一同飞行，现在却难得一见，每次飞航班合作的乘务员几乎都不一样。飞机上的服务工作也日趋多元化，“无呼唤铃服务”、“背后式服务”、“姓氏服务”等一些个性化的服务也相继被推出。

陆雅萍：我们的衣着和箱包也见证了时代的发展。就拿乘务员箱包来说，20 世纪 80 年代我们用人造革的拎包；90 年代初我们用上了拎箱；90 年代末小推车出现了，方便我们搬运行李；到了 21 世纪，轻巧美观的拉杆箱成为我们的标志，同时每名乘务员还有一个可随身携带的化妆箱。30 年的乘务员生涯令我感触颇多，从简陋的飞机设备到崭新先进的机型，从简单的服务流程到丰富的机上生活，从硬邦邦的军事化管理到人性化的管理体制，一路走来的艰辛让我们这一辈更加珍惜今天。（中国民航局网站：www. caac. gov. cn，2008-12-09）

## 资料链接二

### 云想衣裳——空乘服装变迁

#### 躯体联盟

服装是时代发展、进步的风向标，是“身体政治”的标记符，是人们表述情绪、意愿的形体语。古今中外，概莫能外。

依照规定样式为特定群体规范形象而做成的制服，更是饰之以衣的躯体联盟。有人认为，制服将一个个迥不相同的躯体塞入同一种款式，作为迥不相同个体的形象，在追求一律和统一的主题下被处理为彼此趋同的分子，即被抹去了个性特征；只有某些不同凡响的躯体的锐气，才能从僵硬的制服之中穿越出来。其实，刻板、雷同与否，不能一概而论。君不见，天安门广场升旗仪式上司旗手们的井然整肃之美，奥运会开幕式身着相同颜色和款式服装组成的巨大方阵所传导的震撼力量，那是多么令人心驰神往啊！进而言之，如果出色制服包裹着百里挑一、千里挑一的躯体，那么躯体的魅力与制服的魔力必将交相辉映，指向美的极致。

亲爱的读者，您在不同的机场，一定邂逅过身着不同航空公司制服的飞行和空乘人员，如果您看到他们列队前行的飒爽英姿，您能不对这刚健的延展、婀娜的律动由衷赞叹吗？您心里会说，这就是透过制服给来自天南海北的旅客以信赖和力量，并引领大家去航行的天骄、天使们！

众所周知，服装是女人的盛宴。在现实生活中，女人们以极度疯狂的激情，目不暇接的忙乱，参与时装永无尽头改朝换代的轮回；而相形之下，走动在女人身边的男人们着装的主导款式，却显得那么单调乃至古板。尽管航空公司的制服总体来说颇具特色、引人注目，但是航空公司内部的男女着装同样呈现这种“阴盛阳衰”的态势。因此，对不起男同胞们了，还是让我们来了解一下空乘服装的发展、变化吧！

#### 一抹亮色

航空公司原本没有女乘务员。1930 年 2 月的一天，在美国旧金山一家医院内，波音航空公司驻旧金山董事史蒂夫·斯廷帕森与护士埃伦·丘奇小姐在聊天。闲谈中，史蒂夫无奈地说：“航班乘务工作十分繁忙，可是挑剔的乘客还是牢骚满腹，意见不断。”埃伦·丘奇小姐插话道：“先生，您为什么不雇用一些女乘务员呢？姑娘们的天性完全可以胜任空中小姐这个工作的呀！”“空中小姐”（简称空姐）这一新鲜名词令董事先生茅塞顿开。不久，埃伦·丘奇小姐与其他7名女护士作为世界民航第一批空中小姐，走上了美国商业飞机女乘务员的岗位。

早期的商用航班，机票价格高昂，一般人不敢问津。为了争取顾客，并且调剂顾客因对航空安全的顾虑而引发的焦躁不安等情绪，空姐的美丽、温婉和优质服务都是航空公司待客的重要卖点。所以，对空姐形体美的高要求由来已久（后来情况有所改变）。在这方面，亚洲人的标准尤为苛刻。在亚洲各国的航班上，少有年长和重量级的“空婶”、“空妈”，更难觅外国航班上不罕见的“空中祖母”的踪影。

新中国民航创建于1949年11月。改革开放前30年，民航的管理体制几经变化，有一半时间归空军建制，一半时间为政企合一的半军事性行业。我国民航有正式的空姐，始于1955年招收的第一批18位空中乘务员，即民航系统所熟悉的“十八姐妹”。

在长达30年的纯计划经济年代，我国的物质基础薄弱，意识形态保守、封闭，凋零了本该姹紫嫣红的服饰百花园。沈从文先生的皇皇巨著《中国古代服饰研究》中所展现的昔日辉煌，成了人们遥远的历史记忆。在那个年代，人不分男女老幼，一律都是单调的中山装和棉大衣；在任何城镇的街头，涌动的都是一片蓝灰黑的海洋。“蓝灰黑中国”中最提神带劲的衣着，莫过于间或夹杂的些许军绿色了。而民航与军队的渊源，能够在制服上得到诠释和体现。

图2.12　20世纪50年代的中国民航空乘夏装　　图2.13　20世纪50年代的中国民航空乘冬装

我国第一代空姐的制服，是苏联的舶来品——有着浓郁苏式军服特色的“列宁装”：绿色呢子大衣，翻领双排铜扣上衣，裙子，长筒皮靴，无檐帽。这样的制服，在向往苏联社会主义制度的岁月，在物质匮乏、衣着简朴的年代，对于求真爱美的年轻女性，意味着什么不言而喻。许多年轻的姑娘正是怀着对“列宁装”的憧憬，唱着“喀秋莎之歌”融入民航大家庭的。

新中国民航成立以来，人员着装长期不统一。1958 年底，亲自分管民航工作的周恩来总理在国务院会议上指示民航局：根据民航的特殊性，随着事业的发展，民航应该有自己统一的制服，以体现行业特点，反映行业精神面貌。而且当时中苏两国关系紧张不断升级，民航制服拷贝苏联也难成体统了。遵照周总理的指示，中国民航局党委 1959 年 6 月颁发了《关于民航制服式样的制作办法的规定》。此后，民航空勤、机务、商务、服务人员统一穿着民航制服。空姐的制服，冬装蓝色呢子大衣，双排扣西服，无檐帽，裙子（后来飞寒带可穿裤子）；夏装银灰色双排扣西服，裙子。

60 年代，空姐的制服与当时社会上其他女性的穿着没有多少差别：浅灰色方领上衣，蓝裤子，布料质地相对好些而已。1969 年底，民航重新纳入空军序列后，空姐穿着天蓝色制服，翻领、单排铜扣的上衣和长裤。整套服装显得肥大，淹没了女性的袅娜与旖旎，她们只能从军服的威严和自豪之中获得精神上的补偿。

70 年代末 80 年代初，空姐上身穿深蓝色单排扣西式上衣，下身穿当时最常见的裤管肥肥的筒裤（夏天是长没膝盖的裙子），还有类似巴拿马礼帽的帽子。这算是空姐制服迈向职业装的一大步。

客观地说，改革开放前 30 年，民航空姐的服装显示出了一定程度上的与众不同，也曾令社会上的许多少女和年轻女性们羡慕。是时代特色，成就了空姐服装在“蓝灰黑海洋”中颇舒望眼的现实。

### 春风拂面

1979 年 4 月，北京的春天乍暖还寒。世界著名的法国时装设计大师皮尔·卡丹应邀在北京民族文化宫举行了新中国第一场“时装秀”（当时称做“服装观摩会”）。有关方面规定，所有参会者必须通过审查，一律由本人持票按姓名对号入座。在 T 型台上，伴随着音乐的节奏，8 位法国模特和 4 位日本模特身着眼花缭乱的衣裙，露出长腿，扭胯摆臀迈起了“猫步”，台下则一片屏神静气，鸦雀无声。当一位金发美女兴之所至，突然停住脚步，面对观众掀开对襟外衣时，但见台下观众“轰”的一声，被惊成一波后向齐刷刷躲闪的人浪。这一戏剧性的历史定格，极度夸张地表明了往昔的服装文明大国与当代服装时尚的巨大反差与落伍。

是改革开放的春风甦暖了碧云天，赋予“蓝灰黑中国”五彩斑斓的绚丽。处于改革开放前沿地带、得风气之先的民航，“两山排闼送青来”，对空乘服装美追求的潮流奔腾不息。

1980年初，邓小平同志提出中国民航必须走企业化道路，打开新的局面。民航告别军事供给制，在逐步走上市场化道路的过程中，民航行业主管部门取消了对全行业统一着装的硬性规定，时代契机为空乘服装的变化、发展拓展了广阔的空间。

图2.14　荏苒在衣是惠风——20世纪80年代初的空乘服装

服装的设计和穿着，是霸权主义依赖人们躯体而角逐的真实写照。无论是服装的设计者还是受惠者，都希望自己的服装款式标新立异，长久居于服装王者的地位；同时，希望自己服装的资质掠夺他人的目光，挑逗他人竞相模仿的欲望，而一旦自己的款式流行街头巷尾，又能够及时抽身，去再度创造，以独领风骚。

显然，当今空姐服装的群芳竞秀，有相当部分源于上述角逐的动力。当然，有身价的航空公司的空姐制服，也有不轻易去模仿他家的矜持。

作为一个过渡阶段，在中国民航局对行业统一着装松绑之后，民航各地区管理局跃跃欲试，都希望以自己的理解和方式去改变所管辖范围内空姐的着装现状。思想的灵光一经闪动，实现目标的道路便豁然开朗。

图2.15　花团锦簇碧空长——改革开放前30年中国民航空乘制服及国航新款空乘制服

随着民航改革的不断深入，我国民航按照政企分开改革原则组建的6家国家骨干航空公司在1988年前后相继成立。在地方政府创办航空公司的热潮中，几家地方航空公司也相继诞生。此时各航空公司的制服以非文本的方式记录着时代的变迁、民航事业的发展。其中，空姐的着装犹如紫陌红尘扑面来，令人耳目一新。

图2.16　一面新妆待晓风——中国民航空乘服装已经走在世界先进航空公司的前列

2002年10月，民航9家国家骨干航空公司联合重组为中国航空、东方航空和南方航空三大航空运输集团公司，加上地方航空公司和民营航空公司，现阶段我国共有19家航空运输公司（还有52家通用航空公司）。

改革开放30年来，我国民航的运输总周转量在国际民航组织中的排名从第37位跃升到第2位，成为仅次于美国的世界航空运输大国。这30年，民航的服务水平与基础设施、机型标准同步发展和提升。作为东方美和传承东方文化的载体，空姐以赏心悦目的审美视觉，随物赋形的周全服务，给千千万万的民航旅客留下了深刻的印象和美好的记忆。其中，空姐的服装美功不可没，值得书写一笔。

## 姹紫嫣红

一个国家或地区的文化，必然要受到生产方式、科技水平、地理环境、政治法律和宗教信仰等因素的制约。这种情况对人们的价值观念、思想意识、性格特征和行为方式等，必然产生深刻的影响。比如，东方女性美与西方女性美的文化内涵就有所不同。

一般而言，对我国女性形体的审美观念的主要内容是：年轻，身材苗条，四肢匀称，削肩，皮肤白皙细腻，黛眉明眸，双耳似连璧，隆鼻，朱唇，齿如编贝，浓发黑亮等。同时，女性的心理情感特征表现为温柔、含蓄、细腻、端庄、娴雅、稳重、仁慈、娇弱，感性中蕴含着理性，自然性中渗透着社会性。

我们可以以三大航空集团公司为例，透过其主业空姐制服的演变，感受从中折射出的物质进步与宽裕，价值观念的变化与更新，服务水平的追求与提升。

国航成立以及重组新国航的20多年间，其推出两套空姐制服。1988年国航成立时，邀请皮尔·卡丹设计空姐制服。当时国航提出的设计要求是，服装要体现“时代性、民族性、职业性”。皮尔·卡丹根据我国女性的形体特点，引入简洁明朗的国际化理念，设计出了一套“宝石蓝”制服，包括无领上衣、套裙和长裤，条纹图案的衬衫领口，富有风情的领巾，俏丽的小圆帽。这是新中国民航历史上第一套真正意义的空姐职业装。国航空姐穿着这身优雅、大方的“宝石蓝”制服飞到了世界几十个国家，迎来送往数不清的中外旅客，其反响非凡。

图2.17　春色已看浓似酒——国航空乘制服之一

14年后，国航与两家国家骨干航空公司重组成立了新国航。为了迅速完成一体化整合，抢占市场先机，以“新形象、新服务、新感觉”的全新姿态亮相于世，国航推出了名为“国韵”的空姐新装。“宝石蓝”制服成为了历史，这昭示着国航告别了难忘的昨天，开始了崭新的今天，并将迈向希望的明天。

图2.18　春色已看浓似酒——国航空乘制服之二

“国韵”的设计者为法国时装设计大师拉比杜斯先生。作为国航的常旅客，拉比杜斯说：“当我听到国航要换新装的消息后非常激动。每当我乘坐国航的飞机时，总是被空乘人员优美的东方仪态所折服，在我心中已经为她们勾画过无数的美妙服饰。”

“国韵”套装，设计灵感源自我国明瓷绝伦的色彩，选用在国际上被称为“中国红”和“中国蓝”的霁红与青花两种主体颜色；简单圆领、偏门襟、暗拉链短上衣，衣长至臀围线上；及膝的裙子成安全的“A”字造型，一片式围裹设计，方便大幅度活动和紧急情况的处理。红、蓝马甲，小巧精致的领口、偏门襟设计与圆领套装风格统一，国航标识图案满地印，双省缉明线工艺配合适宜的插袋，既保持浓郁的民族韵味，又具有强烈的时代感。风衣，束腰中长，整体线条简洁流畅，连袖设计突出圆润肩型，体现东方女性柔美之感，与色彩艳丽的丝巾及短靴组成整体搭配。真丝方巾，与主体服装形成和谐过渡，并起到画龙点睛的作用。整套服装以澳大利亚美利奴细支羊毛为主要原料，高支轻薄适当，采用特殊工艺技术生产，外观细腻光洁、丰满柔软、光泽自然，尺寸稳定，抗皱弹性高，悬垂性能好。

载旗航空公司国航是国家的名片，其空乘人员北方人居多。“北方有佳人，绝世而独立。”国航空姐亭亭玉立，爽朗惊艳，热情而不失端庄，妩媚而秉承大气，衣被“国韵”，可谓古典美与现代美链接、融合的锦上添花。该服装在2002年11月中华全国总工会、中国艺术联合会、中央电视台和中国服装设计师协会联合主办的首届中国职工艺术节“纳士杯”、“中国职业装设计大赛”上，一举夺得金奖。

东航以及后来重组的新东航，空姐先后两次换装。东航成立之初，即聘请日本设计师，以东方航空的标识、理念为依归，选定藏青隐条毛料制装。该设计着力表现东方女性形体的曲线美和肌肤美，以及东方女子特有的柔美和温情，彰扬了时代的风华。

图2.19　凌波欲行，且为东风住——东航空乘制服

2001年，东航空中服务的“银燕”商标荣获“中国最高认识率商标”称号，并获美国优质服务协会在全世界服务领域范围内颁发的“五星钻石奖”标志。为匹配被誉为全球服务业“奥斯卡”的殊荣，东航空乘于同年10月再次换装。新款服装为法国著名服装设计师精心设计，主题为“东方银燕”，紫色基调（东航标识色蓝色和红色的中间色），细致的中式曲线和银色的饰扣，选用带有轻微金属光泽的高支防蛀面料，再饰

以红蓝白三元素色彩的方丝巾。整套服装色彩、款式与面料的组合，给人以一种轻松、舒适的感觉。“东方银燕”的基本色，既体现了东方女性优雅的柔和气质，又恰如其分地展示了其从容的动感活力。该服装轻巧自在，华丽神秘，静谧间绽放幽雅，温婉中映衬敦厚，秀出馨香耀眼明，体现和诠释了东航的理念和价值观。

2005 年 1 月 18 日，海峡两岸首度实现包机，东航空姐身着蝴蝶图案的唐装闪亮登场。美丽的台湾宝岛被称为“蝴蝶岛”，亲人团聚，彩蝶翩翩，这是海峡两岸民众的共同心愿。在 2008 年海峡两岸直航航班上，东航空姐穿着“云锦”服装服务旅客。鲜艳的牡丹花、大气的富贵竹、火红的龙凤呈祥，“云锦”浓郁的民族风格与空姐修长形体、婀娜步态、婉约风姿融为一体，抒发了两岸同胞血浓于水的情怀。

南航组建以来，为提升自身品牌、打造国际形象，前后四次更新空姐服装。2006 年的新款制服，选定了法国著名服装设计师史蒂夫·苏的设计方案。该方案突出“碧水红棉、彩云南天”的南航特色，兼具东方神韵和国际化时尚感。新款服装分天青蓝色和玫粉红色，款式以静色与斜纹条搭配，版型修身适体，外型轮廓清爽简洁，细节处理精致巧妙。西装、马甲、大衣和风衣的 V 字领及门襟，沿用了我国传统的汉服风格，流畅的曲线设计，金色线条勾勒领边，富有新意和层次感。西装、大衣和风衣袖品的金边，袭用古代宫廷马蹄袖的设计元素，醇味典雅。衬衣袖口及大衣后腰袢绣标识木棉花图案，有效地结合了南航文化的视觉形象。简洁的西服裙使用红、蓝条纹面料，活泼别致。围裙 U 领型设计，腰间断缝，并采用左右两片相互交叠的结构，如修身连衣裙漂亮实用。风衣连袖设计，腰间系带，给人以潇洒的感觉。大衣领可翻可立，采用暗门襟、曲线造型兜及后腰袢取代腰带，使穿着者更显高雅、淑秀。同时，新款服装的结构设计，充分考虑了地域气候、工作环境和行业特点，人体静态、动态的形体特征，以及人体可动关节形状对其运动的幅度、方向和矢量的制约，力求穿着方便、舒适，便于工作。面料主要采用高比例羊毛和低比例涤纶等纤维混纺织品，具有防静电、防起皱、透气性好、色牢度高、穿着宜人等特性，适合工作环境及服务顾客的需求。主体色彩遵从南航企业标准蓝、木棉红，并加以延展，摄取现代都市自然和人文景观的光影，展现女性靓丽的肤质本色。

与此同时，“魅力海航”、“美丽川航”、“时尚上航”，以及其他航空公司的空姐制服，也是琳琅满目，美不胜收。有道是：“云想衣裳花想容，春风拂槛露华浓。若非群玉山头见，会向瑶台月下逢。”

如果说在改革开放以来我国服饰百花园中，民航制服是初胎曜皎的奇葩，那么，在民航制服百花园中，空姐服装就是东风第一枝。

图 2.20　碧水红棉，彩云南天——南航空乘制服

## 衣以章身

改革开放以来，民航空乘制服的蝶变犹如一条流动的河，从冰冻尘封到静水流深，从微有波澜到浪花绽放，以其独特的优雅和丰沛，深深烙下了时代发展的印记。

图 2.21　偏怜最是一回眸——川航空乘制服

据闻，国航一位空姐换上“国韵”新装的当天，心情特别高兴，正走在回小区住宅的路上。她远远地瞥见自己的那一半也在后面走着，想给他一个惊喜，故意在前头走得摇曳多姿、活色生香。她先生埋头走路，猛一抬头，但见较远处一个既熟悉又陌生的背影，于是在好奇心驱使下，快步跟上想看个究竟。空姐步履姿态依旧，先生渐行渐近，明白了那是冤家。该先生业余正在兼修成人大学本科文凭，近日痴迷曹植《洛神赋》，兴之所至，对之以京腔道白：“髣髴兮若轻云之蔽月，飘飖兮若流风之回雪。远而望之，皎若太阳升朝露；近而察之，灼若芙蕖出绿波。”空姐按捺不住，回头娇嗔道：“德性！”

又闻，南航空姐新制服中西合璧，古为今用，洋为中用，被认为是南航迄今为止空姐服装最为成功的设计和制作。“我们航班飞到国外时，不少国外旅客对我们的着装都会给予较高的回头率，一些国外航空公司的空姐都夸我们的制服漂亮呢。”

空姐们穿上自己心爱的制服，服装与自己的面容、肤色、身材形状水乳交融，每一个人在工作岗位上，在熙熙攘攘的街市，都成了一道移动的风景。此时的服装，就是个人的一面高扬的旗帜。

李渔的《闲情偶记》，有“衣以章身”之说。据李渔的解释，“章”是显著之意，不是文彩彰明的意思；“身”不是指形体的身，而是指聪慧、愚蠢、贤良、不肖等的载体。“衣以章身”，同一款服装，穿着在不同品德、气质的人身上，所彰显的效果是不一样的。在李渔看来，同一件衣服，有德性有品行的人穿上它会彰显其德性品行，没有品德和才能的人穿上它，也难以掩饰其鄙陋不肖。诚哉斯言。“衣裳是文化的表征，衣裳是思想的形象”（郭沫若语），“衣以章身”待吾曹。空姐们只有努力提高修养，达到外在美和内在美（心灵美）的统一，才能实现自身资质与美奂衣质的辉映相宜，方不辜负这天上霓裳羽衣！（摘自林明华著《凤翥龙翔》，人民日报出版社，2009 年 9 月）

## 第三节　民航乘务的工作特点

民航乘务工作就其本质而言，是一项普通而平凡的服务工作，但因民航乘务人员入职选拔严格、工作环境特殊、形象气质优秀、综合素质及服务水平突出、待遇收入较为丰厚等，又使其笼罩着美丽神秘、令人向往的光环。实际上，民航乘务工作只是民航整体运输过程中的一个组成部分，诠释着航空运输安全、快捷、舒适的多种特点。

### 一、民航乘务的概念

经国家劳动和社会保障部批准并自 2006 年 11 月 3 日起实施的国家职业标准《民航乘务员》中对民航乘务的概念这样规定：民航乘务是根据空中服务程序、标准以及客舱安全管理规则在飞机客舱内为旅客的服务。理解这个概念，从狭义上说，民航乘务是指按照民航空中服务的内容、规范要求来满足旅客的合理需求，为航班旅客提供空中安全与舒适服务的过程。从广义上说，民航乘务是指以客舱为服务场所，以个人的工作能力、影响力与展示性为特征，在符合民航管理机构颁发的各种安全规定、服务规定的前提下，将有形的技术服务方式与无形的情感传递融合在一起的综合性服务活动。广义的民航乘务概念既强调了民航乘务人员服务的技术性，又强调了民航乘务人员服务过程中所不可缺少的情感表达。因而，对民航乘务人员的个人素质及外在形象的特殊要求，对她们在服务过程中所表现的亲和力与个人魅力的职业要求，也应该是包含在乘务服务的内容之中的。

## 二、民航乘务工作的特点

### 1. 承担重大的安全责任

作为交通运输的五大类型之一，航空运输具有自己的特殊性。飞机速度快，又在高空飞行，处置问题回旋余地小，不安全的因素很多也很复杂，一不小心就会出现机毁人亡的重大事故。因此保证飞行安全是头等重要的事情，不论是对民航行业还是对于旅客来说，首要要求是飞机必须安全，没有安全就没有快捷、舒适的旅行，让旅客安全抵达目的地，是民航机组成员的基本任务。在空中服务工作中，民航乘务人员不但要为旅客提供热情周到的服务，更重要的是为旅客提供整个飞行过程中的安全保证，即在繁忙劳累的服务工作中，还必须时刻审视客舱中的安全状态，及时发现、处理各种安全隐患，维持客舱秩序。特别是在失压、迫降、空难等紧急状态下，民航乘务人员作为机组的重要组成部分，担负着面对危机、保护旅客的责任。按照相关管理规定，若发生紧急情况，空乘人员必须在全部旅客离开飞机后才能最后撤离。因此，民航乘务人员的入职培训中会专门进行急救、陆地紧急撤离和水上紧急撤离等训练，并且在以后每年进行的复训与升舱考试中再次培训。所以，对民航乘务人员来讲，飞行安全管理是其日常工作的基本任务，安全责任重大，远远超过其他服务行业。

### 2. 身处特殊的服务环境

空乘人员工作的客舱是一个特殊的场所，它在万米高空，远离地面而且面积狭小，人员密集，空乘人员要时刻与旅客面对面，各种问题会随时发生，空乘人员要精力集中，具备快速处理各种问题的能力，同时，由于客舱环境既受到当时飞行状态的影响，又会受到航班旅客心理状态的影响，造成绝大部分服务工作要在运动中开展，服务过程、服务质量也会受到飞行状态、各种规范的制约。因此，空乘人员服务行为既要必须符合民航相关规范的要求，又要有机动灵活性，利用各种方式、各种手段，开展各种活动，增加旅客乘机的舒适性、愉快性，同时在服务过程中注意与机组其他人员密切配合，发挥团队精神，利用团队力量。

### 3. 具备丰富的服务技能

飞机在飞行中，不同阶段有着不同的表现特性和安全要求，空中服务过程必须符合技术规范的要求，不允许有随意性，更不能因为迁就旅客不合理要求违反相关规定。客舱中的各种设备、设施都与安全密切相关，操作过程必须严谨、规范。尽管空中服务的环境千变万化，面临的情况无法预料，但民航空乘人员在飞行中要为旅客热忱服务，并预料到服务内容的事无巨细、无所不包，服务技能的精益求精、丰富全面，如医疗知识技能（处理疾病救治）、急救知识技能（处理重病急救、保胎、接生等——据统计，到2011年5月，中国民航空乘共迎接了4名出生在航班飞机上的婴儿）、危情处理技能、防止劫机技能等。因此，空乘人员要具备丰富的经验与灵活处理突发事件的能力，以应付各种复杂的问题。

### 4. 面对各异的服务对象

民航乘务工作的服务对象是来自不同国家、地区的文化层次、职业、年龄、地位、风俗习惯各不同的旅客。这些旅客来自五湖四海，有着不同的服务要求，即旅客服务的特殊性。同时，不同的旅客在飞机飞行的不同阶段有着不同的心理感觉和身体反应，甚至有些旅客会处于紧张状态，恐惧心理严重。因此，在服务过程中，空乘人员要注意观察旅客的需要，针对不同的旅客及不同状态的旅客，积极采取措施，为旅客提供个性化的服务，使旅客满意。这要求空乘人员注意提高自己的文化修养，掌握丰富的专业知识和服务技能，努力把握不同旅客的不同服务需求及心理特点，用形象的语言说，就是“做老年旅客的好女儿，做普通旅客的好朋友，做儿童旅客的好阿姨，做生病旅客的好护士，做外地旅客的好导游”。

### 5. 拥有良好的综合素质

由于飞行环境、服务对象以及服务过程的特殊性，服务过程中将出现复杂多变的各种情况和突发事件，这就要求空乘人员具有稳定的心理素质，能够在危险面前临危不惧、果敢坚定；善于发现问题，有能力处理问题；具有灵活的沟通能力和应变能力，有效地与不同旅客进行沟通；具有很强的亲和力和超越自我情感的职业情感，做到服务充满爱心等。这些能力都超过了通常的服务范围，它的积累与训练，使空乘人员具备了良好的综合素质。

### 6. 民航行业的窗口形象

空乘人员是民航运输中直接面对旅客服务的窗口，直接代表着中国民航及各个航空运输企业的形象，其言谈举止、服务态度、服务技能是国内外旅客乘坐民航飞机的第一印象，一定程度上反映着中国和中华民族的精神面貌，更是中国民航服务水平与管理水平的重要体现。因此，中国民航局及各个航空公司对其空乘人员的着装规范（制服、饰物等）、形象规范（发型、身材、仪表等）、行为规范（动作、姿态等）、作风规范（品质、作风等）等有着严格的要求，以确保民航空乘人员着装得体、形象美好、行为端庄、作风优良，成为民航亮丽的风景。

# 第四节 民航乘务的行为规范与品质作风

与其他服务行业相比，民航空乘工作因其服务场所、服务内容与服务对象的特殊性，要求民航空乘人员必须具备严格的行为规范和良好的品质作风，并与高雅的气质风度、广博的文化知识、高尚的职业道德、过硬的心理素质协调统一，内外兼修，才能做到为旅客提供优质的服务，并在旅客心目中树立良好的职业形象。

## 一、严格的行为规范

### 1. 行为规范的要求

乘务员的行为规范，主要指乘务员在乘务工作中所表现出来的站立、行走、动作、姿态。具体表现为站姿、坐姿、行姿等。乘务员的站姿要身正、肩平、胸挺，给旅客留下挺拔舒展、健美优雅的印象；坐姿要求体端头正，稍微前倾，并注意手脚的空间位置，突出一个“稳”字，表示对旅客的尊重；行姿要求“轻、稳、灵”，避免给旅客造成忙乱无章、毛手毛脚的感觉。乘务员的行为规范体现了一名乘务员的性格和心灵，反映着乘务员的文明程度和素质修养。它是旅客评价乘务员面貌和航空企业服务质量的重要标准之一。若乘务员的行为大方文雅、端庄稳重、热情细心，会给旅客留下良好的印象，产生愉悦的心情从而使旅客更愿意乘坐这家航空公司的航班，并会在亲朋好友中广为传播，从而为公司赢得良好的声誉和稳定的客源。可以说，严格的行为规范产生的效力不仅可以直接帮助公司提高经济收益，而且还会对公司的企业形象和社会声誉带来良好的影响。

### 2. 行为规范的标准

（1）站姿。又称立姿，是人在停止活动后立直身体、双脚着地或踏在其他物体之上的姿势，也是人们平时所采用的一种静态的身体状态。民航空中服务的大多数时间都是站立服务，因此要求民航空乘人员的站姿一定要合乎规范。乘务员的站姿标准是：上体正直，头正目平；挺胸收腹，双肩下沉，立腰收臀，身体自然垂直，脚尖略打开成“V”字型，下颏微收，面带微笑。

男女乘务员因性别差异，在基本站姿相同的基础上，男乘务员的站姿要求稳健、英武，除肃立外，男乘务员还可以采取双手相握叠放于腹前的前腹式，或者双手背于身后相握的后背式站姿；而女乘务员则要表现出女性的柔美、娴静、大方、风韵，在站姿上主要采用双手重叠相握于小腹位置的前腹式，双腿膝盖处要基本并拢，穿短裙时脚跟要靠紧，脚掌分开呈 V 型或 Y 型。无论男女乘务员都要注意两肩高度一致，不要弓背，不要腰胯下沉，不要身体歪斜，给旅客留下挺拔、舒展和健美的印象。

（2）坐姿。坐姿是乘务员行为举止的主要内容之一，正确的坐姿应该给人以安详稳重的印象，乘务员规范的坐姿能向旅客传达自信练达、积极热情、尊重他人的信息和良好的职业风范。乘务员的标准坐姿是：上体正直，头部端正，双目平视，两肩齐平，下颏微收，双手自然搭放。入座前腿与座椅要有一英尺的距离，就座时右腿后退半步，碰到座椅后轻坐在椅子的前 2/3 处，不能坐满座。女乘务员右手轻抚后裙摆（手心向上）入座，左手自然放在身体的一侧，坐下后右脚向前移一小步与左脚并拢，双手微握五指并拢自然放于腿上，大小腿成 90 度夹角，双腿可稍向左或右微侧，上身挺直。男乘务员坐下后，可将双脚、双膝略微分开一些，双手五指伸直或轻握拳头放在双腿上。注意不要跷腿，不要抖脚，前方有桌子时，轻轻拉开椅子从左侧入座，不能发出太大的声响。

（3）走姿。走姿是在标准站姿的基础上迈步前行，是站姿的持续，表现了一个人的风度和韵味。乘务员标准、正确的走姿是需要学习和训练的，乘务员的标准走姿是：上身挺直，收腹提臀，目视前方，行走时脚内侧在同一直线上，双臂自然摆动，身体协调，步履要稳、轻。女乘务员在客舱巡视时，双手可自然相握抬至腰间，目光柔和地巡视客舱两旁的旅客。

乘务员在行走时，首先方向要明确，不可以忽左忽右，那样会给人不稳重的感觉；其次，步幅要均匀，不能过大或过小；第三，速度要适中，乘务员要特别注意步行的速度，尤其在客舱服务的时候，乘务员步伐的速度会影响旅客的情绪，过快或奔跑会造成旅客心理恐慌和担忧。

（4）蹲姿。乘务人员在整理工作环境或拿取、捡拾低处物品时，往往会采用蹲姿，乘务员的标准蹲姿是：站在所取物品旁边，屈膝蹲下，抬头挺胸，一手护住胸部，一手轻抚裙摆，腰部慢慢下放，两腿夹紧合力支撑身体，注意掌握好身体的重心，要保持上身的挺拔，神情自然。

常见的蹲姿有交叉式下蹲、高低式下蹲、半蹲式下蹲、半跪式下蹲。乘务员的下蹲规范中多提倡高低式下蹲，它的基本特征是双膝一高一低。要求下蹲时，双脚一前一后（左脚在前，右脚稍后或右脚在前，左脚稍后），前脚完全着地，小腿基本垂直于地面，后脚脚掌着地，脚跟提起，此时后膝要低于前膝，后膝内侧可靠住前小腿内侧。女乘务员要两腿紧靠，注意领口的高度，夏季可适当用手护住胸口。男乘务员可以适当分开两腿，臀部向下。

（5）鞠躬。鞠躬是对人表示恭敬的礼仪。乘务员鞠躬的规范要求是：立正站立，背部伸直，以腰为轴前倾15度、30度、45度。女乘务员的双手在腹部相交，右手搭在左手上；男乘务员的双手在背后相交或者双手下垂。

鞠躬时视线随着身体的移动而移动，迎送客时鞠躬度数为30度，行还礼时的鞠躬度数为30度，给旅客道歉时的鞠躬度数应视情节为45度。鞠躬时要注意面带微笑，起身的速度比前倾的速度稍慢，起身后要微笑着注视旅客的眼部，以传递善意和问候。

（6）手势。手势也称手姿，指服务人员在服务过程中使用手臂而作出的各种动作和体态。乘务员常用的手势主要是引导、指示等。乘务员在服务工作中所做的手势要能够恰如其分地表达情意。手势的运用与面部的表情和身体各部分的配合要协调一致，眼神要与手势的方向一致，大小臂之间的角度为140度左右为宜，手心与地面呈45度，五指并拢，左手自然下垂。做手势时注意动作幅度适中，简洁明确，自然得体，和谐统一。

## 二、良好的品质与作风

国家职业标准《民航乘务员》中对民航乘务员应该具备的职业道德与职业守则作了规定，即“遵纪守法，诚实守信；爱岗敬业，忠于职守；保证安全，优质服务；钻研业务，提高技能；团结友爱，协作配合”。这些规定可以细化为以下五点：

### 1. 敬业爱岗

熟悉民航乘务工作的人都知道，看似高雅、轻松的乘务工作实际是非常劳累和枯燥的工作，乘务员美丽恬静的外表后面是经过严格训练后的自我控制，所以如果没有对乘务工作深刻的理解和热爱，就很难长久地保持工作的激情和热情。具体地说，对乘务工作的热爱就是要爱岗敬业、高度负责、一丝不苟、任劳任怨、甘于平凡、乐于助人——要能够从枯燥的安全检查中，认识到简单的动作对于数以千万计旅客生命和国家财产的重要性；从繁复累赘的端茶送水中感受到人性关怀的温暖；从日复一日的迎来送往中体会到人与人之间的尊重，从而真正理解民航乘务工作的意义。只有对乘务工作的热爱，才能吸引乘务员积极探索服务工作的内涵，激发他们的工作热情，克服工作中的种种困难。从这个意义上说，对乘务工作本身的热爱是乘务员做好优质服务的原动力。

### 2. 博学多识

作为民航乘务人员，在飞机上不仅仅是端茶送水，还需要掌握很多的知识与技能。在对旅客服务时，空乘人员仅仅掌握客舱服务工作程序、服务技巧以及飞机的设备、紧急情况的处置是不够的；因为要与不同类型的旅客交流，所以要熟知世界各国的国家概况、人文地理、政治、经济等情况，了解航线飞越的国家、城市、河流、山脉以及名胜古迹等知识；另外，航班上有来自世界各地的旅客，所以对空乘来说操一口流利的英语或其他国家的语言也是非常重要的。所以，空乘人员上要懂天文地理、下要掌握各种服务技巧和服务理念，不但要有漂亮的外在美，更要有丰富的文化内涵。

3. 包容忍耐

包容心是作为乘务员的职业需要，同时也是乘务员自我保护的需要。包容不是简单的忍受，而是理解、练达、包涵。从事乘务工作，难免会遭受旅客各种需求所带来的“不公”对待甚至刁难，空乘人员必须学会包容这些“不公”，把尊重和“对”让给旅客，并将“不公”化为顺理成章的理由让自己真正从内心化解，避免给自己的身心造成伤害，保持自己始终如一地坚持对空乘工作的理解和热爱。包容心不仅可以化解空乘人员与旅客之间的不快，还能化解空乘人员工作和生活中的负面情绪，有利于保持阳光心态，快乐而积极地为旅客服务。

忍耐是乘务员在工作中化解矛盾的一种重要技能，是乘务员职业要求之一，也是乘务员应该具备的美德。空乘职业生涯中必然会面对许多的困难、阻力甚至委屈，只有耐得住辛苦、枯燥、委屈、压抑和诱惑的人才能最终成功；要想成为一名优秀的空乘人员，必须要在日常的工作、生活和学习中学会忍耐，持之以恒地磨炼自己，反复地总结思考，方能成为一名优秀的乘务员。

4. 细心周到

细心是空乘人员的基本素质，在服务工作中，没有细心这个基本素质就不能发现旅客的需求，旅客的一个动作、一个眼神都是请求帮助的信号，如果不够细心就很难理解其中的需求，当然就达不到旅客所期望的满意程度了。服务工作面对的旅客来自天南海北，他们有着不同的背景和经历，当他们聚集在客舱这个特殊的空间里，会有各种不同的心理感受。一般来说，初次乘机的旅客希望得到乘务员及时的指点来化解紧张的情绪和茫然的感觉；生病的旅客需要特别的关照和问候来克服病痛和不安；无成人陪伴儿童旅客需要更多的关心来抵御陌生环境下的孤独感；老年旅客需要及时的帮助以避免手脚不便造成的困难和尴尬……细心的乘务员能够从旅客的举止言谈中敏锐地察觉到不同旅客的困难和需求，及时提供细心周到的、有针对性的服务。在服务实践中，有很多例子证明：更心细的空中乘务员能够很好地展示优质服务的魅力，从而使服务工作达到令人“动心”的效果。

5. 团结协作

空中服务工作需要乘务组全体成员相互配合，没有良好的合作就不可能有完美的服务。从预先准备阶段起到航班任务结束的整个过程，都需要每个岗位的空乘人员互相配合，共同完成好飞行服务任务。因此，每个空乘人员都应有强烈的团队协作精神和团队合作意识，在工作中相互关照、努力配合，及时沟通、彼此谅解，不断增强集体凝聚力。特别在遇到紧急情况时，空乘人员更要有大局观念和集体意识，相互协作，积极配合，共同完成航班任务。

## 第五节 民航乘务的专业形象

在民航运输经济中，民航空乘人员的服务质量直接影响着航空公司的形象与效益，民航运输企业为了提升自己的服务质量，增强自身的竞争力，越来越强调空乘人员的综合素质，希望通过乘务员的优秀专业形象来提高自己企业的社会形象，从而提高竞争能力与竞争优势。那么，民航空乘人员应该具备什么样的专业形象呢?

### 一、专业的仪表形象

仪表是指乘务员的外表，它包括容貌修饰、行为姿态、气质风度等，由于每个人的性格与气质不同、内在修养不同，所以反映到每个人的仪表形象上也有很大的差别。空乘人员的仪表形象不仅代表着自身，更代表着航空公司、国家的形象，体现与展示着人格、国格和航空公司的信誉与尊严，也体现着社会的文明程度与国家的道德水准，反映着时代和民族的风貌。空乘人员对此要有清醒而强烈的意识。空乘人员良好的专业仪表形象是需要经过很长时间的专业训练和培养来实现的，尤其作为一名合格的民航服务人员，更需要在长期的民航工作中深化注重专业仪表的职业意识，提高与保持专业形象的能力。

#### 1. 女乘务员的仪表要求

女乘务员的仪表包括面部修饰、手部修饰、发型发饰等。

(1) 面部修饰。女乘务员必须要化工作妆，保持容貌的清雅、秀丽。但注意绝不可在旅客面前补妆。女乘务员化妆的规定是：粉底应与肤色协调，确保脸与脖颈之间的分界线看不见；化妆粉应与粉底颜色协调，沿睫毛根部画眼线，睫毛膏以黑色为限，眉毛的颜色应接近头发的颜色；腮红的颜色应与口红的颜色相协调，颊骨周围颜色渐暗；口红以大红、深红、桃红、玫瑰红为限，先用唇毛笔画出嘴唇的轮廓，然后填口红。

女乘务员一定要注意养成健康的生活习惯，按时作息，少食用辛辣食品；注意面部卫生问题，保持面部健康，防止因个人生活或卫生习惯问题造成面部经常起疙瘩或长痤疮。

(2) 手部修饰。女乘务员的手和指甲经常呈现在旅客面前，因此保持手和指甲的干净、美观是非常重要的。首先，养成勤洗手的好习惯，手和指甲要保持随时清洁；其次，养成经常剪指甲的习惯，染色指甲的长度不超过手指尖的 5 毫米，不染色指甲不超过手指尖的 2 毫米，各手指甲长度要保持一样长；第三，手指甲若涂指甲油，须以无色或淡色为宜，不能涂抹黑色、绿色等怪异或艳丽的颜色。

（3）发型发饰。女乘务员的头发要保持干净整洁，有自然光泽。可留各式短发，但发型不宜奇特；长发必须要束起来，盘于脑后，佩戴统一的头花；头发稀少者应将发髻装饰满后再戴上头花；无论是长发还是短发，都可以有刘海，刘海可直发可卷曲，但须保持在眉毛上方，不可遮住眼睛；可以染发，但只可染成自然的黑色，不可染成其他颜色。

2. 男乘务员仪表要求

男乘务员执行任务前要注意剃须修面，修剪鼻毛，不可留小胡子或络腮胡子。由于男乘务员经常会接触烟酒等有刺激气味的物品，要注意及时刷牙或用漱口水，以便在为旅客服务时保持口气的清新。

男乘务员的手和指甲要保持干净，不可以有抽烟留下的尼古丁熏黄的痕迹。手指甲要保持清洁、修剪整齐，无凹凸不平的边角，长度不超过手指尖的 2 毫米。

男乘务员的发型要干净整洁，式样保守，修剪得体。前部头发不得遮住眼部，两侧鬓角不得长于耳垂底部，后部的头发不超过衬衫领子的底线。

## 二、专业的着装形象

乘务员在工作期间应穿着航空公司的统一制服。制服是航空公司的重要标志，不可以随意改动，如体型或体重发生变化，可向公司申请更换号码。制服的清洗应采取干洗的方法，保持制服干净、熨烫整洁，无污垢，无损坏，发现拉链、扣子或其他问题时要及时修补。

1. 女乘务员的着装要求及配饰选择

女乘务员在穿着制服时，必须系好纽扣，衬衣下摆要系入裙子或裤子中，衬衣内须佩带白色或肉色文胸；穿风衣、大衣时要系好纽扣，系好腰带；穿制服、风衣、大衣行进时要戴帽子，帽子应戴在眉毛上方 1 指至 2 指处；皮鞋要保持光亮、无破损，鞋跟应避免过高、过细。在上下飞机时穿公司统一配发的皮鞋，在飞机平飞或对旅客服务时可穿平跟鞋，不得在旅客面前换鞋。袜子的颜色以肉色为佳，或穿着航空公司统一发放的丝袜。丝袜的长度一定要高于裙子的下摆，袜子的穿着要保持完好无损，无勾丝、滑丝现象，为避免穿着破损袜子的不雅形象，平时应随身携带一双备用丝袜，以备及时更换。女乘务员在登机时要佩戴登机证，客舱服务时要佩戴服务牌，供餐时必须穿戴围裙并保持围裙的整洁。

女乘务员可以选择佩戴饰品，但要注意：手表要选择保守简约的，表带以银色、金色的金属或皮制表带为宜，宽度不得超过2厘米，颜色限在黑、棕、蓝或灰色，不宜选择鲜艳的颜色在工作中佩戴；戒指最多可戴2枚，设计要简单，镶嵌物直径不超过5毫米；耳针只允许戴一副，式样和形式要保守，镶嵌物直径不超过5毫米；项链可戴一条纯金或纯银的，宽度不超过5毫米，而且须佩戴在衬衣里面。不允许佩戴脚链、手链、脚镯、手镯等。

2. 男乘务着装要求及配饰

男乘务员在穿着制服时，必须系好纽扣，若执行任务，全程应统一着装；穿衬衣时，要系好纽扣，佩戴领带、肩章，并将衬衣下摆系入裤子中；裤子要熨烫平整，保持干净、整洁；皮鞋要保持光亮、无破损，穿配发的袜子或与鞋同色的袜子；穿风衣、大衣时要扣好纽扣、系好腰带，并佩戴手套、帽子；在空中服务时可穿马甲；登机时要佩戴登机证，上机后摘掉并保管好。在机上服务时，要佩戴服务牌。

## 第六节　民航乘务的专业术语

（1）任务。指所飞航班计划。

（2）签到。指起飞前在规定的时间内到航班调度部门在乘务员所执行的航班上签名或在电脑上确认。

（3）准备会。指飞行前按规定的时间参加由乘务长组织的航前乘务组会，主要内容是复习航线机型知识、分工、了解业务通知、制定服务方案和客舱安全紧急脱离预案等。

（4）机组会。飞行前一天由机长召集，机组成员及带班乘务长参加会议。主要内容是汇报各工种准备情况、听取机长的有关要求等。

（5）供应品。指为旅客和机组配备的航班上需要的物品的总称。

（6）回收。将机上剩余的供应品等清点后放入规定餐箱、餐车内，铅封好并填好回收单的工作过程。

（7）操作分离器。将飞机客舱门紧急滑梯的手柄移动到自动（预位）或人工（解除）位置的过程。

（8）机上值班。远程航线餐饮服务后为保持乘务员的精力和体力而采取的轮换工作制度。

（9）安全检查。飞机在起飞、下降、着陆、颠簸或紧急情况下，为确认旅客及各种设施符合安全规定而进行的检查，内容包括：紧急出口、走廊、厕所无障碍物；小桌子、座椅靠背在正常位置；行李架关好扣牢；厨房内所有物品固定好；拉开隔帘并固定好；系好安全带；禁止吸烟；禁止使用对无线导航设备有影响的电子设备如手机等。

（10）巡视客舱。乘务员在客舱走动，观察旅客需求、安全状况、处理特殊情况、提供及时与周到的服务行为。

（11）清舱。旅客登机前，安全员或乘务员检查机上所有部位，确保机上无外来人、外来物。

（12）关封。海关官员使用的公文。常用信封封好后在航班起飞前交给乘务员，由乘务员在到站后转交海关官员。

（13）旅客名单。写有旅客姓名、目的地、座位号等内容的单子，通常由航空公司的商务部门在飞机起飞前同业务袋一起送上飞机。

（14）核销单。机上免税品出售后填写的表格，用于海关核销进口免税品。

（15）特殊餐。有特殊要求的餐食，如婴儿餐、犹太餐、清真餐、素食等。

（16）特殊旅客。需要承运人给予特殊安排或照顾的旅客。

（17）特殊旅客的服务。为重要旅客、婴儿、儿童、孕妇、伤残病人等特殊旅客提供的服务。

（18）常旅客。经常乘坐某一航空公司的飞机并参与里程累计奖励的旅客。

（19）始发旅客。在航班始发站乘坐飞机的旅客。

（20）中转旅客。乘坐某一航班飞机并在航班经停地转乘非同一航班号的飞机继续旅行的旅客。

（21）联程旅客。乘坐两个以上的航班飞机继续旅行的旅客。

（22）预先准备。空中服务的四个过程之一，指执行任务前至登机阶段的各项准备工作。

（23）直接准备。空中服务的四个过程之一，指乘务员登机后至旅客登机前的准备工作。

（24）空中实施。空中服务的四个过程之一，指飞机开始滑行起飞至下机前所有的服务工作。

（25）航后讲评。空中服务的四个过程之一，指完成航班任务后的工作讲评。

（26）航线图。标明飞机飞行航线、距离及地点的图示。

（27）航班。在规定的航线上，使用规定的机型，按规定的日期、时刻进行的运输飞行。

（28）加班。指飞机在规定的航线上增加的航班。

（29）载重平衡表。是航班载运旅客、行李、邮件、货物和集装设备重量的记录，是运输服务部门和机组之间、航线各站之间交接载量的凭证，也是统计实际发运量的根据，它记载着飞机各种重量数据。

（30）载重平衡图。以空机重心指数作为计算的起点，以确定飞机的起飞重心位置，并根据飞机重心位置的要求，妥善安排旅客在飞机上的座位和各货舱的装载量的填制图。

（31）随机业务文件袋。包括总申报单、旅客舱单、载重平衡表、货运单及邮件路单等业务文件以及客舱、货舱、邮舱等图。

1. 最早的空中小姐出现在哪个国家？为什么？
2. 新中国第一批空姐出现于哪一年？共有多少人？
3. 中国培养空乘的学校主要有哪些？
4. 民航乘务工作的特点是什么？

# 第三章　民航旅客运输基础知识

学习目标

1. 理解民航旅客运输重要术语的基本概念;掌握旅客乘机的流程并演练为旅客进行地面问询服务、购票、办理乘机手续、安检、候机、登机等相关程序。
2. 理解国内旅客运输凭证中的旅客订座、客票及收费单的相关规定,掌握客票使用规定及基本要求。了解旅客运输的一般规定,掌握旅客运输的承运限制。
3. 了解行李的分类及相关规定，了解常见的行李不正常运输的种类。掌握特殊旅客的范围、运输要求及航空公司的服务程序。理解不正常航班的定义、分类及原因。
4. 理解民航旅客投诉的原因及类型，了解民航旅客的投诉心理及对旅客投诉的对策。

## 第一节　民航旅客运输重要术语及乘机流程

### 一、民航旅客运输重要术语

1. 民航旅客运输及分类

民航旅客运输，是指航空运输企业使用航空器从事除了军事性质（包括国防、警察和海关）以外的所有的航空旅客运输活动。民航旅客运输分为国内旅客运输及国际旅客运输两类。国内旅客运输是指根据当事人订立的航空旅客运输合同，运输旅客的出发地点、目的地点或约定经停地点均在中华人民共和国境内的旅客运输；国际旅客运输是指根据当事人订立的航空旅客运输合同，无论运输旅客有无间断或有无转运，运输旅客的出发地点、目的地点或约定经停地点之一不在中华人民共和国境内的旅客运输。

2. 承运人

承运人，是指以营利为目的、使用民用航空器运送旅客、行李、货物或者邮件的企业法人，范围包括填开客票的航空承运人和承运或约定承运该客票所列旅客及其行李的所有航空承运人。承运人对旅客及其行李的运输进行管理并向社会公布，同时对填开客票之日的有效期、有效的适用票价进行规定。

从事民用航空运输代理业务的企业为销售代理人。从事民用航空运输地面服务代理业务的企业为地面服务代理人。

3. 旅客

旅客，是指除机组成员以外，经承运人同意在民用航空器上载运或已经载运的任何人，确切地说，旅客就是持有有效客票乘坐民用航空器旅行的人。按照年龄段大小的不同分为成人旅客、儿童旅客及婴儿旅客——成人（ADT）旅客指在旅行开始日已经达到或超过12周岁生日的旅客，儿童（CHD）旅客指在旅行开始日尚未达到12周岁生日但已达到或超过2周岁生日的旅客，婴儿（INF）旅客指在旅行开始日尚未达到2周岁生日的旅客。按照人数不同分为散客及团队旅客——散客是相对于预约客户的约定性、规律性而指没有预约、没有规律的零散旅客，对航程、乘机日期、航班和舱位等级等可以有各自的要求。团体旅客指统一组织的人数在10（含）人以上，航程、乘机日期、航班和舱位等级相同并支付团体票价。按照身份不同分为学生旅客、军人旅客、无人陪伴儿童旅客、病残旅客等。划分旅客的身份可以更好地了解旅客构成，细分市场，从而推出更有针对性的服务，这也是航空公司收益管理的基础。

4. 航班

（1）航班及分类

航班，是指飞机定期由始发站按规定的航线起飞，经过经停站至终点站或不经过经停站直达终点站的运输飞行。航班按照性质不同有多种分类方法，但一般情况下是按照飞行区域划分，即国际航班、国内航班和地区航班。

国际航班是指始发站、经停站或终点站中有一站以上在本国国境以外的航班。这种规定下会出现国际航班国内段，即航班的出发地点、经停地点、目的地点两点间构成的航段是在本国境内，这个航段称为国内段，如MU481 SYX（沈阳）—PEK（北京）—LAX（洛杉矶）中SYX—PEK航段，即为国际航班国内段。

国内航班是在一个国家内部飞行的航班，它又可以分为干线航班、支线航班和地方航班三大类。

地区航班指在一国之内，各地区与有特殊地位的地区之间飞行的航班，如中国内地与香港、澳门特别行政区及台湾省之间飞行的航班。

（2）航班号

为方便运输管理和旅客乘机，国内及国际航班均按一定的方法编有航班号。航班号编排的一般规律如下：

①国内航班号。我国民航在1950年“八一开航”后，航班编号用三个阿拉伯字组成，如“100”、“116”等。第一个字代表出发基地（1～3为北京基地，4～6为重庆基地），第二个字代表机型，第三个字代表该航班的方向，凡南行及西行的航班采用奇数（1、3、5、7、9），凡北行及东行的航班采用偶数（2、4、6、8、0）。1954年1月1日起取消航班编号，改用航班代号：第一字代表基地，1为北京，4为重庆，7为昆明，第三字单数为去程，双数为回程。随着航线不断增多，原有航班代号已不能适应，因此自1968年10月10日起实行新的国内航班编号办法——航班编号由三个阿拉伯数字组成，第一个数字表示执行航班任务的飞机所属管理局，第二个数字表示该航班的终点站所属的管理局，第三个数字表示班次。并规定了各管理局的代号。此后，由于国内航班不断增加，中国民航总局发文规定，自1980年4月1日起，中国国内航班的航班号由执行航班任务的航空公司二字代码加上四位阿拉伯数字组成。航空公司代码由民航总局规定公布，4位数字中的第一位数字表示执行该航班任务的航空公司所属地区，第二位数字表示该航班终点站所属地区（1为华北，2为西北，3为华南，4为西南，5为华东，6为东北，7为山西，8为福建，9为新疆）；第三、第四位数字表示班次，即该航班的具体编号，其中第四位数字若为奇数，则表示该航班为去程航班，若为偶数，则为回程航班。例如，CA1201，表示由中国国际航空公司担任的由北京至西安的去程航班；MU5306，是指中国东方航空公司担任的由广州至南京的回程航班。但随着航班的不断增多，航班号编排规则有所变化，即在前述原则的基础上，由中国民航总局给出一段航班号码让航空公司自己安排。2004年6月16日，中国民航总局下发《中国民航航班号分配和使用方案》，具体规定了航班号的编排与使用方法——国际航空公司：1000—1999、4000—4999，东方航空公司：2000—2999、5000—5999，南方航空公司：3000—3999、6000—6999，海南航空公司：7000—7999，厦门航空公司：8000—8599，四川航空公司：8600—8999，上海航空公司：9050—9549，深圳航空公司：9550—9999。其中7500、7600、7700是陆空通信的呼叫代码，不作为航班号的编排。

②国际航班号。中国国际航班的航班号是由执行该航班任务的航空公司的二字代码加上三位阿拉伯数字组成，其中最后一个数字为奇数者，表示由基地出发的去程航班；

最后一个数字为偶数者，表示返回基地的回程航班。如，CA981 是指中国国际航空公司承担的自北京飞往纽约的国际航班。

（3）航班时刻表

在中国民航总局及其所属空中交通管理局等管理机构的指导下，各航空公司的航线、航班及其班期和时刻等按一定规律汇编成册，形成航班时刻表。

中国航班时刻表分为冬春、夏秋两季，每年 4 月初到 10 月底使用夏秋季航班时刻表，11 月初到次年 3 月底使用冬春季航班时刻表。

航班时刻表的内容包括始发站名称、航班号、终点站名称、起飞时刻、到达时刻、机型、座舱等级、是否经停、服务内容等。时刻表使用的时间为 1 天 24 小时的全时制，没有上下午之分，时钟由 0 时计算到 24 时。在有时差的地区，表中所列的时间都是当地时间。

### 5. 航线

飞机飞行的路线称为航线，航线确定了飞机飞行的具体方向、起讫和经停地点。航线的开辟是需要一定技术要求和含义的，涉及客流量大小、机场等级、禁飞区域、飞机性能等，是综合多种因素而选定的飞行航路。按照起讫地点的归属不同，航线分为国际航线、国内航线、地区航线。

①国际航线是指飞行的路线连接两个国家或两个以上国家的航线。在国际航线上进行的运输是国际运输，一个航班如果它的始发站、经停站、终点站有一点在外国领土上都叫做国际运输。

②国内航线是在一个国家内部不同地点间的航线，又可以分为干线航线、支线航线和地方航线。

③地区航线指在一国之内，各地区与有特殊地位的地区之间的航线，如中国内地与香港、澳门特别行政区及台湾省之间的航线。

必须明确的是，航空器在空中飞行时，实际上规定了飞行的具体通道，它对高度、宽度、路线都有严格的规定，偏离这条安全通道，就有可能存在失去联络、迷航、与高山等障碍物相撞的危险。

### 6. 航路

航路相当于地面上的公路，公路一般由沥青或水泥混凝土等铺筑而成，而空中的航路则是指根据地面无线电导航设施或经纬度坐标划定的供飞机作航线飞行用的具有一定宽度的空中走廊，亦称空中道路。该空中走廊以连接各导航设施的直线为中心线，规定有上限和下限高度（高度层规定）与宽度，其宽度规定是：飞行高度层 6000 米（含）以下最小宽度为中心线两侧各 8 千米，6000 米以上为中心线两侧各 10 千米。空中的航路是我们看不到的，飞行员通过飞机上的导航设备接收地面导航台发出的无线电信号，借此保证飞机沿着无形的航路飞行。

7. 行李

行李是旅客在旅行中为了穿着、使用、舒适或便利而携带的必要或适量的物品和其他个人财物。除另有规定外，包括旅客的托运行李、自理行李。托运行李指旅客交由承运人负责照管和运输并填开行李票的行李。自理行李指经承运人同意由旅客自行照管的行李。免费随身携带物品指在承运人限定的品种和数量范围内并经承运人同意免费由旅客自行携带乘机的零星小件物品。

## 二、民航旅客运输乘机流程

旅客准备乘坐飞机出行，首先要购票机票。然后到达出发地的机场办理旅客乘机手续，经过安检后，候机、登机、飞行、到达目的地机场。

1. 购票

旅客购买机票时，须提供能证明其身份的有效证明并填写旅客订座单，有效证件的种类包括：中国籍旅客的居民身份证、临时身份证、军官证、武警警官证、士兵证、军队学员证、军队文职干部证、军队离退休干部证和军队职工证，港、澳地区居民和台湾同胞旅行证件；外籍旅客的护照、旅行证、外交官证等；民航总局规定的其他有效乘机身份证件。购买儿童票、婴儿票，应提供儿童、婴儿出生年月的有效证明；重病旅客购票须持有医疗单位出具的适于乘机的证明，经承运人同意后方可购票；购买承运人规定的优惠票，应提供规定的证明。旅客在购票订妥座位后，凭该订妥座位的客票乘机。

2. 办理乘机手续

目前，航空市场有 6 种值机方式，分别是传统柜台值机、电子客票自助值机、酒店值机、异地候机楼值机、境外联程值机、网上值机等。

传统柜台值机就是在候机楼的值机柜台办理值机手续，分为普通旅客柜台、值班主任柜台、会员柜台、特殊旅客服务柜台、团体旅客柜台等；电子客票自助值机是针对电子客票旅客，承运人在候机楼提供自助值机设备，旅客凭电子客票自助办理登机牌；酒店值机是针对商务旅客，承运人将值机服务迁移到酒店办理，是为旅客提供方便与服务的一种方式；异地候机楼值机主要是对于没有机场的城市，在当地办理值机手续后到异地机场乘坐飞机，比如，东莞城市候机楼能够办理从深圳、广州机场始发航班的值机服务；境外联程值机是将值机服务延伸到境外，旅客在境外一次性办好值机手续就可享受轻松便捷的航空旅行，如深圳航空公司的旅客在香港能够直接办理深圳机场的值机服务；网上值机是旅客通过网站在线办理值机，并可预选座位。办理乘机手续一般包括下列程序：

①接受并查验客票。核对旅客姓名是否与旅客身份证件一致，并查验该身份证件是否有效和符合要求；查验客票种类，检查是否符合限定乘运人，如儿童要写明出生年、月、日；核对到达站、航班、日期；查验座位等级；检查客票是否盖章、客票有无涂改，如有涂改，查验该更改是否有效。

②收运行李。查收旅客交运行李件数并称量重量，如旅客行李逾重，须与旅客协商付费后方能传下行李。

③撕下旅客客票乘机联，为旅客安排座位，填写登机牌。

④如果有头等或公务舱的旅客，填写头等舱休息室卡片。

⑤将旅客的客票、身份证、登机牌、领取行李牌、头等舱休息卡及其他凭证一并交付旅客。需付逾重行李费或行李保险的旅客，在查验其交付的逾重行李票或保险费收据后方能将登机牌等交付旅客。

⑥对持不定期客票、内部优惠票或改乘客票的旅客，在飞机有可利用座位的情况下给予办理登机手续。

⑦在航班起飞前 30 分钟停止办理乘机手续，清点旅客人数（包括儿童、婴儿）及行李件数，与行李房工作人员核对行李。

⑧清理柜台，填写交接卡，向结算报载。

3. 旅客及行李安全检查

①旅客安全检查的方法。在机场对旅客的安全检查一般有 4 种检查方法。第一，电视监测机，主要用于检查旅客的行李物品。通过检查后，工作人员在行李上贴有“XX 机场行李安检”的不干胶条，然后方可办理托运手续或随身携带登机。第二，探测检查门，用于对旅客的身体检查，主要检查旅客是否携带禁带物品。第三，磁性探测器，也叫手提式探测器，主要用于对旅客进行近身检查。第四，人工检查，即由安检工作人员对旅客行李手工翻查和男女检查员分别进行搜身检查等。

②安全检查的程序。第一，行李物品检查。旅客进入机场大厅时首先将行李物品放入电视检测机的传送带上，工作人员通过电视荧光屏检查后贴上机场行李安全检查的不干胶条。第二，旅客证件检查。旅客办理完毕行李托运和登机手续后，将护照、机票、登机牌等交检查员核验并在登机牌上加盖安全检查印章。第三，手提行李物品检查。将随身携带的手提行李物品放在电视监测机的传送带上，由检查人员通过荧光屏检查。如发现有异物，须由检查人员开包检查。第四，旅客身体检查。旅客通过特设的探测门，进行身体检查。如发出报警声，还需用探测器再查，或重新返回，将可能发出报警声的钥匙、香烟、打火机等金属物品掏出来，直到通过时不再发出报警声为止。

4. 旅客候机

旅客通过安检后，应前往登机牌上标明的指定候机楼位置等待登机，并注意收听机场广播，防止错过登机时间。

### 5. 旅客登机，到达目的地

## 资料链接

### 航班的作业流程

航班确定以后，航空公司下属的各部门就要齐心协力确保航班的正常运行。

航空公司所属的飞机维修部门首先行动起来。他们利用晚上飞机停场的时间，检修和维护飞机，发现并确定飞机是否存在影响飞行的设备故障。有一些故障，他们能够及时进行修复。如果故障较大，维修组人员有权停止飞机的飞行，安排其他飞机执行这次航班任务。航空公司的运输部门负责飞机客票的销售、货物托运、机上的食品和用品的准备等工作。

航空公司的油料部门要准备飞机使用的燃油及其他油料的添加工作。

航空公司的航务部门要搜集气象情报，安排机组人员。下属的签派室专门负责制定飞行计划，并将本次飞行计划通知空中交通管制部门，经对方同意后，签派室则代表航空公司负责飞机的放行及以后整段时间内飞机的运行和安排。签派室是航空公司的飞行指挥中心。

机长及全体机组人员在接到飞行任务通知后，要做一系列准备工作，大致情况如下：

飞机起飞前8小时之内，他们不能饮酒也不能食用易引起腹泻的海鲜贝类等食物，带好必要的有效证件如驾驶执照、护照、卫生防疫证明等，在飞机起飞前1～2小时必须抵达机场，先到航管部门签到，再到签派室与签派人员仔细研究飞行计划、飞行高度、使用的航线、天气状况、可能发生的问题等等。其中关于飞机的载油和天气状况往往是要重点讨论的。天气状况有很多不确定因素，例如，目的地的机场可能因天气恶劣而关闭，那么飞机就要在备用机场降落。所以在正式的飞行计划之外还要做一个备用计划，使飞机能在出现计划外情况时，还有能力继续飞行。飞机装多少燃油好呢？从安全的角度出发，机长当然会愿意飞机多装些燃油，以备不时之需。但是签派室不一定这么想，多带燃油就得少载货物或旅客，何况装载多余的燃油本身就会使油耗增加。因此签派员和机长要实事求是地根据需要决定合理的载油量及商业载荷。确定飞行计划后，由签派员签发放行许可单。随后机长召集全体机组人员开一个飞行前的准备会。机组成员在会上相互熟悉一下，机长向大家说明本次任务的情况，并向各部门工作的负责人布置具体任务。机上各部门的工作人员也要向机长汇报工作准备情况。大约在飞机起飞前

40 分钟，机组人员开始登机。登机前机长或副驾驶要在地面上先绕机一周对飞机进行例行的检查，地面维修人员向机长交代飞机的状况。在维修工作方面，放飞一架飞机有严格的标准，个别系统的某些故障有时并不影响飞行安全。但机长对这些标准的掌握具有决定权，如果认为这些故障不能保证飞行安全的话，机长可以决定不使用这架飞机执行本次航班任务。

机长和机组成员登机的同时，其他各项工作也在紧张有序地进行，如，加油、上水、上各种餐饮食物及机上用品、旅客登机、货物和行李装机等等。在飞机货舱内装入货物时，配载人员要认真仔细地按重量安排货物的安放位置，使飞机的重心保持在一定范围内，这样才不至于导致飞机在空中操纵困难。这类工作都是由专门的人去做的。装货完毕后，要将这些配载数据填在飞机配重表和平衡图上，然后交给机长，机长同意后签上字。配重表和平衡图是这次飞行的随机文件，由机组保存。机上的旅客位置也影响着飞机重心的改变，因此即使在机上空位较多的情况下，旅客也不能随意选择座位，而必须服从乘务员的安排，在指定位置就座。某些发动机装在尾部的飞机，它的重心靠后，当旅客较少时，旅客就被要求集中坐在前部以保持飞机的重心位置。

地面人员把乘坐本次航班的旅客名单交给乘务长，乘务员清点旅客人数准确无误后，她们将机舱门关好，飞机就准备启动了。在得到空管人员放行的命令后，飞机将由滑行道进入跑道准备起飞，飞行过程由此开始，整个飞行过程包括起飞—爬升—巡航—下降—进近—着陆。（摘自李永编著《民航基础知识教程》，中国民航出版社 2005 年）

## 第二节　客票规定与客票销售

### 一、国内航空运输凭证

国内航空旅客运输涉及很多凭证，主要有旅客订座单、客票及行李票、收费单等。

#### （一）旅客订座

##### 1. 订座的途径及时间

订座是对旅客预订的座位、舱位等级或对行李的重量、体积的预留。一般是先订座再购票乘机。比如，旅客想乘坐中国国际航空公司执飞的成都到北京的航班，可以通过哪些途径来订座呢？旅客可以采取到中国国际航空公司成都售票处或成都的机票销售代理点订座，也可以通过电话、网络、信函办理订座手续——填写旅客订座单；建立旅客订座记录（PNR—Passenger Name Record）；完成旅客订座记录，通知旅客购票时限或直接出票。

订座的时间。旅客订座的航班在输入计算机订座系统生成后即完成接受订座，按规定，飞机起飞2小时（含）停止接受订座。旅客预订联程座位，国内航班衔接时间一般不少于2小时；国内航班衔接国际航班时间一般不少于3小时。

## 2. 座位再证实

旅客持有订妥座位的联程或来回程客票，如在该联程或回程地点停留72小时以上，须在联程或回程航班离站前两天中午12点以前，办理座位再证实手续，否则原定座位不予保留。如旅客到达联程或回程地点停留不超过72小时，则不需办理座位再证实手续。

## 3. 订座单的格式及填开方法

**旅客订座单**

| | 旅客姓名 Passenger Name | 国籍 Nationality | 工作单位 Work Unit | 职务 Occupation | 证件种类 Paper Class | 证件号码 Passenger Visa No | 客票 | |
|---|---|---|---|---|---|---|---|---|
| | | | | | | | 种类 | 号码 |
| 1 | | | | | | | | |
| 2 | | | | | | | | |
| 3 | | | | | | | | |
| 4 | | | | | | | | |
| 5 | | | | | | | | |
| 6 | | | | | | | | |

| 自 FROM | 至 TO | 航班号 FLIGHT No | 等级 CLASS | 日期 DATE | 起飞时间 DEP TIME | 记录编码 |
|---|---|---|---|---|---|---|
| | | | | | | |
| | | | | | | |
| | | | | | | |

| 旅客在本地的详细联系地址、电话 CONTACT TEL&ADDRESS | 留票期限：<br>出票人：<br>日期：　　年　月　日 |
|---|---|

*粗线部分由客票销售人员填写

图3.1　旅客订座单

旅客订座单是旅客购票和民航据此提供服务的重要依据，如何填写旅客订座单是很重要的民航售票技能。旅客订座单必须由旅客本人填写，并对其所填的姓名、证件号码、国籍、工作单位和联系电话等内容的准确性负责。

## （二）客票

### 1. 客票的定义与分类

客票是客票及行李票的简称，英文全称为“Passenger Ticket and Baggage Check Ticket”，是由承运人或其代理人填开的凭证，也是旅客乘机或交运行李的凭证，分为国内客票与国际客票。客票是一种有价票证，是旅客与承运人之间的运输契约，其计量单位为“本”。一本完整的纸质客票应该包括封面、附加声明、合同条件、旅客责任限额通告、行李赔偿责任限额通告、重要通知、最迟办理登机手续时间栏、旅客可以免费随身携带的物品等，其最核心的部分为“票联”。国内客票与国际客票的票联均包括4种，即财务联、出票人联、乘机联及旅客联，旅客联由旅客收执作报销凭证使用，并始终由旅客持有。

客票根据航程性质分为单程客票、联程客票、来回程客票。单程客票指列明一个航班的点到点之间运输的客票。联程客票指列明两个（含）以上航班的客票。来回程客票是从出发地至目的地并按原航程返回原出发地的客票。

客票根据使用期限分为定期客票及不定期客票。定期客票是列明航班、乘机日期并且订妥座位的客票。不定期客票是未列明航班、乘机日期也未订妥座位的客票。

客票根据乘机联数分为一联客票、二联客票、四联客票，分别代表只有一个航段运输、有两个或两个以上航段运输、有三个或三个以上航段运输。

### 2. 客票价格

客票价格是旅客由出发地机场至目的地机场的航空运输价格，不包括机场与市区之间的地面运输费用，也不包括机场建设管理费以及旅客使用的任何付费服务及设施所需的费用。正常票价是适用期内的头等、公务、经济各舱位等级的销售票价中的最高票价。折扣票价是在票价适用期内的头等、公务、经济各舱位等级的销售票价中的优惠票价。特种票价是不属于正常票价的其他票价。

### 3. 客票内容及有效期

客票内容包括承运人名称；出票人名称、时间和地点；旅客姓名；航班始发地点、经停地点和目的地点；航班号、舱位等级、日期和离站时间；票价和付款方式；票号；运输说明事项等。

正常票价客票自旅行开始之日起，一年内运输有效。如果客票全部未使用，则从填开客票之日起，一年内运输有效。有效期的计算，从旅行开始之日（定期客票）或填开客票之日（不定期客票）的次日零时起至有效期满之日的次日零时为止。特种客票的有效期，按照承运人规定的票价限制条件的有效期计算。

4. BSP 客票及电子客票

BSP（Billing and Settlement Plan）客票是国际航空运输协会（IATA）的标准运输凭证，在销售代理人确认之前，没有任何承运人的标志，所以又称中性客票。其最大特点是有利于承运人与代理人之间的结算与管理，有利于提高销售能力和服务质量。

电子客票是普通纸质客票的电子替代产品，自 2006 年 10 月 16 日开始使用，为承运人和旅客带来了越来越多的效益和方便。

## 二、客票使用规定及基本要求

1. 纸质客票使用规定及要求

①纸质客票使用规定。每一位旅客，包括按正常票价 10% 或 50% 付费的婴儿或儿童，都要单独持有一本客票；客票为记名式，只限客票所列姓名的旅客本人使用，不得转让和涂改，否则客票作废，票款不退。

②纸质客票使用的基本要求。旅客使用纸质客票时，须交验客票的乘机联和旅客联，缺少任何一联，客票即为无效。旅客未能出示根据承运人规定填开的所乘航班的乘机联和其他所有未使用的乘机联和旅客联的有效客票，无权要求乘机。旅客出示残缺客票或非承运人或其销售代理人更改过的客票，也无权要求乘机；客票的乘机联必须按照客票所列明的航程，从始发地点开始顺序使用。如客票的第一张乘机联未被使用，而旅客在中途分程地点或约定的经停地点开始旅行，该客票运输无效，承运人不予接受；每一乘机联上必须列明舱位等级，并在航班上订妥座位和日期后方可由承运人接受运输。对未订妥座位的乘机联，承运人应按旅客的申请，根据适用的票价和所申请航班的座位可利用情况为旅客预订座位；旅客应在客票有效期内，完成客票上列明的全部航程；含有国内航段的国际联程客票，其国内航段的乘机联可直接使用，不需换开成国内客票。

2. 电子客票使用规定及要求

从 2007 年 6 月 1 日开始，电子客票使用航空电子客票行程单（简称行程单）作为旅客购买电子客票的付款和报销凭证。

使用电子客票后，旅客只要凭有效身份证明就可以在值机柜台领取登机牌，无须出示行程单。另外，旅客既可以在购票时领取电子客票，也可以事后补领；购票后直接在机场值机柜台凭有效证件打印登机牌，持有效证件和登机牌通过安检登机。代理人或航空公司售票处向旅客提供航空电子客票行程单，各机场不提供打印行程单业务；使用电子客票后，旅客身份证件是唯一可以确认旅客和离港记录相关性的依据，鉴于中国人姓名同音同字情况较多，值机对身份证的核对更要考虑安全检查的环节。由于需要核对每个身份证件，团队旅客也必须逐个办理；所有航班起飞七天后就无法打印行程单（报销单），而且行程单丢失后不予挂失和补打；航空电子客票行程单采用一人一票，只作为个人报销凭证，不作为机场办理乘机手续和安全检查的必要凭证。

## 三、客票的销售

1. 票价种类和使用范围

①经济舱票价：经济舱（Y 舱）票价亦称普通舱票价，是对外公布的经济舱单程散客成人全票价，是计算其他等级舱位票价的基础。

②公务舱票价：公务舱（C 舱）是航空公司为了适应公务旅客对座位和服务的需求，在飞机客舱布局上布置了较经济舱服务标准高，但较头等舱服务标准略低的一种舱位；用有公务舱座位布局的飞机飞行的航班可销售公务舱座位。公务舱票价按经济舱票价的 130% 计算。

③头等舱票价：头等舱（F 舱）是航空公司为了适用高层次旅客对座位和服务的需求，在飞机客舱布局上布置了比公务舱更加宽敞舒适的座椅和提供高标准的餐食以及高标准的客舱服务的一种舱位；用有头等舱座位布局的飞机飞行的航班可销售头等舱座位。头等舱票价按经济舱票价的 150% 计算。

④儿童票价和婴儿票价：儿童票价按正常票价的 50% 计算；婴儿票价按正常票价的 10% 计算。

⑤特种票价：特种票价是航空公司对特殊的运输对象给予固定折扣的一种票价，特种票价以对外公布的正常票价为计算基础；除另有规定外，不得与其他票价组合使用、享受双重优惠。因公致残的现役军人凭民政部颁发的《革命伤残军人证》，因公致残的人民警察凭民政部颁发的《人民警察伤残抚恤证》，一般按现行国内正常票价的 50% 收费。经公司批准的专项临时票价，限某一时间段内的某个航班使用。

⑥团体旅客折扣票价：团体旅客可根据团体人数和航班座位销售情况给予适当的票价优惠。

2. 客票签转、变更及退票

①客票签转。改变客票的乘机联上指定的承运人所需办理的手续，称为客票签转。

由于承运人或承运人无法控制的原因造成航班取消、延误、变更等，因而未能向旅客提供已订妥的座位（包括舱位等级），或未能在旅客的中途分程地点或目的地点停留，或造成旅客已订妥座位的航班衔接错失，承运人应当考虑旅客的合理需要并采取相应措施——为旅客安排有可利用座位的承运人后续航班；征得旅客及有关承运人的同意后，办理签转手续；变更原客票列明的航程，安排承运人或其他承运人的航班将旅客运达目的地或中途分程地点，票款、逾重行李费和其他服务费用的差额多退少不补。

②客票变更。非自愿变更的原因有：取消旅客已经订妥座位的航班；取消的航班约定经停地点中含有旅客的出发地点、目的地点或中途分程地点；未能在合理的时间内按照班期时刻进行飞行；造成旅客已订妥座位的航班衔接错失；更换了旅客的舱位等级；未能提供事先已订妥的座位；其他非承运人原因造成的非自愿变更。

③退票。旅客由于承运人未能按照运输合同提供运输或旅客要求自愿改变其旅行安排，对旅客未能使用的全部或部分客票，承运人应按规定办理退票；旅客要求退票，应填妥承运人规定的退款单。

## 第三节　旅客运输的各种规定

### 一、旅客运输的一般规定

1. 客票使用要求

旅客未能出示有效客票，无权要求乘机。出示有效证件后，如果在离港信息系统中能够查到本人已付款订票，则可以为其办理乘机手续。

电子客票上必须列明舱位等级，并在航班上订妥座位和日期后方可由承运人接受运输。对未订妥座位的客票，承运人应按旅客的申请，根据适用的票价和所申请航班的座位可利用情况为旅客预订座位。

旅客应在客票有效期内完成客票上列明的全部航程。含有国内航段的国际联程客票，其国内航段的乘机联可直接使用，不需换开成国内客票。旅客在我国境外购买的用国际客票填开的国内航空运输客票，应换开成我国国内客票后才能使用。

2. 办理乘机手续

①旅客及承运人的要求。旅客应当在承运人规定的时限内到达机场，凭客票及本人身份证件按时办理客票查验、托运行李、领取登机牌等乘机手续。如旅客未能按时到达承运人的值机柜台或候机厅的登机口，或未能做好旅行准备，承运人为不延误航班，可取消旅客已订妥的座位。由此对旅客所产生的损失和费用，承运人不承担责任。持未订妥座位或未经座位证实的客票的旅客，办理乘机手续的部门可不予办理乘机手续。

承运人及其地面服务代理人应按时开放值机柜台，按规定接受旅客出具的有效证件，快速、准确地办理乘机手续。承运人开始办理航班乘机手续的时间一般不迟于客票上列明的航班离站时间前 90 分钟，截止办理乘机手续时间为航班离站时间前 30 分钟。

②客票的查验。机票的合法性查验——查验客票的出票人是否与本公司有相关的代

理业务或财务结算关系；客票乘机联是否符合签转规定，是否加盖了签转章；客票是否已经通知声明挂失。机票的有效性查验——查验乘机联的运输有效航段、承运人，必须与实际承运的航段和承运人一致。查验客票各联页是否齐全，应有乘机联和旅客联，任何情况下不得接受无旅客联的单张乘机联。如接受不定期客票，须将承运人、航班、日期、订座情况补填在客票上，方为有效。查验客票是否在有效期内，旅客必须在有效期内完成客票上列明的中途分程、联程、回程的全部航段。查验机票的真实性——客票本身和客票上所反映的情况必须是真实的，不得伪造或涂改。查验机票的正确性——承运人实际承运的航段与乘机联上标记的航段一致；实际承运人与乘机联上指定的承运人一致；客票所采用的运价正确，与座位等级、航程、折扣、特种票价一致；客票上所用代号正确。

3. 座位的安排

①出口座位。出口座位是指旅客从该座位可不绕过障碍物直接到达应急出口的座位和旅客从距离应急出口最近的过道到达应急出口而必经的成排座位中的每个座位。坐在出口处座位上的旅客在发生应急撤离时应能够协助机组成员。在每个座位背后的口袋里都必须备有“应急出口旅客须知”。为保证这些旅客能够胜任这些责任，安排在出口座位上的旅客必须具备完成下列工作的能力：确定应急出口的位置；能够认出应急出口开启机构；理解操作应急出口的指示；能够操作应急出口；能够评估打开应急出口是否会增加由于暴露旅客而带来的伤害；遵循机组成员给予的口头指示或手势；收藏或固定应急出口门，以便不妨碍使用该出口；评估滑梯的状况，操作滑梯，并在其展开后稳定住滑梯，协助他人使用滑梯；评估、选择和沿着安全路线从应急出口离开。

②不得安排在应急出口座位的旅客。以下旅客不得乘坐应急出口座位——该旅客的两臂、双手和双腿缺乏足够的运动功能、体力或灵活性导致上述能力缺陷；该旅客不足15岁，或者没有陪伴的成年人、父母或其他亲属的协助，缺乏履行上述所列出的一项或多项能力；该旅客缺乏阅读和理解本条要求的“应急出口旅客须知”卡片，或者缺乏理解机组口头命令的能力；该旅客不具备良好的普通话理解能力和表达能力（如外国人）；该旅客的眼睛必须通过除隐形眼镜或普通眼镜以外的视觉器材帮助才能拥有足够的视觉能力；该旅客的听力必须通过除助听器以外的器材帮助才能拥有足够的听觉能力；该旅客缺乏足够的能力将信息口头传达给其他旅客；该旅客需照料小孩；遣返旅客、在押犯人及对其押解的人员；过度肥胖旅客；男逾60岁、女逾55岁的旅客；该旅客不愿意或不能够遵守应急出口座位规定。

## 二、旅客运输的承运限制

### 1. 特殊旅客的承运限制

旅客若酒醉乘机，在被拒绝后可以改签下一个航班，费用自理；精神病患者或间歇性精神病患者旅客，乘机发病时可以退票，按自愿退票处理，恢复正常后可以搭乘航班，旅客承担改签费用；病危的旅客、濒临死亡或已经死亡的旅客，办理退票时不收取退票手续费；怀孕 8 个月以上的孕妇，办理退票时凭县市级以上医院的出具证明，不收取退票手续费；出生未满 14 天的婴儿，可以和其监护人按自愿退票处理；持无效身份证明的旅客，按自愿退票处理，如在客票有效期内改签航班引发的费用由旅客承担；持无效机票的旅客，机票作废，旅客承担责任；旅客携带国家规定的禁止物品或携带未经承运人同意的限制运输的物品和危险品以及其他异常或易污损飞机的物品，由此耽误旅行而所造成的一切损失由旅客本人承担；携带安全管制刀具的旅客，未经公安机关批准和承运人同意运输的军、警武器和警具，耽误旅行造成的一切损失，由旅客本人负责，并追究其法律责任；国家机关工作人员因公务原因违反法规而未被追究责任的，在客票有效期内可以改签或办理自愿退票手续；持异常气味的物品、腐败的物品的旅客，引起的损失由旅客本人负责，需要办理退票的，按自愿退票办理；拒付行李逾重费的旅客，引起的一切损失由旅客承担责任，需要退票时，按自愿退票处理。

### 2. 不得作为行李运输的物品

下列物品不得作为行李或夹入行李（包括托运行李和自理行李）内托运，也不得作为免费随身携带物品带入客舱运输：

①危险品。包括爆炸品；气体；易燃液体；易燃固体、自燃物质和遇水释放易燃气体的物质；氧化剂和有机过氧化物；毒性物质和传染性物质；放射性物质；腐蚀性物质；磁性物质；具有麻醉、令人不快或其他类似性质的物质；容易污损飞机的物品；承运人规定不得作为行李运输的其他危险物品。

②枪支。包括各种类型仿真玩具枪、枪型打火机及其他各种类型带有攻击性的武器，但体育运动用器械除外。

③军械、警械。

④管制刀具。

⑤活体动物。小动物及导盲犬和助听犬除外。

⑥国家规定的其他禁运物品。

重要文件和资料、证券、货币、汇票、珠宝、贵重金属及其制品、银制品、贵重物品、古玩字画、易碎和易损坏物品、易腐物品、样品、旅行证件以及其他需要专人照管的物品不得作为托运行李或夹入行李内托运，而应作为自理行李或免费随身携带物品带入客舱运输。

3. 限制运输的物品

下列物品只有在符合承运人运输条件的情况下，并经承运人同意，方可接受运输：

①精密仪器、电器等类物品，应作为货物托运，如按托运行李运输，必须有妥善包装，并且此类物品的重量不得计算在免费行李额内，按逾重行李费收取运费。

②体育运动用器械，包括体育运动用枪支和弹药。

③小动物、导盲犬和助听犬。

④外交信袋，机要文件。

⑤旅客旅行途中使用的折叠轮椅或电动轮椅。

⑥管制刀具以外的利器、钝器，例如，菜刀、水果刀、餐刀、工艺品刀、手术刀、剪刀以及钢锉、斧子、短棍、锤子等，应放入托运行李内运输。

⑦干冰，含有酒精的饮料，旅客旅行途中所需的烟具、药品、化妆品等。

## 第四节　行李运输的相关规定

### 一、行李

行李是指旅客在旅行中为了穿着、使用、舒适或方便的需要而携带的必要或者适量的物品和其他个人财物。承运人对行李运输有非常严格的规定，一般情况下，按照运输责任，行李分为托运行李、自理行李和免费随身携带行李。

托运行李。是指已经填开行李票并由旅客交给承运人负责照管和运输的行李。每一件托运行李的最大重量不得超过50千克，最大体积不能超过40厘米×60厘米×100厘米，否则，必须事先征得承运人的同意才能托运。进出美国、加拿大的航班行李托运实行计件制——每件行李三边总尺寸不超过158厘米，最大重量不超过32千克（头等舱、公务舱旅客）或23千克（经济舱旅客）。

自理行李。是指经承运人同意由旅客带进飞机客舱并自行负责照管的行李（又称客舱行李、手提行李）。自理行李的重量计算在免费行李额内，单件重量不得超过10千克，体积不能超过20厘米×40厘米×55厘米。

免费随身携带行李。是指经承运人同意由旅客自行携带乘机的零星小件物品。旅客随身携带的手提行李的重量，每位旅客以5千克为限。持头等舱客票的旅客，每人可以携带两件物品，持公务舱或经济舱客票的旅客，每人只能携带一件物品，体积均不能超过20厘米×40厘米×55厘米。

声明价值行李。是指当旅客的托运行李价值超过每千克人民币50元（国内运输）、20美元（国际运输）的最高赔偿限额时，旅客有权要求更高的赔偿金，但必须在托运行李时办理行李声明价值，并支付声明价值附加费。办理过声明价值的行李如在运输途中由于承运人原因造成损失，承运人按照旅客的声明价值赔偿。每一位旅客的行李声明价值最高限额为人民币8000元。行李的声明价值不得超过行李本身的价值，如承运人对声明价值有异议而旅客又拒绝接受检查时，承运人有权拒绝收运。

特殊行李。航空运输中存在特殊行李运输类别，一种是不得作为行李运输的物品，像危险品，如易燃易爆物品，氧化剂，毒性物质和传染性物质，放射性物质，腐蚀性物质，磁性物质，麻醉性、特殊刺激性或类似性质的物质，容易污损飞机的物品等；枪支、弹药、仿真玩具枪、枪型打火机及其他类型具有攻击性的武器、器械，体育运动专用器械除外；军械、警械；管制刀具；活体动物和具有刺激性异味，或易引起其他旅客反感的水果如榴莲等；国家规定的其他禁运物品。另一种是只有在符合承运人运输条件的情况下，并经承运人同意方可接受运输的行李，如精密仪器，电器如影碟机、录像机、电视机、音响器材等类物品，应作为货运托运，如按托运行李运输，必须妥善包装，并且此类物品的重量不得计算在免费行李额内；体育运动用器械，包括体育运动用枪支和弹药；家庭驯养的狗、猫、鸟或其他玩赏宠物、导盲犬和助听犬，不包括野生动物和具有怪异形体或可能伤人等特性的动物如蛇等；外交信袋，机要文件；旅客旅途中使用的折叠轮椅、电动轮椅和自行车；管制刀具以外的利器、钝器，如菜刀、餐刀、水果刀、工艺品刀、手术刀、剪刀、铅笔刀，以及钢锉、铁锥、斧子、短棍、锤子等，应放入托运行李内运输。

## 二、行李不正常运输

行李不正常运输一般有以下5种情况。

### 1. 迟运行李

迟运行李是指本次航班应载运但未预先装机、没有与旅客同机运输的行李。迟运行李的原因较多，如因行李上拴挂的行李牌无法识别行李的目的站；旅客办理登机手续时间较晚，来不及当班运出，为了保证该航班正点，行李只好装在下一个航班上；出发站行李传送带出现分拣或传输等机械故障，导致当班行李来不及转载等；航班因载量问题被临时拉下；由于工作人员疏忽将行李牌拴挂到其他航站等。

2. 少收行李

少收行李是指未与旅客同机到达、下落不明尚待查找的行李。其原因多为始发站行李漏装；始发站行李错装；中途站错卸行李；到达站漏卸行李；行李牌脱落无法辨认行李的目的地而没有装上飞机。

3. 多收行李

多收行李是指航班到达后，行李交付工作完毕时出现的无人领取的行李。其原因多为错运行李——挂有目的站为非本站的行李牌错运到本站的行李；速运行李——挂有速运行李牌需要中转至目的站的行李；无人认领行李——挂有目的地为本站的行李牌的行李，但无人认领；无行李牌的行李。

4. 内物丢失

内物丢失是指旅客的托运行李在运输过程中发生内装物品部分遗失的情况。

若是由于承运人原因造成的内物丢失行李，处理程序一般为：进行本站查询；确认内物丢失，确定时必须称重，行李外包装完好且行李的重量不低于旅客客票上填明的重量数而内物短少，不视为内物丢失；会同旅客填写“行李运输差错事故记录”；索取旅客内物丢失行李的行李牌识别联、客票旅客联（或复印件）和登机牌（旅客所乘航班与客票所列航班不一致时）；向行李的始发站、经停站拍发电报查询；在查找过程中，应及时以信函和/或电话的方式将查找情况通知旅客。要求如下：第一次通知，申报丢失后48小时内；第二次通知，第一次通知后72小时内；丢失物品找到后，应尽快交付旅客；经查找无下落，在航班到达后第21天将该行李的全部查询电报和文件交本站的行李赔偿部门，准备办理赔偿。

若是由于旅客原因造成的内物丢失行李，其处理方法一般为：承运人向行李始发站或有关航站拍发电报，为旅客进行一次性查询；丢失物品找到后，应尽快交付旅客；如未找到，应告知旅客，但承运人不承担赔偿责任。

5. 破损行李

破损行李是指旅客的托运行李在运输过程中，因外部受到损伤或受污染而使行李的外包装或内装物品可能或已经遭受损失。确认是承运人原因造成的行李破损后，应会同旅客填写“行李破损登记”，并办理赔偿手续。

行李轻度受损的，为旅客当时修复，如不影响使用，不再予以赔偿，或根据情况进行象征性的赔偿；行李受损并且当时无法修复的，付给适当的修理费；行李受损以致无法使用时，向旅客提供一件形状、规格基本相似的新行李箱，或者同意旅客在限定价格内购买一个新行李箱，在赔偿期限内凭发票报销，或者一次性地付给旅客适当的赔偿费。行李受损导致内物丢失的，在办理完行李破损手续后，再按行李内物丢失办理。但是，行李破损和内物丢失赔偿的总额不应超过每位旅客的行李赔偿最高限额（按 2006 年 3 月 28 日经国务院批准的《国内航空货物承运人赔偿责任限额的规定》，国内行李运输中行李赔偿的最高责任限额为每千克赔偿人民币 100 元）。

## 第五节　特殊旅客的运输服务

### 一、特殊旅客范围及运输要求

特殊旅客又称特殊服务旅客，是指在接受旅客运输和旅客在运输过程中，因旅客身份、行为、年龄、身体状况等而需要承运人给予特殊礼遇或者特别照顾，并且需要符合承运人规定的一定运输条件才能承运的旅客。

1. 特殊旅客范围

特殊旅客包括重要旅客、病残旅客（病患旅客、担架旅客、轮椅旅客、盲人/聋哑人旅客）、无成人陪伴儿童、老年人旅客、孕妇旅客、婴儿旅客、犯罪嫌疑人及其押解人员、特殊餐饮旅客、酒醉旅客、额外占座旅客、机要交通员/外交信使和保密旅客等。要特别注意的是，成人是指年满 18 周岁且具有完全民事行为能力的人。

2. 特殊旅客运输条件

①拒绝运输的特殊旅客。包括传染病患者、精神病患者或者健康状况可能危及自身或者影响其他旅客安全的旅客、根据中华人民共和国或者运输所在国家规定不能乘机的旅客。

②限制运输的特殊旅客。无成人陪伴儿童、病残旅客、视为病伤的老人、怀孕超过 8 个月（32 周）（含）但不足 9 个月（36 周）的健康孕妇、盲人、担架旅客、无自理能力或半自理能力的轮椅旅客、犯罪嫌疑人及其押解人员等，由于年龄、身体或精神状况在旅途中需要特殊照顾或在一定条件下才能运输，并需经承运人预先同意并做出安排后方予载运。

### 二、重要旅客运输服务

重要旅客是指旅客的身份、职务重要或者知名度高，乘坐班机时需给予特殊礼遇和特别照顾的旅客。重要旅客一般分三类，第一类为最重要旅客（VVIP—Very Very Important Person），包括中共中央总书记、中央政治局常委、中央政治局委员、中央政治局候补委员；国家主席、副主席；全国人大常委会委员长、副委员长；最高人民检察院检察长、最高人民法院院长；国务院总理、副总理、国务委员；全国政协主席、副主席；中央军委主席、副主席；外国国家元首、政府首脑、议会议长与副议长、联合国秘书长、副秘书长。第二类为一般重要旅客（VIP—Very Important Person），包括省部级（含副职）党政负责人、军队在职正军职少将以上负责人、大使和公使级外交使节、各部委以上单位或者我国驻外使领馆提出要求按重要旅客接待的客人。第三类为工商企业界重要旅客（CIP—Commercially Important Person），包括工商业界、经济和金融界有重要影响的人士。

重要旅客乘机，必须事先在航空公司授权售票处办理订座和购票手续。重要旅客的随行人员，其订座和购票应与重要旅客在同一售票处办理。对于重要旅客信息应严格予以保密，尽量缩小知密范围；售票员凭借 VIP 所在单位或者接待单位的介绍信、传真件或者身份证明优先安排为 VIP 订座，同时妥善安排为 VIP 购票的人员填写旅客订座单；“VIP 记录单”内的项目要如实填写；出票时在 VIP 的姓名后应加注“VIP”字样，不得遗漏。

重要旅客的乘机服务工作包括以下几点。

①座位安排。承运人对重要旅客在飞机上的座位应予以预留，通常会安排在其相应座位等级的可用区域座位的第一排或其他旅客的前排，若同一航班有多批重要旅客时，应按其身份级别高低从前向后安排，即重要旅客的座位排序应该为 VVIP—VIP—CIP，但要兼顾旅客的意愿及实际情况。

②候机服务。安排贵宾休息室时，应根据当时的 VIP 情况按照级别安排，如贵宾室座位有限或不便多批贵宾集中安排，可安排到头等舱休息室候机，但应按贵宾等级提供服务。重要旅客本人无论是否持有头等舱客票，均应安排在当地机场头等舱休息室候机。服务人员应注意掌握航班动态，将有关乘机信息及时通知重要旅客。

③登机服务。承运人通常安排重要旅客在其他旅客登机完毕后再行登机。登机时，应派专人将其引导至机舱内，并与当班乘务长交接。如飞机停靠在远机位，应派专人专车将其送至飞机下并引导至机舱内，与当班乘务长交接。航班离港前，应填写特殊旅客乘机通知单，将重要旅客及其座位号等信息通知乘务长。航班离港后，应拍发重要旅客电报，将其乘机信息通知经停站和到达站。

④到达服务。到达站应注意掌握重要旅客所乘航班的到达信息动态，接到其所乘的航班到达信息后，应通知接待单位。航班到达后，应派专人引导重要旅客。贵宾接待室人员应按规定程序在航班着陆前 10 分钟到达停机位，并准备好贵宾摆渡车。

## 三、病残旅客运输服务

病残旅客是指由于身体上或者精神上的缺陷或病态，在上下飞机、飞行途中（包括紧急疏散）及在机场地面服务过程中，需要他人予以单独照料或者帮助的旅客，通常为无生活自理能力或者患有重病的旅客，主要为担架旅客、需要提供飞机上医疗氧气的病患旅客、肢体病伤旅客、承运人及其代理人判断其在飞机上需要额外医疗服务的情况下才能完成其所乘航程运输的旅客。具有生活自理能力的盲人、聋哑人，或者只在机场地面、上下飞机时需要给予帮助的残疾旅客不算病残旅客。

病残旅客的乘机服务可以分为：

①始发站服务。如果病残旅客已提前申请特殊服务并且获得承运人同意（按照民航相关规定，承运人有权拒绝运输或续程运输多类病残旅客），始发站地面服务人员会接到病残旅客服务通知。如有条件，服务人员可以提前与已提出服务申请的病残旅客取得联系，确定到机场时间并提供必要的设备。旅客到柜台后，查验病残旅客乘机证件、客票、诊断证明书、乘机申请书及其他必需的运输文件合格后，地面服务人员应尽量满足病残旅客的乘机要求，但是这个要求必须满足承运人的运输条件——如根据机型不同，每个航段上限载 1 名担架旅客或者 2 名轮椅旅客；不允许旅客自己携带氧气袋，特殊情况下应持医生证明，并事先提出申请，在获得承运人同意后方可携带。

病残旅客通常先于其他旅客登机，他们的座位一般安排在靠近乘务员或者靠近客舱门的位置，但必须是非紧急出口位置。担架旅客安排在经济舱后排靠窗口的位置，通常占用 6 个座位。航班离港后，应拍发特殊旅客服务电报，将病残旅客的乘机信息通知经停站和到达站。

②到达站服务。到达站根据收到的特殊旅客服务电报或者病残旅客乘机信息后，地面服务部门应进行记录，并通知旅客的迎接人和机场相关部门，安排接机引导、摆渡车、医生等，按照信息保障要求准备急救车辆、平台车、升降机、轮椅等辅助设备。一般情况下，病残旅客最后下机。

## 四、老人旅客及孕妇旅客运输服务

### 1. 老人旅客服务

根据《中华人民共和国老年人权益保障法》第二条规定，老人是指60周岁以上的公民。按其服务需求，可以分为无特殊服务需求老人旅客、一般服务需求老人旅客和特殊服务需求老人旅客三种类型。

在始发站，承运人接到老人旅客服务需求的信息后，应安排服务人员引导、提供轮椅设备、协助登机、准备特殊餐食等服务，主动引导老人旅客至专用值机柜台，并协助其办理乘机手续。如无特殊要求，安排在靠前过道座位（非紧急出口座位）。航班开始登机后，老人旅客应优先于其他旅客登机。

在到达站，对于需要引导服务的老人旅客，引导人员应提前到飞机舱门口迎接。协助其领取托运行李，并将其引导至到达厅出口。乘务人员应协助老人旅客拿取随身携带行李，并与地面服务人员一起协助老人旅客坐上轮椅。

2. *孕妇旅客服务*

由于飞机是在高空飞行，高空空气中的氧气相对减少，气压降低，容易导致孕妇流产、早产等，因此，对孕妇乘坐飞机有一定的限制条件：怀孕不足 32 周的孕妇乘机，除医生诊断不适应乘机者外，按一般旅客运输；怀孕满 32 周但不足 35 周的孕妇乘机，应办理乘机医疗许可，事先向承运人提出申请，承运人同意后方可乘机；怀孕 35 周以上者、预产期在 4 周以内者、产后不足 7 天者等，承运人不予承运。

被允许乘机的孕妇，应安排在比较宽敞和便于乘务员照顾的座位上，但不得安排在飞机紧急出口及其附近座位。

## 五、儿童旅客运输服务

无成人陪伴儿童（亦称无陪伴儿童）是指年龄满 5 周岁但不满 12 周岁，没有年满 18 周岁且有民事行为能力的成年人陪伴乘机的儿童。

无成人陪伴儿童旅客乘机，必须事先在承运人的售票处办理订座和购票手续，提出特殊服务申请，经承运人同意后方可运输。到机场后，地面特殊旅客服务人员应查看核实旅客乘机申请书，必要时核实航班目的站的指定接送人情况，无误后发给无成人陪伴儿童旅客标志牌和文件袋，并引导其前往值机柜台办理乘机手续。值机人员核对乘机申请书及旅客身份证件的有效性，无误后方可办理乘机手续。从办理乘机手续、候机至登机完成的整个期间，特殊旅客服务人员应全程陪伴无成人陪伴儿童旅客。

通常安排无成人陪伴儿童旅客先于其他旅客登机，单个无成人陪伴儿童应尽可能安排在前排过道座位，多个无成人陪伴儿童应集中安排在便于乘务员照料的适当的前排座位，但不得安排在飞机的紧急出口及其附近座位。登机时，由特殊旅客服务人员将儿童及乘机服务单一并交给乘务长。航班离站后，拍发特殊旅客服务电报，将无成人陪伴儿童旅客的乘机信息通知航班经停站和到达站。

航班到达站应与儿童乘机信息中指定的迎接人联系，将预计到达时间通知迎接儿童的儿童父母或监护人。飞机到达后，乘务长应将儿童和文件袋交给目的站的地面服务人员，在交接时须查验迎接儿童的儿童父母或监护人的证件，确认无误后方可交接，同时请儿童的父母或监护人在无成人陪伴儿童乘机申请书上签字。儿童旅客交接之前，到达站人员负责对其进行照料。

## 六、其他特殊旅客运输服务

### 1. 犯罪嫌疑人运输

公安机关押解犯人，一般不准乘坐民航班机。按照相关规定，押解犯人的运输方式要从严控制，确有特殊情况需要乘坐飞机押解的，须由押解所在地公安机关报请民航总局公安局批准同意，并由省、市级（含）以上公安部门出具押解证明，民航方可接受押解运输。犯罪嫌疑人及其押解人员仅限于乘坐经济舱。

### 2. 特殊餐食旅客

特殊餐食旅客是指由于宗教等原因需提供特殊餐饮服务的旅客。特殊餐食旅客在换取登机牌时，值机员应将旅客安排在适当的位置，便于乘务员服务。服务人员根据乘机申请书内容填写乘机服务单，上机交接并将特殊餐食旅客的准确座位号告知乘务长。需经停站准备餐食的，地面服务部门应拍发特殊餐饮通知电报，或者通过传真等方式进行通报。

### 3. 额外占座旅客

额外占座旅客也称自理行李占座旅客，是指为了个人舒适和放置自理行李而要求占用两个或者两个以上座位的旅客。旅客额外占座需在订座时提出申请，经承运人同意后方可运输。额外占座旅客应遵守相关规定，每一座位放置的行李物品，总重量国内航班不得超过 72 千克，国际航班或者国际航班国内段不得超过 75 千克，总体积不得超过 40 厘米 ×60 厘米 ×100 厘米。占座行李不计入免费行李额。

### 4. 机要交通员/外交信使旅客

机要交通员或者外交信使乘坐头等舱时，可安排在最后一排座位上。乘坐公务舱、经济舱时，应尽量安排在该舱位第一排的座位上。如该航班有重要旅客，机要交通员、外交信使的座位可酌情向后安排，但其座位不要安排在放置机要文件或者外交信袋座位的前面。

# 第六节　不正常航班的旅客服务

## 一、不正常航班的定义及形成原因

不正常航班是指由于某种原因没有按照民航公布的时刻出发或者到达，从而不符合正常航班全部条件的航班，如出发延误的航班、到达延误的航班；返航、改航、备降和飞行事故的航班；取消航班不再执行或取消航班另行补班的航班；因故临时改变计划及未按原计划执行的航班等。不正常航班中最突出的情况是航班延误。

造成航班不正常的原因很多，也很复杂，主要分为两个方面。

1. 承运人的原因

①飞机运力不足。按照民航局相关要求，承运人应有备份的飞机和机组，以应对正在使用的飞机出现故障并且不能及时修复时加以替代。但是，由于飞机价格昂贵（每架飞机的价格在几亿到十几亿元之间）及机组培养和待遇原因，实际上各承运人往往不具备足够的运力，即使有运力，也会因为压缩成本提高效益的经营考虑而不愿意备份更多的飞机与机组。这样，承运人的所有飞机都在航班使用之中，致使某架飞机不能执行某一航班任务时，没有其他飞机与机组可以替代，造成航班延误甚至取消。2010 年，民航局下决心解决航班延误问题，并自 8 月开始要求航空公司必须预留总运力的 2% 作为备份运力，以确保航班延误后能够有运力采取补救措施，特别是国航、东航、南航，应分别在北京、上海、广州机场各备份一架飞机。

②飞机维修问题。飞机机构非常复杂，有几百万个零件，难免出现各种故障问题。对于飞机的使用与维修，国际民航组织和中国民航局有严格的要求和规定，在实际工作中，按照维修的难度级别分为 A 检、B 检、C 检、D 检。目前我国还不能完成对飞机所有级别的维修，有的维修要送到国外，所以近年来不断出现飞机因为维修问题而出现故障但又不能及时排除故障，由此导致的航班延误所占比例不断上升。

③飞机调配问题。由于航班飞机执行其他任务，如专机任务、紧急任务——抢险救灾、接送在国外的中国旅客或者海外侨胞等，导致不能按时执行本航班任务；或者由于突发原因与紧急情况没有其他飞机可以替代，或者有飞机替代，但是因为机型不同、座位变少等，影响旅客的正常行程，导致航班出现延误。

④飞机晚到。飞机晚到造成航班延误的情况主要是指后续航班，由于上一个航班发生延误，导致该飞机不能及时执行本次航班而继续延误。通常情况下，一架飞机每天要

执行若干个国内航班，在天上飞行10个小时左右，加上地面过站所用时间，每天要运行16个小时，这样，如某架飞机执行北京—昆明航班发生延误，导致该飞机执行的昆明—成都航班、成都—西安航班、西安—北京航班连续延误。飞机晚到的另一种情况是去程航班晚到，导致回程航班延误，如某架飞机执行北京—上海航班发生延误，就会导致该飞机执行的上海—北京回程航班继续延误。

2. 非承运人原因

①空中交通管制原因。中国民航的快速发展导致空中航班流量的迅速增加，飞行高度层不足、航路不足的矛盾越来越突出，特别是机场进出航路十分拥挤，飞机在机场跑道上排队等待起飞的现象屡见不鲜。例如，北京首都机场目前的航班日起降架次已经超过1200架次（2011年5月28日起降架次达到创纪录的1648架次），就算机场工作时间从8:00至24:00，每小时飞机起降架次仍高达75架次，即不到1分钟起降一架飞机，这种情况对航班正常的影响可见一斑。另外还有因军队飞机飞行、专机等特殊飞行情况带来的禁航令也会造成航班延误现象增多。

②机场设施原因。机场设施对航班的影响可以细分为跑道、停机位、登机口、摆渡车、导航设备等对航班的影响——机场跑道少，就可能导致等待起降的飞机变多，每架飞机等待起飞的时间过长，从而造成航班延误。尽管北京首都机场、上海浦东机场和虹桥机场、广州白云机场、成都双流机场、深圳宝安机场均有2~3条跑道，但中国绝大多数机场只有1条跑道，这在一段时间内还会制约航班的正常起降。机场停机位不足，就会造成一些航班飞机离停机位较远，旅客登机的时间也会随之延长。同样原因，机场的登机口数量不足或者廊桥登机口少导致飞机停在远机位，加上摆渡车少或者周转位置太小，也会造成旅客登机时间过长，影响航班正常起飞。机场导航设备的好坏也对航班正常有很大影响，尽管大型机场已经拥有先进的导航设备“二类仪表着陆系统”（盲降系统），但是大多中小机场导航设备仍然较差，如果当日气象条件不好，就会导致飞机不能起降而延误。

③自然原因。主要是天气原因，例如，大雨、大雪、大雾等天气，造成跑道湿滑、飞机或跑道结冰、能见度低、空中颠簸、空中雷电等情况，使飞机不能按时起飞或降落。

④旅客原因。由于旅客原因影响航班正常的情况有如下几种：第一，旅客缺乏乘机常识，不知道机场提前30分钟停止办理乘机手续，或因准备不足和交通堵塞，到达机场较晚，加上不清楚办理乘机手续的程序，机场被迫推迟截止办理乘机手续时间和载重结算的时间，使航班起飞前的相关工作不能及时完成，导致航班延误；第二，旅客办理乘机手续后，在安检时被发现其证件不符合规定（如身份证过期、冒用他人身份证、证件涂改等），被拒绝乘机，按照规定需要将该旅客的托运行李从飞机上找到并卸下，

这样就耽误了时间，影响航班的正常起飞；第三，旅客在候机时未听到登机通知，机场为寻找该旅客而推迟航班起飞，造成航班延误，按规定，发生旅客漏乘时，必须将该旅客已经托运的行李从飞机上卸下，而该行李的寻找、确认和卸下都要花费时间，影响航班按时起飞；第四，旅客办理乘机手续时不听值机人员劝阻，坚持将超大、超重行李随身带上飞机，要么带上飞机后由于行李占用客舱通道使旅客自己和其他旅客登机时间过长，要么被拒绝登机需要重新办理行李托运手续，均导致飞机不能按时起飞；第五，旅客违反乘机旅行的相关法律、法规，但又拒绝接受处理，由于协调或处理的时间过长，造成飞机不能按时起飞。

⑤突发事件。例如，突发的地震、洪水等自然灾害，战争，罢工等造成机场关闭，影响航班正常起降。

另外，航班遇到国家或者相关管理机构实施的禁航、空防、场区秩序保证等情况；民航相关保障机构承担的飞机清洁、油料保障、电力保障等原因，也可能影响航班正常。

## 二、不正常航班的旅客服务

航班延误情况发生后，如果是因承运人原因导致的航班延误，一般由承运人负责免费向旅客提供餐饮住宿服务。按照不正常航班旅客的相关服务规定，航班延误每2小时提供1次饮料；若航班延误超过2小时以上，延误时间在09：00以前可提供早餐，在11:00—13:00期间提供午餐，在17:00—19:00期间提供晚餐；若航班延误超过4小时，将免费为旅客安排住宿休息。如果客舱内未配备旅客餐食，延误时间跨越正常就餐时间，则安排旅客地面就餐。同时，承运人还会按照民航局相关规定给予旅客一定的经济补偿，一般来讲，延误时间在4（含）~8小时，补偿100元；延误8小时（含）以上，补偿200元，金额以人民币为单位。

如果不是因承运人原因导致的航班延误，即因天气、突发事件、空中交通管制、安检及旅客等原因造成航班在始发地延误或取消，由旅客自行承担食宿费用。但是，航班在经停地延误或取消，无论属于何种原因，承运人都将为旅客提供服务。

如果旅客不满意航班不正常时承运人所安排的选择而中止旅程，承运人一般会提供以下几种服务供旅客选择——为旅客办理退票；为旅客改签至最近的本承运人有空余座位的航班，但不再负责后续食宿安排；协助旅客签转至其他承运人航班，所产生的客票改签费用及食宿费用，由旅客自行承担。

另外，不论何种原因造成航班发生延误后，承运人都应尽快承担起告知义务、补救义务、损害赔偿的义务等。

作为旅客，面对航班延误也应保持克制和冷静，避免做出过激言行。近年来，由于航班延误导致旅客围堵挤占值机柜台、冲抢飞行区、罢乘、强行霸占飞机的行为时有发生，甚至打砸机场设备，伤害民航工作人员。这种情况下，民航工作人员首先要坚持职业道德，在坚持原则的基础上，做到耐心、细致、热情、周到，重点关注特殊旅客以及需要特殊照顾的旅客，及时做出安排，避免事态恶化。同时，根据事态发展，果断决策，避免延迟决策导致的不良后果。要保证已登机旅客能够尽快成行，避免长时间等待，同时保证多数旅客及承运人和机场的整体利益。

如果出现闹事旅客聚众闹事，故意堵塞登机口或舱门，提出无理要求，导致其他旅客不能登机或机组无法关闭舱门，工作人员要劝解旅客尽快离开登机口或舱门，不要影响其他旅客正常登机。如果旅客不配合，通知机场公安人员进行制止，可对其进行罚款、行政拘留等处罚。

若出现旅客强行霸占飞机的情况，工作人员要向旅客解释有关法律、规定，劝解旅客下机。在说服无效后，通知机场公安人员将该旅客强制带离现场。

## 资料链接

问：目的地机场所在城市天气状况良好，能见度佳，该机场也起降正常，为什么还是因天气原因延误？

答：这种情况往往是因为飞行航路的气象状况不宜飞越，无法通过，比如雷雨区，这种情况飞机往往只能在地面等待。

图 3.2　航班延误后的候机室

按照民航相关规定，一旦在狭窄的航路上出现雷雨区等状况，在某些条件下如合适的机型、高级别的飞行员等，航班可采取绕过雷雨区的方式通过。但出于飞行安全和国防需要，以及各种机型与飞行员资格的不同，严格受限的民航航路进行绕飞、回旋的余地很小，特别是雷雨区较大时，绕飞的方法就行不通了。

问：为什么航班快到目的地机场才被告知因天气原因无法降落而备降其他机场或返航，但同时有些飞机又能正常落地？

答：虽然民航气象部门依靠先进的设备会不断发布比较准确的气象变化趋势预报，以利于航班运作和调度，但天气情况是不断变化的，也很难进行准确的判断，这就会出现到快落地时天气情况突然恶化导致飞机无法降落，出于安全考虑或油量不足等原因，难以继续盘旋等待天气好转，飞机就不得不备降其他机场。

天气不断在变化，可能是短时间的恶劣天气。这就会出现5分钟前和5分钟后的天气都允许飞机降落，而你的飞机正好赶上那阵恶劣的天气状况而无法降落，这也是常见的现象。

图3.3　天气是航班延误的主要因素

同时，当天气处于标准边缘时，能否降落由机长决定。由于机长的飞行资质存在不同级别，根据民航相关规定，不适应该机场天气降落标准的机长就必须返航或备降，旅客对机长认为天气不宜降落备降其他机场或返航的决定应该绝对支持。

# 第七节　旅客投诉的处理

## 一、民航旅客投诉的原因及类型

民航旅客投诉，是指旅客将他主观上认为由于民航服务工作的差错而给他带来的麻烦和烦恼或损害到他的利益等情况向民航服务人员提出或向民航有关部门反映。

民航旅客投诉的原因有主观和客观两种。主观原因多为旅客认为民航工作人员服务态度不热情、语言不专业、服务不周到、清洁卫生不好、不为旅客着想等。客观原因多为因航班或座位有限而使旅客买不到机票，由于天气、机械故障等原因导致航班延误或取消，引起旅客不满等。这两种原因导致民航旅客投诉。

民航旅客投诉的类型主要有对航班不正常服务的投诉、行李延误及丢失的投诉、购票出现差错及销售信息告知不充分的投诉、空中服务的投诉、办理乘机手续时的投诉等。从表3-1的显示中可以看出，不正常航班服务已成为民航旅客投诉的重要原因，其次是地面及空中服务造成的旅客投诉，在全部投诉中占较大比重。

**表 3-1　2007 年 10 月份民航旅客投诉类型及比例**

<table>
<tr><th>序号</th><th colspan="2">投诉类型</th><th colspan="2">投诉件数</th><th>比例（%）</th></tr>
<tr><td>1</td><td colspan="2">不正常航班服务</td><td colspan="2">4</td><td>28.57</td></tr>
<tr><td rowspan="2">2</td><td rowspan="2">行李运输</td><td>延误</td><td>2</td><td rowspan="2">4</td><td rowspan="2">28.57</td></tr>
<tr><td>丢失</td><td>2</td></tr>
<tr><td>3</td><td colspan="2">售票差错</td><td colspan="2">2</td><td>14.29</td></tr>
<tr><td>4</td><td colspan="2">空中服务</td><td colspan="2">2</td><td>14.29</td></tr>
<tr><td>5</td><td colspan="2">办理乘机手续</td><td colspan="2">1</td><td>7.14</td></tr>
<tr><td>6</td><td colspan="2">销售信息告知不充分</td><td colspan="2">1</td><td>7.14</td></tr>
<tr><td colspan="3">合计</td><td colspan="2">14</td><td>100</td></tr>
</table>

## 二、民航旅客投诉的心理

民航旅客在民航服务各阶段中的心理需求是不一样的，了解他们的心理需求并采取相应的应对措施，是缓和与旅客矛盾、避免旅客投诉的重要方法。

1. 购票阶段

民航旅客在购票阶段最关心有没有到达目的地的机票，最关心是否有自己在航班时间选择、机票价格选择、机型选择、承运人选择等方面令自己满意的机票，最关心民航售票员的服务态度、服务语言、服务技能等。因此，民航系统的售票处，需要配备完善的硬件设施，严格按照出票程序和规定进行操作，态度要好，业务要精，多为旅客着想，真为旅客解决问题。

2. 办理值机手续阶段

这一阶段，民航旅客未办理值机手续之前总是希望其他旅客能快速办理、希望办理过程顺利、希望得到值机人员的尊重。而等到他们自己办理值机手续时，则出现想问的问题多、要求多、需要提供的方便多等情况。因此，民航值机工作人员要有高度的服务意识和责任心，要有足够的耐心和较强的情绪控制能力，要足够仔细地觉察旅客需求的变化。

3. 航班取消或延误阶段

当得知航班取消或延误时，旅客的情绪一般波动很大，会觉得时间过得特别慢，并会产生一些新的需要。这个过程中旅客里会出现类似带头大哥式的“非正式领导者”，他们鼓动旅客，有较大影响力。民航工作人员要理解旅客因需要未得到满足而引起的情绪波动，想办法以优质高效的服务弥补航班的延误或取消，正确处理好旅客的过激言行，特别要处理好旅客里个别的所谓“非正式领导者”问题。

4. 空中飞行阶段

空中飞行阶段，旅客有安全、舒适、受尊重、优质服务的高期待需要。空乘人员要树立强烈的责任感，不仅要关注旅客的安全需要，更要满足旅客物质和精神舒适的合理需要，丰富和完善客舱服务技能，全力避免旅客的空中投诉。

5. 行李查询阶段

旅客在到达站没有及时取到行李或在查询自己行李能否及时顺利取到时，情绪变化较大，他们迫切想尽快找到自己的行李并且可能言行过激。行李查询处的工作人员要理解旅客的情绪变化，调节好自己的情绪，以细致、优质、高效的服务感化旅客。

当旅客确认自己丢失财物后，自然会产生着急、对承运人服务不满、需要帮助等情绪。这时，民航服务人员要表现出同情和关心，给出合情合理的解决办法，同时对旅客表现出来的情绪和过激言行给予充分理解，并按相关规定进行适当的补偿。

当旅客确认自己的托运行李损坏后，会表示追究承运人的责任，要求其对自己损坏的物品进行赔偿。这时，民航服务人员要及时收拾保存破损物品，安抚旅客、同情旅客的同时，根据具体情况及民航有关财物赔偿的规定和工作流程，决定是否需要赔偿和怎样进行赔偿，如果能确认是因为旅客自身原因如饮酒过量失态等情况造成的损失，承运人不仅可以拒绝醉酒旅客要求的赔偿，还要对其进行警告。

旅客对民航服务进行投诉，往往出于以下几种心理：

①求尊重的心理。旅客采取投诉行动总希望别人认为他的投诉是对的和有道理的，渴望得到同情、尊重，向他表示道歉并立即采取相应行动等。

②求发泄的心理。旅客利用投诉的机会把自己的烦恼、怒气、怒火发泄出来，以维持心理上的平衡。

③求补偿的心理。旅客希望民航部门能在第一时间补偿他们的物质或精神损失。

## 三、民航旅客投诉的对策

工作人员要根据旅客投诉的不同方式，如，书信投诉、当面对话、诉诸法律、网络公开指责等，采取不同的应对措施，但其原则是共同的：

①耐心倾听，弄清真相。旅客投诉是因为心中有愤怒，不通过投诉发泄他们心中就不舒服，作为民航工作人员，为了弄清投诉的真相，一定要耐心倾听，听就可能赢得了

一个同盟者。倾听时一般要做到少讲多听，多保持沉默，不要打断对方的讲话，设法使交流轻松，使投诉人感到舒适，清除不安情绪。要善于倾听，表示出有倾听的兴趣，不要表示出冷淡与不耐烦；要站在投诉者的立场考虑问题，表示对投诉者同情；保持冷静，不要与投诉者争论；可以提出问题，表示自己在充分倾听和认真了解；不要计较投诉者的口气轻重和意见是否合理。

②以诚恳的态度向旅客道歉。对旅客提出的投诉，切忌置之不理或与之争吵，无论旅客的投诉动机如何，客观上有利于民航去做好工作，民航工作人员应当以热情诚恳的态度，以自己是民航的代表去对待投诉，向他们表示歉意，使旅客觉得民航重视旅客的投诉，满足了旅客的自尊心，有利于为圆满处理旅客的投诉铺平道路。

③区别不同情况做出恰当的投诉处理。对一些看来明显是民航服务工作的过错，应当马上道歉，在征得旅客同意后作出补偿性的处理；对于一些较复杂的问题在弄清真相之前，不应急于表达处理意见，应当有礼、有理，在旅客同意的基础上做出处理；对待一时不能处理的投诉事件，要让旅客知道事情的进展情况以示对其投诉的重视，避免旅客误会，以为他们的投诉被搁置一边而导致事态扩大。

④作为民航工作人员，解决旅客投诉时，要树立正确的观念。来投诉的旅客比不来投诉的旅客要好；投诉的旅客是相信民航能处理好这些事情的；相信民航会改变不足，能够把坏事变成好事。

另外，民航工作人员也不要谈投诉色变，而是要努力提高自己的工作能力、工作素养、处事技巧、服务水平；民航相关单位领导也不要一味地完全否定被投诉员工，而是要作出实事求是的判断与评定，相信员工、保护员工、支持员工。旅客是上帝，但更是旅客，上帝也难免会犯错误，旅客更不可能永远是对的。

### 资料链接

#### 旅客是第二位的，但是仍然得到优质的服务

旅客并不总是对的。员工而非旅客才是第一位的。《读者文摘》杂志 1995 年 7 月的《人物一瞥》特写专栏中摘录了汤姆·皮特斯的一段话，读者可以从中明白这个道理：虽然西南航空总裁赫布·凯莱赫提供旅客在飞机座位上很好的优惠，但他明确表示员工才是第一位的——即使这意味着失去旅客。但是旅客是否总是对的？“不，并不总是如此。”凯莱赫打了个响指，“我认为这或许是老板对员工最大的背叛之一。旅客有时是错误的，我们不会载这种旅客。我们写信给他们说：‘坐其他航空公司的飞机吧，

别折腾我们的员工了'。"

西南航空的员工竭尽全力以超乎寻常的礼貌和愉快心态接纳旅客，但是众所周知，该公司也鼓励一些不那么讨人喜欢的旅客选择别家航空公司——凯莱赫举例说，有个旅客把我们一个客户服务代理的头按在柱子上殴打。

客户关系主任吉姆和公司员工部主任雪里·费尔普斯讲了故事：一个经常乘坐西南航空的妇女却对这个公司的各个方面都很失望，实际上，大家都称她"笔友"，因为她乘坐一次航班就会写一封投诉信——她不喜欢公司不指定旅客座位的做法；她不喜欢头等舱空着；她不喜欢在飞机上不吃饭；她不喜欢西南航空的登机程序；她不喜欢西南航空飞机的颜色；她不喜欢乘务员的运动制服和休闲气氛；她痛恨西南航空的标志花生！她最后一封信中重申了一大堆抱怨，当即就把西南航空负责客户关系的员工弄迷糊了。费尔普斯解释说："西南航空对回复每一封来信引以为荣，一些员工想回复这位旅客，耐心解释我们做事情的方式。这些信很快就变成一堆，直到有一天出现在赫布的桌子上，上面写了张条：'这封信是给你的。'赫布用一分钟就回了信：'亲爱的坏脾气夫人，我们会想念你的。爱你的，赫布！'"

凯莱赫还收到另一封投诉信，这次是一个圣地亚哥乘客威胁再也不乘坐西南航空了，因为机上洗手间的卫生纸卷安装反了，结果松的一段从上面卷下来！他抱怨说："如果西南航空安装卫生纸都这么粗心，我怎么能够信任它的安全呢?"凯莱赫回信说："你在我们的卫生间里颠三倒四地折腾个什么劲?"这封回信令那位旅客目瞪口呆，与其说他对这封回信惊讶倒不如说他根本没有想到凯莱赫本人会读他的信并且回复。

有三点是确凿无疑的：在西南航空，客户服务不必非要一本正经；不受条条框框限制；旅客也并不总是对的。那么西南航空是如何不断赢得奖项和旅客的心呢?"任何人都能做到这一点，"当西南航空连续四年获得三项大奖时凯莱赫说，"只要在航空业内价格最低、航班频率最高、客户服务最好、员工最爱搞笑，亲切好客，受人欢迎，生机勃勃就成。"在西南航空，自信、忠诚、受信任的员工全心全意地提供卓越的服务。(摘自凯文·弗莱伯格、杰姬·弗莱伯格著，靳怡、扈大威译《我为伊狂——美国西南航空为什么能成功》第272~274页，中国社会科学出版社)

1. 划分民航旅客身份的标准有哪些？如何区分航路、航线和航班？
2. 国内航班号是如何编排的？举例说明。

3. 什么是订座？旅客订座的途径有哪些？旅客购票的有效证件有哪些？

4. 旅客在飞机上不得使用哪些电子设备，原因是什么？在安全检查通道，哪些物品限制旅客随身携带进入客舱？不得作为行李运输的物品有哪些？

5. 什么是免费行李额？迟运行李的原因有哪些？行李破损的处理方法是什么？

6. 造成不正常航班的原因有哪些？如何避免因航班不正常服务带来的旅客投诉？

# 第四章　国内、国际主要航空运输企业

学习目标

1. 掌握航空运输企业的组织结构与运行机制。
2. 熟悉中国各航空公司的基本情况。
3. 了解中国公务机公司的发展状态。
4. 了解世界主要航空公司的发展概况。

## 第一节　航空运输企业基础知识

航空运输企业是指利用民用飞机为主要手段从事生产运输，为社会机构和公众提供服务并获取收入的企业，即航空公司。根据主营业务的不同，航空公司可以分为三类：客运航空公司、货运航空公司、通用航空公司。

### 一、航空运输企业的组织结构

任何航空公司的基本业务职能及相对应的基本组织结构都包括飞行与航务、机务维修、运输营销和行政管理四个部分。

### 1. 飞行与航务机构

负责处理整个公司有关飞行和空中服务的事务，一般分为：

（1）飞行人员的管理机构

针对本公司使用的机型及现有飞行人员的状况进行科学有效的日常管理，制定符合公司正常运营所要求的飞行人员工作计划。在中国各航空公司中，飞行人员管理机构的名称多为“飞行总队”、“飞行大队”或“飞行部”等，是航空公司飞行人员最集中的地方。

（2）空中乘务人员的管理机构

任务是对公司乘务人员进行日常管理，并根据公司不同机型对乘务人员的配备要求进行安排，保证公司正常运营对乘务人员的数量和技能水平要求。在中国各航空公司中，名称多为“乘务部”或“客舱服务部”或在飞行机构中设置的“乘务大队”或“乘务中队”。

（3）空中交通和安全部门

负责飞行安全的检查、保障导航设备的完好和无线电通信的畅通，以保证公司飞机飞行的安全。中国各航空公司多称“航空安全技术部”或“飞行安全监察处”。

（4）飞行程序和训练部门

制定和执行程序和标准、安排模拟器训练与飞行训练及管理人员训练。中国航空公司多设置“飞行标准部”或“运行监察处”等。

（5）飞行签派机构

航空公司的飞行签派机构负责组织安排公司内航空器的放行和整个运行，它必须与民航各级空中交通服务部门密切协作配合，才能使整个空中交通有序进行。在这个前提下，航空公司的航班才能飞行正常、运行顺利从而提高效益。

飞行签派机构的任务是根据航空公司的生产运行计划，合理地组织航空器的飞行并进行运行管理。对外与机场和空中交通管制部门密切联系，得到空管部门的同意后，组织本公司的各保障部门（机务、油料、通信）使本公司飞机在正常或不正常情况下都能良好运行，或得到妥善处理。在航班飞行中要与各机场当局、航行服务部门密切联系，直到该航班完成飞行任务为止。因此飞行签派部门在民航运输飞行中是一个重要的联结和执行环节，其具体任务有：拟定和提交飞行计划、签发航空器放行许可单、确定备降飞机场、处置航空器特殊情况等。

航空公司的飞行签派机构是航空公司组织和指挥飞行的中心，大的航空公司一般在公司的总部所在机场设立总飞行签派室，在地区和主要业务机场设立地区签派室或机场签派室。总签派室负责整个航空公司的签派工作，地区和机场签派室负责管理各自区域的签派工作。具体的签派工作由主任飞行签派员、签派员和助理签派员执行，他们和空中交通管制员一样都要取得相关执照后才能上岗。签派人员必须对空中交通管制和飞机的性能有全面的了解。

①飞行签派机构在公司内部根据运输部门安排的生产计划安排并制定飞行计划，并根据机务、飞行、油料等部门的具体情况进行协调和组织。对外，飞行签派部门把飞行计划提前送交空中交通管制部门，在得到空管部门的同意后执行具体的飞行。

②放飞许可单。放飞许可单是在飞行前1个多小时签发的，签派人员和飞行人员研究了各种与这次飞行计划有关的航行资料，特别是载荷、燃油量以及航路上的气象情况后决定航路、高度等细节，签派员签发放行许可单。有了放行单，驾驶员就可以执行飞行任务。

在签发放行许可单时，燃油量和气象条件是最容易影响飞行计划的两个项目。气象情况是不断变化的，因而在飞行前必须有充分的预计。由于飞行的情况复杂和多变，因而备用燃油是关系着飞行安全的重要因素。备用燃油要足够，以保证安全，但又不能太多，否则会相对减少商务载重量而降低航空公司的经济效益。

③飞行签派机构在航班飞行中的任务。一是了解飞行中的各种信息，及时了解飞机飞行情况，如果飞行正常，签派的主要任务是了解信息及协调与航管部门和各地机场的安排。二是确定备降机场。在飞机起飞前，签派员根据气象条件确定一个备降机场，但为了确保安全可靠，还要指定第二备降机场。如果飞行中遇到天气变化，签派室就应指挥飞行降落在备降机场，并通知公司有关部门协调各种保障工作。三是处理航空器的特殊情况。飞行中，航空器会突然出现各种特殊情况，签派机构在遇到这种情况时除应该立即上报值班经理外，并要同有关部门协调，为航空器提供各种有关信息、资料和建议，协助机长合理地处置所遇到的情况。

2. 机务维修机构

主要任务是负责保持航空公司的飞机处于适航和“完好”状态并保证航空器能够安全运行。“适航”意味着航空器符合民航当局的有关适航的标准和规定；“完好”表示航空器保持美观和舒适的内外形象和装修。

机务分为随机机务和地面机务。地面机务维修部门分为两级：一级是维修基地，进行内厂维修。维修基地是一个维修工厂，它具备大型维修工具和机器以及维修厂房，负责飞机的大修、拆换大型部件和改装。二级是航线维修，也称为外场维修，飞机不进入车间。

航线上对运行的飞机进行维护保养和修理，分为航线维护和初级的定期维修。航线维护包括航行前、航行后和过站维护。航前和过站维护主要是检查飞机外观和飞机的技术状态，调节有关参数，排除故障，添加各类工作介质（如润滑油、轮胎充气等）。航行后维护也叫过夜检查，主要目的是排除空、地勤人员反映的运行故障和做飞机内外的清洁工作。

定期维修一般按飞行小时或起落架次分为A检、B检、C检、中检、D检等级别。其中A检、B检、C检称为低级检修，通常在外场进行。各类检查的飞行间隔时间因机型而定。如，波音737规定A检为200小时，没有B检，C检为3200小时。定检时飞机停场，按规定检查或更换一些部件。高级定期检查指中检和D检，是飞机长期运行后的全面检修，必须在维修基地的车间内进行，飞机停场时间在10天以上。D检是最高级别的检修，对飞机的各个系统进行全面检查和装修。由于D检间隔一般超过1万飞行小时，很多飞机在D检中进行改装或更换结构和大部件。

维修工作是保证飞行安全的重要一环，维修部门的工作要严格按照有关规定，认真负责地进行。对每架飞机上的每个重要部件要有详细的状态记录，及时排除故障才能保障航班顺利运行。而对于要停场进行定检的飞机要做好计划，以便和整个公司的运营协调。

小型航空公司可以没有自己的维修基地，设置机务部处理日常维护，把高级的定检和修理工作委托给专门的维修公司或大航空公司维修基地完成。

### 3. 运输营销机构

运输营销机构管理着航空公司整个运输的销售、集散和服务环节，航空公司的收入主要依靠这些环节来完成，分为：

（1）广告和市场部门

负责媒体上和实际工作中的广告策划和显示、研究及预测市场情况，制订航班计划和确定实际运价。

（2）销售部门

负责客运和货运的销售，并协调代理客货运公司、其他航空运输公司之间的业务。

（3）运输服务部门

负责飞机客舱的乘务服务物品的配发和机场及地面的各项服务。

（4）饮食服务部门

有的公司有自己的专门配餐系统，有的则需要和一些当地食品公司签订合同供应。由于食品服务对航空公司的声誉和服务质量影响很大，多数航空公司都设有专门的饮食服务部门。

（5）各地区的办事处及营业部

在航线业务繁忙的地区或城市，航空公司都设立办事处。这些办事处作为二级机构负责处理当地的上述各项业务。

### 4. 行政管理机构

行政管理机构是航空公司的核心管理部门，负责整个航空公司的管理和运行，一般分为以下类别：

（1）财务管理部门

主要负责管理公司的财务收入和支出、公司的资产、公司的采购和备件仓库等。作为一个企业，财务管理是经营中的重要一环，管理的好坏会决定公司能否生存。

（2）人事管理部门

它的任务除了制定政策为各个岗位选择和安排适当人员外，还要负责培养和培训人员。目前多改设为人力资源部。

（3）计划管理部门

主要负责对公司发展有较长期影响的规划、财务收支、成本控制、资本运作等问题进行研究，提出方案，制订计划。

（4）公共关系部门

这是公司对外宣传和联系的部门，对公司的企业形象有直接影响。多为企业的办公室、公共事务部或宣传部门组成。

（5）信息服务部门

现代航空企业的发展，对信息有大量需求，没有现代化的信息服务和管理部门的航空企业就不算一个现代化企业，会被市场淘汰。这个部门要包括数据库的管理和系统分析，前者搜集信息，存储对各部门有用的信息；后者对信息分析处理，并对一些专门问题找出解决方案，同时还需要一定量的计算机编程人员。中国各航空公司多设立“信息服务中心”。

（6）法律部门

处理航空公司相关的法律问题，其中处理财产债务关系、货物损失、人身伤亡以及有关航空法规的事务是工作中的主要内容。

（7）卫生部门

按对飞行人员和空勤人员的特殊身体要求，对他们进行核查，负责在选拔时和选拔后的定期检查。此外还负责全体职工的健康和航线上的紧急救护。目前有些航空公司为了节约开支，把其中的主要任务交由社会医疗办理，公司只保留有限人员负责紧急救护。

## 二、航空运输企业的运行状态

作为航空公司，社会公众对其是否优秀的评价标准变化多样，因为航空公司本身就是一个令公众感兴趣的企业：例如，很多人因为航空公司的神秘而有兴趣关心了解相关事情；有一批青年或社会人士想成为空乘、飞行员或民航业工作者，他们更会积极了解相关信息；与航空公司业务相连的从飞机设计、制造、供应商，计算机、信息服务商等最富有先进技术性的部门到食品制备、安全保卫监测等与航空运输稍不紧密的部门为经营合作的目的也会非常关注；而且航空公司本身就是新闻，如果遇有劫机、空难等安全事故，那就更会一下子名声大增。虽然人们赞扬一个航空公司的好坏常以航班准时和班期合理（如德国汉莎航空公司）、空中服务优秀（如新加坡航空公司）、转机换乘方便（如美国联合航空公司）等作为判断依据，但一般情况下应有以下标准：公司飞机机队的规模大小和飞行安全质量的高低、航班飞行质量和服务质量的好坏、航空运输量的大小和运输效益的好坏。

### 1. 航空运输企业的一般特点

（1）航空运输企业是一种资本集中和技术集中的企业，进入市场的必备条件要求高。一架波音 747 型飞机需要 1.5 亿美元，小型飞机也在 5000 万美元/架以上。而且在投入运营后仍要很高的成本保证运行。正是由于航空运输企业的主要生产工具（飞机）是高技术、高价值的产品，所以没有足够的资本是无法进入航空运输市场的。同时，由于安全的要求，政府对运载工具和人员的技术水平都有着严格的要求，使得航空运输企业的资本集中程度和技术要求要远高于其他运输企业和一般企业。

（2）航空运输企业要求一定的规模经济。由于航空运输企业的高投资，就需要达到一定的产量才能降低成本，取得高回报，同时高技术的专业人员需要一定的生产规模才能充分发挥作用。再加上航空运输严格的时间要求，必须有一定量的运载能力才能保证运输的持续、顺利周转。通常情况下，只有在具备 3 架以上的同一级别的运输飞机时，航空运输企业才能在市场竞争中生存。

（3）航空运输企业之间有较紧密的依存关系。航空运输企业之间开展联运或者相互代理会使双方的市场得到拓展并且减少经营的成本。同时在市场竞争中如果航空市场份额达到了一定的平衡状态，通常是依靠服务或广告竞争，而不再依靠价格竞争，因为价格竞争的最终结果只会是降低总体利润，两败俱伤。

（4）航空运输企业经常通过合并来扩大规模。由于航空运输企业的高投资、高成本和高技术，以及它的规模效益，只靠扩大投资来扩大规模往往是不成功的，就是能够实行，也是相当缓慢的。从航空运输业的发展上看，大多数的小公司是通过合并形成了大的集团才能在航空运输业中站稳脚跟，或是大的企业吞并小企业使它的规模迅速扩大。目前在世界范围内正兴起着跨国的大航空公司合并或联合的浪潮。中国的航空运输企业也正在经历着合并扩大的过程。

### 2. 航空运输企业的经营流程

航空运输企业的经营流程如图 4.1 所示。

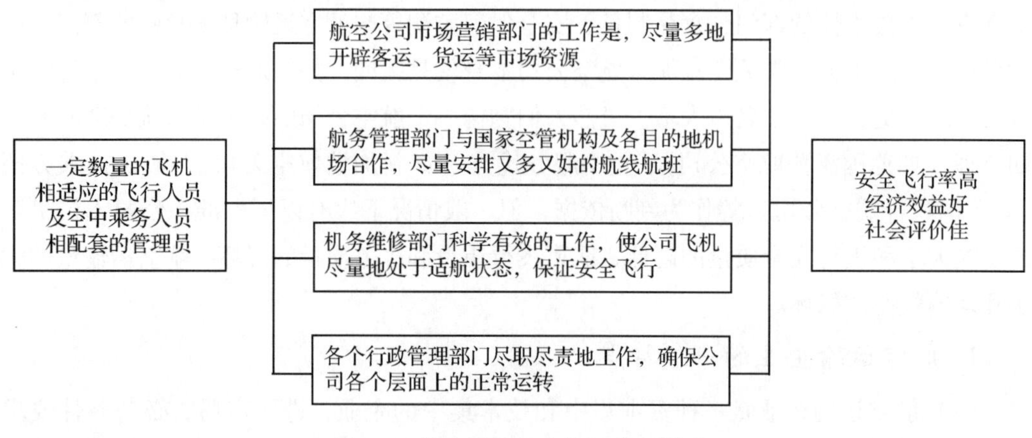


图 4.1　航空运输企业的经营流程图

### 3. 航空运输企业的基本评价标准

(1) 航空运输企业运输质量的评价标准

航空运输企业竞争的主要手段是运输的质量，衡量运输质量高低的标准有三个：

①安全质量。在航空运输中，安全是一切的基础，如果在航空运输中造成人身或财产损失，由于航空运输的特殊性而立即会给航空公司在经济上、政治上造成重大负面影响，有时这种影响是长期的、不可挽回的。对于航空运输企业来说，安全质量用飞行安全率、旅客安全运输率和货运损失赔偿金额率来考核。

②运输期限质量。航空运输的优势是速度快，但只有在保证期限的情况下，高速度才会发挥它的作用。对于客运保证正点起飞是旅客关心的重点，对于货运则是在保证期限内完成运输任务，这对商品的投放市场，特别是保持鲜活货物的质量来说有着决定性的影响。保证运输期限，对于航空运输业来说既受到气象、航管、机场等企业外部因素的影响，又受到设备完好情况、各系统之间的协作等内部因素影响。保证长期正点需要全体员工的努力和与外部因素的充分协调。

运输期限的指标有航班正点率和超期率。对于直达航班其到达时间不超过规定时间前后 30 分钟，对有中间经停的航班到达时间在提前 30 分钟和延后 1 小时之内都算正常航班。超期货物指没有在规定期限内运达的货物。

③服务的质量。广义上说运输业出售的是服务而不是产品，服务质量应该包括上述各方面。狭义的服务是指在整个运输过程中航空企业为满足旅客合理合法需求而提供的方便、及时、舒适的照顾和帮助，使旅客感到满意，使货物能保持完好的交付。对于客运服务质量没有定量的客观指标，一般是靠对旅客的调查或问卷进行分析，或是根据乘客的投诉来作出评估。货运的服务可以用货损率和货差率做指标。

（2）航空运输企业运输的经济技术指标

作为一个企业，航空运输企业要追求的首要目标是高效率和高收益。为了衡量航空运输企业产出的数量、质量和效益，有如下的经济技术指标：

①运输周转量。周转量指航空器承运的旅客或货物和运输距离乘积的总和。它的单位是客公里或吨公里。这个指标反映了航空运输企业的产出的数量。按照统计的范围不同，又可分为旅客周转量，货物、行李、邮件周转量和总周转量。

旅客周转量是旅客数量和运输距离的乘积的总和，单位是人公里或客公里。

货物、行李、邮件的周转量是它们的质量和距离的乘积的总和，单位是吨公里。通常行李不单独计算，习惯上把这个周转量称为货邮周转量。

为了得到航空企业总的运输量，就要把旅客周转量折算成吨公里和货邮周转量相加。中国一般按每人 75 千克计算，1 客公里就折算为 0.075 吨公里。国际民航组织的换算标准与中国不同，每位旅客按 90 千克计算（包括手提和托运行李）。1 客公里等于 0.09 吨公里，而不再计算行李周转量。

$$\text{运输总周转量（吨公里）} = \text{货邮周转量} + 0.09 \times \text{旅客周转量}$$

运输总周转量是一个国家或一个企业的航空运输的生产量的总指标。

②飞机载运率。是指航空器在执行飞行任务时的实际载运量和最大载运能力的比值。它反映了飞机载运能力利用的程度和整个运输系统营运组织、管理的水平，是营运效益的重要指标，也是企业制订航空计划的重要依据。

③成本效益指标。企业运营的成本是衡量企业经济效益和管理的指标。各型飞机的收入和成本指标是对飞机经济效益评价的依据。对于机型来说有机型小时成本，作为企业总体计算的指标则是吨公里收入和吨公里成本等，这是企业的两个重要的综合效益指标。

（3）航空运输企业运输的社会评价标准

除了上述两种对航空运输企业的评价标准，社会公众对航空运输企业的评价因素则多种多样，大到对航空公司的管理水平，小到一次普通的电话查询，都有可能影响社会公众对航空运输企业的评价。一般来说，涉及以下内容：

①航空运输企业的规模及经营管理水平，如，拥有多少架飞机、飞机的性能水平、人员的数量多少及学历构成、安全状况、社会影响等。

②航空运输企业的服务态度和服务水平，如，空中服务情况、地面运输服务情况、销售服务情况、货物运输服务情况、咨询服务及要客服务情况等。

③航空运输企业对特殊情况的处理方式，如，安全事故出现后的处理及赔偿、航班不正常时的服务处理水平、紧急情况下的飞行和服务措施等。

### 4. 客票的销售渠道

客票的销售渠道有四类：

（1）航空公司本企业的销售部门。指航空公司设在市区及空港的销售网点或网站。

（2）旅游代理。机票销售是旅行社安排旅行计划的核心内容之一，旅行社和航空公司签订协议，代理销售该旅行社旅游计划中的客票。这对旅行社的安排带来极大方便，也使航空公司的销售渠道扩大。旅行社为航空公司组织了大量旅客，使航空公司有一个稳定的客源，提高了运载率。

（3）销售代理。在民用航空比较发达的国家，民航运输销售的绝大部分是由代理企业销售的，因而民航的销售代理形成了一个不小的行业。销售代理企业受民航运输企业的委托，在约定的经费范围内以委托人的身份处理航空运输（包括客、货运输）、销售及相关的业务。

销售代理业的出现，使旅客购票方便，得到了更好的服务，从而开发了民航市场并使民航运输成本降低。有了销售代理，航空运输公司便可集中力量于运输服务，而将销售服务转由代理企业承担，销售代理企业成为航空运输企业的直接的大宗客户。航空运输企业减少了大量销售方面的经费和成本，销售代理业则通过佣金来赢得利润，这是对双方都有利的合作。

中国自1987年开始出现航空销售代理企业以来得到迅速发展，并形成了一个有相当规模的行业。为了规范销售代理行业的行为，1993年8月中国民航总局颁布了《民用航空销售代理业管理规定》，规定把销售代理企业分为两类，一类企业可以经营国际和地区航线的销售代理业务，要向民航总局提出申请，注册批准；二类企业只经营国内航线业务，要向民航地区管理局提出申请，取得批准。

规定中对代理企业的资金数量、营业条件及业务人员的水平，作出了具体规定，并规定了营业证书的有效年限及代理的最低年运输量标准。这些规定的目的是使机票的代理销售经营规范化，避免市场混乱和恶性竞争，保护旅客的正当权益。

（4）航空企业之间的代理销售。这种方式最早出现在联程航空运输上，一个航空公司为了在它没有航线的地区和在这一地区有航线的航空公司的航班衔接，由另外这家公司来代销这个航空公司的客票。这样方便了旅客也同时扩大了两家航空公司的运输业务。这种形式对许多干线公司和支线航空公司的合作十分重要，它扩大了经营网点，对双方有利。对于国际航线和各国的国内航线的衔接显得尤为重要，因为一般经营国际航线的公司没有在另外国家经营国内航线的权力，通过这种代理方式可以把两家航空公司的航班衔接起来，使旅行的服务质量提高并保证了双方的客源。

### 5. 机票超售

在20世纪60年代以前，航空公司大都着力于防止超售。但随着代理销售业的发展，航空公司发现每次航班总有预订了机票而不来的旅客，造成了座位虚耗。座位虚耗的原因大致有四个方面：一是旅客购买机票并订好座位，却没有按时前往机场，英文称为“NO SHOW”。二是重复订座，旅客可能同时与多家机票代理联系购票，各家代理都订座，无意中造成重复。本来订座系统很容易发现并取消同一航班上的重复订座，但最难办的是不同航班的重复订座。三是虚假订座，机位紧张时，旅行社为了抢生意，往往虚造旅客姓名和出票资料占位。四是旅客因多种原因错过衔接航班。这种情况下，为了提高收益，航空公司有意超售5%～10%的客票，以防止空位产生，如果有的旅客因此而坐不上这班飞机，航空公司用赔款、转机等方法解决。这种方式已成为国际惯例，但旅客一般不喜欢这种方式。掌握好超售的尺度能使公司的利润有很大的提升，因而超售成为座位管理的重要内容。

## 第二节　中国民航批准设立的航空公司

新中国成立以来，中国民航曾先后出现过数十家航空公司（旅客运输），下面是1949—2013年间中国民航批准成立的航空公司名录（未含港、澳、台地区）及概况。

（1）中苏民用航空股份公司，1950年7月1日成立，1954年12月31日停办，驻地北京。

图4.2　中苏民用航空股份公司飞行员

（2）中国人民航空公司，1952 年 7 月 17 日成立，1953 年 6 月停办，驻地天津。

图 4.3　中国人民航空公司使用的飞机

（3）中国国际航空公司，1988 年 7 月 1 日成立，从民航北京管理局中分设而来，是当时中国六大骨干航空公司之一，前身为 1955 年 1 月 1 日正式成立的民航北京管理局第一飞行总队。2002 年 10 月 28 日联合中国航空总公司、中国西南航空公司组建中国航空集团公司，驻地北京。中国航空集团公司是特大型中央企业，为中国主要航空运输产业集团之一，近年来保持着持续快速发展的态势，特别是不断强化北京枢纽、上海国际门户、成都区域枢纽的建设，构建了结构均衡、服务优良的全球航线网。集团控股的中国国际航空股份有限公司是中国唯一载国旗飞行的航空公司，航空运输运营规模排名国内第一、世界第九。2007 年 12 月正式加入世界上最大的航空联盟——星空联盟。至 2010 年 10 月，国航股份运营飞机 260 余架，通航全球 31 个国家和地区的 133 个目的地，拥有 1400 万常旅客，是中国资产结构最优、盈利能力最强、最具市场价值的航空公司。2010 年上半年中航集团实现盈利 53.7 亿元，占到全行业的 53.4%，保持了航空运输业中的领先地位。中航集团下辖中国国际航空股份有限公司及其西南、浙江、重庆、天津、上海、湖北、贵州、西藏、台湾、公务机等 10 个分公司，全资、控股或参股中国国际货运航空有限公司、北京飞机维修工程有限公司（Ameco）、国泰航空有限公司、港龙航空有限公司、澳门航空有限公司、深圳航空有限公司、山东航空集团有限公司、大连航空有限责任公司、中国国际航空内蒙古有限公司等企业。公司的航徽标识为凤凰，同时又是英文 VIP（尊贵客人）的艺术变形——颜色为中国传统的大红，具有吉祥、圆满、祥和、幸福的寓意。

图 4.4　中国国际航空公司乘务员

（3）－①中国航空总公司，前身为 1929 年成立的中国航空公司，1978 年 10 月恢复运营，1991 年 5 月注册成立，名为中国航空股份有限公司，2000 年 11 月改为现名。2002 年 10 月合并于中国国际航空公司，驻地香港。

（3）－②中国西南航空公司，1987 年 10 月 15 日成立，从民航成都管理局中分设而来，是当时中国六大骨干航空公司之一。2002 年 10 月合并于中国国际航空公司，后改称中国国际航空股份有限公司西南分公司，驻地成都。

（3）－③浙江航空公司，1987 年 10 月 4 日成立，1996 年 3 月划归中国航空股份有限公司，更名为中航浙江公司，2002 年 10 月 11 日划归中国航空集团公司，2004 年更名为中国国际航空股份有限公司浙江分公司，驻地杭州。

图 4.5　中国西南航空公司乘务员

图 4.6　中航浙江公司乘务员

（3）-④山东航空公司，1994 年 3 月 12 日成立，1999 年 12 月重组为山东航空股份有限公司，2002 年 3 月，由山东省经济开发投资公司等股东发起，整合山东省内航空资源组建山东航空集团，山东航空股份有限公司为集团下辖核心航空运输企业，2004 年被中国航空集团公司控股，驻地济南，现运营波音 737-300、737-700、737-800 型飞机 44 架及 CRJ200、CRJ700 型飞机 7 架。公司的航徽标识为飞雁，三个“S”形曲线组成一只飞翔的大雁，分别代表擅长飞翔、纪律严明、团结一致，整体组成团队精神的象征，同时代表英文中的山东（Shandong）、安全（Safety）、成功（Success）。此外，飞雁的三个“S”翅膀在外形上组成中文的变形“山”字，形态安详，线条流畅，造型优美，使航徽不仅富有丰富的内涵，又简洁、明快，一目了然。

图 4.7　山东航空公司乘务员

（3）-⑤深圳航空有限责任公司，1992 年 11 月 25 日成立，初名深圳航空公司，1993 年 9 月 17 日正式开航，主要经营航空客、货、邮运输业务的股份制航空运输企业，2000 年 12 月 4 日改为现名。2005 年 5 月股权发生变化，由民营亿阳集团与深圳汇润公司控股成为国内最大的民营控股航空公司。2010 年 3 月由中国航空集团公司控股，驻地深圳，运营波音 737-300、737-700、737-800、737-900，空中客车 319-100、320-200 等型飞机 96 架。

图 4.8　深圳航空公司乘务员

（3）-⑥鲲鹏航空公司，2006 年 7 月 3 日经民航总局批准筹建，由深圳航空公司和美国最大的支线航空公司梅莎航空集团合资成立，是国内首家由中美航空企业合资的支线航空公司，主要经营支线航空、客货运输及包机业务。注册资金 5 亿元，其中深圳航空以人民币现金出资，占公司注册资本的 51%；梅莎航空旗下的平山有限责任公司和山岳有限责任公司以外汇现金出资，分别占公司注册资本的 25% 和 24%。2007 年 9 月 28 日开始运营，为深圳航空有限公司的控股航空公司，驻地西安。2009 年 9 月 25 日更名为河南航空有限公司。

（3）-⑦昆明航空有限公司，2009 年 2 月 25 日成立，为深圳航空有限公司控股的航空公司。2007 年 2 月 25 日经民航总局批准筹建，由深圳航空有限公司（80%）、王清民（20%）共同出资组建，注册资本 8000 万元，主要从事国内航空客货运输业务，2009 年 2 月 15 日正式投入运营。现驻地昆明，运营波音 737-700 型飞机 5 架。

图 4.9　昆明航空有限公司乘务员

（3）-⑧河南航空有限公司，驻地郑州，2009年9月25日成立，为深圳航空有限公司的控股航空公司。前身为2007年10月运营的鲲鹏航空公司（驻地西安）。现为中国航空集团公司旗下企业，运营4架E-190型飞机。

（3）-⑨西藏航空有限公司，2010年6月17日成立，由西藏自治区投资有限公司（20%）、中国国际航空股份有限公司（31%）、西藏三利投资有限公司（39%）、西藏睿翼投资有限公司（10%）共同出资组建，注册资本2.8亿元。是国内首家高高原航空公司，宗旨为“立足西藏、服务西藏、发展西藏”，目标是以拉萨贡嘎机场为中心使航线网络覆盖自治区区内以及青藏高原所有民用机场，同时加大西藏自治区以及青藏高原与内地和南亚的空中联系，尽早实现拉萨直飞欧洲，逐步将拉萨打造成世界连接青藏高原的航空枢纽。现驻地拉萨，运营空中客车319-100型飞机6架。

（3）-⑩大连航空有限责任公司，驻地大连，2011年7月21日成立，由中国国际航空公司和大连保税正通有限公司共同出资10亿元组成，出资比例国航占80%，大连保税正通有限公司占20%。同年12月31日投入运营，现有5架波音737-800型飞机执行航班。

（3）-⑪中国国际航空内蒙古有限公司，驻地呼和浩特，2012年8月23日成立，注册资本为10亿元，由中国国际航空股份有限公司控股80%、内蒙古国有资产运营有限公司参股20%，股东双方以各自的出资额为限对公司承担责任。新公司以国航内蒙古分公司为基础，成立部分新的组织机构，原国航内蒙古分公司人员全部划拨到中国国际航空内蒙古有限公司。使用2架波音737-300型飞机、2架波音737-700型飞机执行航班。

（4）中国东方航空公司，1988年6月25日成立，从民航上海管理局中分设而来，是当时中国六大骨干航空公司之一。1993年10月以中国东方航空公司为核心企业正式成立中国东方航空集团公司，1995年4月正式成立中国东方航空股份有限公司，1997年在香港、纽约、上海三地证券市场挂牌上市，是中国民航业内第一家上市公司，2002年10月，联合中国云南航空公司、中国西北航空公司组建中国东方航空集团公司，驻地上海。下辖中国东方航空股份有限公司及其西北、云南、山东、山西、安徽、江西、河北、浙江、甘肃、北京等10个分公司，控股中国货运航空有限公司、中国东方航空江苏有限公司、中国东方航空武汉有限责任公司等企业。2010年2月，联合重组上海航空有限责任公司工作完成，使其成为全资子公司（继续保留上航独立品牌，独立运营）。2010年4月与天合联盟签订入盟意向书。现运营空中客车300-600R、319-100、320-200、321-200、330-200、330-300、340-300、340-600，波音737-300、737-700、737-800、767-300等型飞机240多架及CRJ200、ERJ145等型飞机15架。公司的航徽标识为银燕——基本构图为圆形，取红蓝白三色，以寓意太阳、大海的上下半圆与燕子组合，红色半圆象征喷薄而出的朝阳，代表了热情、活力，预示东航事业充满生机、蒸蒸日上，且日出东方，与东方航空名称吻合；蓝色半圆象征宽广浩瀚的大海，寓意着东航航线遍及五湖四海；银燕象征翱翔天际的飞机，燕子尾部的线条勾勒出了东航的英文名字“China Eastern”的 CE 两字母。

图 4. 10　中国东方航空公司乘务员

(4) -①中国西北航空公司，1989 年 12 月 6 日成立，从民航西安管理局中分设而来，是当时中国六大骨干航空公司之一。2002 年 10 月合并于中国东方航空公司，后改称中国东方航空股份有限公司西北分公司，驻地西安。

图 4. 11　中国西北航空公司乘务员

(4) -②中国云南航空公司，1992 年 7 月 28 日成立，前身为 1985 年组建的云南省航空公司，2002 年 10 月合并于中国东方航空公司，后改称中国东方航空股份有限公司云南分公司，驻地昆明。2011 年 8 月，正式组建为东方航空云南有限公司。

图 4. 12　中国云南航空公司乘务员

(4) -③中国通用航空公司，1982 年 7 月 26 日成立，初名中国民航工业航空服务公司，1989 年 3 月 13 日改为现名，驻地太原。1998 年 1 月合并于中国东方航空集团公司，其通用业务改组为东方通用航空公司，驻地天津；客运业务改组为中国东方航空股份有限公司山西分公司、河北分公司，驻地太原、石家庄。

图 4. 13　中国通用航空公司乘务员

（4）-④武汉航空公司，1986年4月17日成立，前身为1984年9月9日挂牌成立的武汉航空运输服务公司。2002年8月被中国东方航空公司重组为中国东方航空武汉有限责任公司，驻地武汉。

图4.14　武汉航空公司乘务员

（4）-⑤南京航空有限公司，1994年7月17日成立，前身为隶属空军的中国联合航空公司南京公司。1995年11月后成为中国西北航空公司的子公司，2002年10月随中国西北航空公司被中国东方航空公司兼并，2003年与中国东方航空江苏有限公司联合重组成为新的东航江苏有限公司，驻地南京。

（4）-⑥长城航空公司，1992年9月2日成立，驻地重庆。1997年3月迁至浙江宁波，2001年6月后改称中国东方航空股份有限公司宁波分公司，驻地宁波。

（4）-⑦上海航空股份有限公司，1985年12月30日成立，初名为上海航空公司，是中国国内第一家多元投资商业化运营的航空公司。2000年10月经上海市政府和民航总局批准，更名为上海航空股份有限公司，以经营国内干线客货运输为主，同时从事国际和地区航空客、货运输及代理。2006年7月投资成立上海国际货运航空公司，经营国际、国内航空货邮运输业务，2007年12月12日成为世界上最大的航空联盟——星空联盟的正式成员。2009年6月与中国东方航空开始联合重组，到2010年2月完成重组，改称上海航空有限公司，正式成为中国东方航空全资子公司，但继续保留独立品牌、独立运营。现驻地上海，运营波音737-700、737-800、757-200、767-300、767-300ER等型飞机62架及CRJ200型飞机5架。公司的航徽标识为变形简化白鹤——象征吉祥、如意、展翅飞翔，并将公司名称的缩写“SAL”也组合进图案中，鹤翅和硕长的鹤颈连成柔和曲线代表S，鹤头代表A，鹤翅和鹤尾相连代表L。标志外形整体呈上海的

“上”字，色彩为大红底、白色鹤，造型简洁生动，视觉冲击力强，富有民族特色，易于识别记忆。内涵为安全平稳、稳健有力、蓬勃向上、欣欣向荣、百折不挠、一往无前。

图 4. 15　上海航空股份有限公司乘务员

（4）－⑧中国联合航空有限公司，1986 年 12 月 25 日成立，初名中国联合航空公司，由空军与 22 个省、市以及大型企业联合组建。后根据中央“部队不得从事经商活动”的政策精神于 2002 年 11 月正式停航，退出中国民用航空市场。2004 年 7 月由上海航空公司、中国航空器材进出口集团公司重新组建，并更名为中国联合航空有限公司，2005 年 10 月 20 日正式开航运营。2010 年被中国东方航空公司划为旗下，2012 年 11 月，中国东方航空全资的中国联合航空有限公司与中国东方航空股份有限公司河北分公司完成联合重组，成为新的中国联合航空有限公司。现驻地北京，运营波音 737-700、737-800 等型飞机 23 架。

图 4. 16　中国联合航空有限公司乘务员

（4）-⑨幸福航空公司，2008 年 3 月 12 日成立，由中国航空工业集团公司（95%）和中国东方航空股份有限公司（5%）共同出资组建，注册资本为 10 亿元，主要从事国内航空客货运输业务，2009 年 8 月 15 日起投入运营。现为中国东方航空集团公司参股企业，驻地西安，运营国产 MA60 型支线客机 6 架。

图 4.17　幸福航空公司乘务员

（5）中国南方航空公司，1991 年 2 月 1 日成立，从民航广州管理局中分设而来，是当时中国六大骨干航空公司之一。1993 年 10 月以中国南方航空公司为核心企业成立中国南方航空集团公司。2002 年 10 月与中国北方航空公司、中国新疆航空公司联合组建中国南方航空集团公司，驻地广州。是中国运输飞机最多、航线网络最发达、年客运量最大的航空公司，下辖中国南方航空股份有限公司及其新疆、北方、北京、深圳、海南、黑龙江、吉林、大连、河南、湖北、湖南、广西、台湾、珠海直升机等 14 个分公司和厦门航空、汕头航空、贵州航空、珠海航空、重庆航空等 5 家控股子公司。现运营波音 777-200、777-200ER、757-200、737-300、737-700、737-800，空中客车 300-600R、319-100、320-200、321-200、330-200、330-300 等型飞机 320 多架及 MD90、ATR72、ERJ145 等型飞机 18 架。公司的航徽标识为木棉花——由一朵抽象化的大红色木棉花衬托在宝石蓝色的飞机垂直尾翼图案上组成，木棉花寓意公司总部在广州（市花），同时木棉花所象征的坦诚、热情的风格，塑造了公司的企业形象。

图 4.18　中国南方航空公司乘务员

(5) -①中国新疆航空公司，1985 年 1 月 1 日成立，2002 年 10 月 11 日合并于中国南方航空公司，后改称中国南方航空股份有限公司新疆分公司，驻地乌鲁木齐。

图 4.19　中国北方航空公司乘务员

(5) -②中国北方航空公司，1991 年 4 月 1 日成立，从民航沈阳管理局中分设而来，是当时中国六大骨干航空公司之一。2002 年 10 月合并于中国南方航空公司，后改称中国南方航空股份有限公司北方分公司，驻地沈阳。

(5) -③天鹅航空公司，1997 年成立，2004 年合并于中国南方航空股份有限公司黑龙江分公司，驻地哈尔滨。

(5) -④中原航空公司，1986 年 5 月 15 日成立，2000 年 8 月合并于中国南方航空公司，后改组为中国南方航空股份有限公司河南分公司，驻地郑州。

(5) -⑤贵州航空公司，1991 年 9 月 27 日成立，1998 年 6 月 28 日加盟中国南方航空集团，改称中国南方航空集团贵州航空有限公司，现名中国南方航空股份有限公司贵州分公司，驻地贵阳。

(5) -⑥汕头航空有限公司，1993 年 10 月 30 日成立，为中国南方航空集团控股的航空公司，现名为中国南方航空集团汕头航空有限公司，驻地汕头。

（5）－⑦广西航空有限公司，1993 年 10 月 28 日成立，为中国南方航空集团控股的航空公司，2006 年 4 月成为中国南方航空集团的全资子公司，驻地桂林。

（5）－⑧珠海航空有限公司，1995 年 6 月 3 日成立，为中国南方航空集团控股的航空公司，现名为中国南方航空集团珠海航空有限公司，驻地珠海。

（5）－⑨海南北亚航空有限公司，1994 年 10 月 30 日成立，2004 年划归中国南方航空集团，改称中国南方航空集团海南有限公司，驻地海口。

（5）－⑩厦门航空有限公司，1984 年 7 月 25 日成立，由民航上海管理局（50%）代表民航方，福建投资公司（25%）、厦门建设发展公司（25%）代表福建方共同合资经营，是全国第一家合资经营的按企业化运行的航空公司，其后股权多次转让，成为中国南方航空股份有限公司的控股企业（1994 年，福建航空公司划归厦门航空经营），主营国内航空客货运输和福建省及其他经民航局批准的指定地区始发至邻近国家和地区的航空客货运输业务。现驻地厦门，在福州、杭州、南昌、天津设有分公司，运营波音 737-700、737-800、757-200 等型飞机 68 架。公司的航徽标识是蓝天白鹭——昂首矫健的白鹭在蓝天振翅高飞的图案，象征吉祥、幸福，并展示了该公司团结拼搏、开拓奋飞的精神。

图 4. 20　厦门航空有限公司乘务员

（5）－⑪福建航空公司，1993 年 8 月成立，1994 年 1 月划归厦门航空公司，2001 年改组为厦门航空福州分公司，驻地福州。

（5）－⑫重庆航空有限公司，2007 年 6 月 18 日成立，为中国南方航空股份有限公司控股企业，由重庆市开发投资公司与中国南方航空股份有限公司共同投资组建，注册资本总额 12 亿元，是目前国内注册资本最大的地方航空公司，2007 年 7 月 8 日正式投入运营。现驻地重庆，运营空中客车 319-100、320-200 等型飞机 7 架。

图 4.21　重庆航空有限公司乘务员

（6）海南航空股份有限公司，1989 年 10 月登记注册，初名海南省航空公司。1993 年 1 月开始规范化股份制改造，1997 年 2 月改为现名，2000 年扩建为海南航空集团，集团下属航空运输企业有经营国内国际干线的大新华航空（合并运行海南航空、新华航空、长安航空、山西航空），有提供旅客运输、包机业务和为高端客户服务的首都航空（金鹿航空有限公司），有专门为支线旅客提供服务的天津航空（原大新华快运），还有专业提供货运服务的扬子江快运公司和提供高效、低成本服务的祥鹏航空、西部航空。现驻地海口，其航空运输板块机队总数包括波音 767-300、737-300、737-400、737-700、737-800，空中客车 319-100、320-200、330-200、330-300、340-600 等型飞机 140 多架及 Dornier328，ERJ145、ERJ190 等型飞机 85 架，另有多型公务机 32 架。

图 4.22　海南航空股份有限公司乘务员

（6）-①中国新华航空公司，1993 年 6 月 6 日成立，驻地天津，2002 年合并于海南航空股份有限公司，驻地海口。

（6）-②山西省航空公司，1987 年 3 月 21 日成立，2001 年 7 月被海南航空集团公司控股组建，改称山西航空有限责任公司，驻地太原。

图 4.23　山西航空有限责任公司乘务员

（6）-③长安航空公司，1993 年 10 月 15 日成立，2000 年 8 月被海南航空公司重组为长安航空有限责任公司，驻地西安。

（6）-④金鹿航空有限公司，1995 年开始运营，是中国最早专业从事公务机业务的公司。1998 年 10 月注册成立，初名为金鹿公务机有限公司，2006 年 10 月改为现名，专业从事 VIP 商务和私人包机飞行、公务机出租飞行、医疗救护、航空器代管和外籍公务机地面代理等业务。2010 年 2 月由海航集团和首都旅游集团共同增资扩股组建改组，成立首都航空有限公司，驻地北京。

图 4.24　金鹿航空有限公司乘务员

（6）-⑤大新华航空有限公司，2004 年 7 月成立，初名为新华航空控股有限公司，2007 年 11 月 29 日改为现名，注册资本为 30.86 亿元，其中代表海南省政府的海南省发展控股有限公司占 48.61%，海航集团有限公司占 19.07%，索罗斯旗下的 Starstep Limited 占 18.64%，扬子江投资控股有限公司和海南琪兴实业投资有限公司分别占股 8.10% 和 5.28%。此后大新华航空、海南航空这两个品牌同时存在，由大新华航空这个平台将海航股份、新华航空、长安航空、山西航空的资产全部注入，统一经营。现驻地海口。

图 4. 25　大新华航空有限公司乘务员

（6）-⑥云南祥鹏航空有限公司，2004 年 6 月成立，是经中国民用航空总局批准成立的中国西部地区第二家民营航空公司，由海航集团有限公司（67. 95%）、山西航空公司（31. 38%）、云南石林航空旅游公司（0. 67%）等三家共同投资组建，注册资本 1. 5 亿元，主要经营云南省内航空客货运输业务及其他国内航空客货运输业务，2006 年 2 月 26 日正式投入运营。现为海南航空集团旗下航空公司，驻地昆明，运营波音 737-700、空中客车 319-100 等型飞机 10 架。

图 4. 26　云南祥鹏航空有限公司乘务员

（6）-⑦大新华快运航空有限公司，2007 年 3 月 30 日成立，为海南航空集团旗下航空公司，2009 年 6 月 8 日改称天津航空有限责任公司，驻地天津。

图 4.27 大新华快运航空有限公司乘务员

（6）-⑧西部航空有限公司，2004 年 4 月 16 日开始筹建，2007 年 6 月 14 日成立，是经中国民用航空总局批准成立的中国西部地区第一家民营航空公司，由云南祥鹏航空有限责任公司（35%）、建盈投资有限公司（35%）、深圳市国瑞投资公司（10%）、四川三星通用航空公司（10%）、新疆四维达科技公司（10%）共同投资组建，注册资本 8000 万元，主要经营国内航空客货运输业务，2007 年 6 月 14 日正式投入运营。现为海南航空集团旗下航空公司，驻地重庆，运营波音 737-300，空中客车 319-100、320-200 等型飞机 7 架。

图 4.28 西部航空有限公司乘务员

（6）-⑨天津航空有限责任公司，2009 年 6 月 8 日成立，由海航集团（83.15%）、海南航空股份有限公司（1.47%）、天津保税区投资有限公司（15.38%）共同出资建立，注册资本 13 亿元。前身为 2007 年 3 月 30 日成立的大新华快运航空有限公司。现驻地天津，运营 ERJ145、ERJ190，Dornier328 等型飞机 85 架，是海南航空集团着力打造的中国最大的支线航空公司。

（6）-⑩首都航空有限公司，2010 年 2 月成立，由海航集团和首都旅游集团共同增资扩股组建。原名金鹿航空有限公司，前身为 1995 年成立的中国最早专业从事公务机业务的金鹿公务机有限公司。2004 年 7 月开始试点经营商务和旅游包机业务，2006 年 8 月取得公共航空运输企业经营许可证，并完成公司改制，更名为金鹿航空有限公司。现驻地北京，运营空中客车 319-100、320-200 等型飞机 12 架，主要经营国际国内客货运输业务及商务旅游包机业务。

（7）四川航空股份有限公司，1986 年 9 月 19 日成立，初名为四川省航空公司，1988 年 7 月 14 日正式开航营运。2002 年 8 月 29 日，由四川航空公司为主联合中国南方航空股份有限公司、上海航空股份有限公司、山东航空股份有限公司、成都银杏餐饮有限公司共同发起组建四川航空股份有限公司，作为四川航空集团公司的核心企业，营业范围以航空运输为主业，投资航空公司和航空上下游产业，覆盖航空配餐、飞机维修工程、航空旅游、航空地产、航空文化传媒、航空教育培训等多元产业，现驻地成都，运营空中客车 319-100、320-200、321-100、321-200、330-200 型飞机 53 架及 ERJ145 型飞机 3 架。公司还先后于 2009 年、2010 年向鹰联航空有限公司、东北航空有限公司注资，将两公司重组更名为成都航空有限公司和河北航空有限公司。四川航空公司的航徽标识为江鸥——一只江鸥飞翔在四条波浪之上，即代表四川省的四条水系嘉陵江、岷江、沱江、涪江之上，外部的圆圈代表地球，整体含义是：在改革开放的风顶浪尖上诞生的四川航空公司，将在四川富饶大地上发展壮大，并立志飞向全国、飞向世界。

图 4.29　四川航空股份有限公司乘务员

（7）-①鹰联航空有限公司，2004 年 6 月 17 日成立，是经中国民用航空总局批准成立的第一批民营航空公司，2010 年 1 月 15 日改称成都航空有限公司，为四川航空集团公司的参股企业，驻地成都。

图 4. 30　鹰联航空有限公司乘务员

（7）-②东北航空有限公司，2006 年 2 月 28 日经民航总局批准筹建，由沈阳中瑞投资有限公司（34%）、四川航空集团公司（33. 5%）、沈阳市人民政府国有资产监督管理委员会、辽宁寰江实业有限公司等四家股东共同投资，投资总额为 3. 6 亿元，注册资金 1. 6 亿元，主要经营国内航空客、货、邮运输及相关业务公司，在 2007 年 11 月 8 日正式成立开始运营。后因经营困难由四川航空公司与河北冀中能源集团合作重组东北航空，2010 年 6 月 29 日改称河北航空有限公司，为四川航空集团公司控股的航空公司，驻地石家庄，运营空中客车 320-200，波音 737-700、737-800，E-145 等型飞机 6 架。

图 4. 31　东北航空有限公司乘务员

(7) -③成都航空有限公司，2010 年 1 月 15 日成立，前身为 2004 年 6 月 17 日成立的鹰联航空有限公司，主要从事国内航空客货运输业务，2005 年 7 月正式投入运营。后因资金紧张由四川航空公司先后于 2006 年 11 月和 2009 年 3 月向鹰联航空注资增股。2009 年 10 月 15 日由成都交通投资集团有限公司（11.03%）、四川航空集团公司（40.97%）与中国商用飞机有限责任公司（48%）重组鹰联航空公司，并更名为成都航空公司，2010 年 1 月 22 日正式挂牌成立。现驻地成都，运营空中客车 319-100、320-200 等型飞机 9 架。

图 4.32　成都航空有限公司乘务员

(7) -④河北航空有限公司，2010 年 6 月 29 日成立，前身为 2007 年 11 月 8 日成立的东北航空有限公司，驻地石家庄。公司航徽标识为雄鹰——以河北省简称“冀”的首字母大写“J”为原型，变形写意为一只振翅高飞的雄鹰翅膀，意为在蓝色天空和红色朝阳组成的广阔天地间自由翱翔的雄鹰，有“鹰击长空，翱翔万里”之意。红色环和蓝色环体现出河北环京津、环渤海的独有特征，标示河北省特殊的地理位置，寓意河北航空公司勇

图 4.33　河北航空有限公司乘务员

于开拓、锐意进取、追求卓越的精神，必将成为河北经济社会科学发展的腾飞之翼。

（8）上海春秋航空有限公司，2004 年 5 月 26 日成立，是中国首家旅行社获民航总局批准筹建的民营航空公司，定位于低成本航空市场，依托母公司上海春秋国际旅行社的代理销售和服务网络以及旅游优势，为旅客提供“机票 + 酒店”等商务和旅游套票服务，并以网上电子客票为主要销售手段，2005 年 7 月 8 日正式开始运行。现驻地上海，运营空中客车 320-200 型飞机 22 架。

图 4. 34　上海春秋航空有限公司乘务员

（9）奥凯航空有限公司，2004 年 5 月 26 日成立，是经中国民用航空总局批准成立的第一批民营航空公司，2005 年 3 月正式投入运营。现驻地北京、天津，运营波音 737-800、MA60 等型飞机 11 架。

图 4. 35　奥凯航空有限公司乘务员

（10）东星航空有限公司，2005 年 5 月 16 日成立，2009 年 8 月 26 日正式破产，是中国第一家破产的航空公司，驻地武汉。

图 4.36　东星航空有限公司乘务员

（11）华夏航空有限公司，2006 年 4 月 16 日成立，是经民航总局批准筹建的中外合资航空公司，也是国内第一家专注于中国支线航空市场的航空企业，由民营企业上海鸿商产业控股集团有限公司（控股 40%）同北京龙开创兴科技发展有限责任公司及外资精英国际有限公司、邓普尼国际有限公司合资组建，主要从事国内航空客货运业务。2006 年 9 月底开始经营，现驻地贵阳，运营 CRJ200 型飞机 4 架。

图 4.37　华夏航空有限公司乘务员

（12）上海吉祥航空有限公司，2006 年 9 月 25 日成立，是由上海均瑶（集团）有限公司和上海均瑶航空投资有限公司共同投资筹建的民营航空公司。2005 年 6 月经国家民航总局和上海市政府批准筹建，筹备期间曾使用上海东部快线航空有限公司、凤凰航空有限公司等名称，最后确定使用现名。现驻地上海，运营空中客车 319-100、320-200 等型飞机 19 架。

图 4. 38　上海吉祥航空有限公司乘务员

## 资料链接

### 中国民航各航空公司航班二字代码（1987—2013）

（1）中国国际航空公司，CA。

（1）-①中国航空总公司，F6。

（1）-②中国西南航空公司，SZ。

（1）-③浙江航空公司，F6（原为 ZJ）。

（1）-④山东航空公司，SC。

（1）-⑤深圳航空有限责任公司，ZH（原为 4G）。

（1）-⑥河南航空有限公司，VD。

（1）-⑦昆明航空有限公司，KY。

（1）-⑧大连航空有限责任公司，CA。

（1）-⑨西藏航空有限公司，TV。

（1）-⑩中国国际航空内蒙古有限公司，CA。

(2) 中国东方航空公司，MU。

(2)－①中国西北航空公司，WH。

(2)－②中国云南航空公司，3Q。

(2)－③中国通用航空公司，GP。

(2)－④武汉航空公司，WU。

(2)－⑤南京航空有限公司，3W。

(2)－⑥长城航空公司，GW（原为G8）。

(2)－⑦上海航空股份有限公司，FM。

(2)－⑧中国联合航空公司，KN（原为CUA）。

(2)－⑨幸福航空公司，JR。

(2)－⑩东方航空云南有限公司，MU。

(3) 中国南方航空公司，CZ。

(3)－①中国新疆航空公司，XO。

(3)－②中国北方航空公司，CJ。

(3)－③天鹅航空公司，HK。

(3)－④中原航空公司，Z2。

(3)－⑤贵州航空公司，G4。

(3)－⑥汕头航空有限公司，CZ。

(3)－⑦广西航空有限公司，CZ。

(3)－⑧珠海航空有限公司，CZ。

(3)－⑨海南北亚航空有限公司，CJ。

(3)－⑩厦门航空有限公司，MF。

(3)－⑪福建航空公司，IV（原为FJ）。

(3)－⑫重庆航空有限公司，OQ。

(4) 海南航空股份有限公司，HU（原为H4）。

(4)－①中国新华航空公司，XW（原为X2）。

(4)－②山西省航空公司，8C。

(4)－③长安航空公司，2Z。

(4)－④金鹿航空有限公司，JD。

(4)－⑤大新华航空有限公司，CN。

(4)－⑥云南祥鹏航空有限公司，8L。

(4)－⑦大新华快运航空有限公司，GS。

(4)－⑧西部航空有限公司，PN。

(4)-⑨天津航空有限责任公司，GS。

(4)-⑩首都航空有限公司，JD。

(5) 四川航空股份有限公司，3U。

(5)-①鹰联航空有限公司，EU。

(5)-②东北航空有限公司，NS。

(5)-③成都航空有限公司，EU。

(5)-④河北航空有限公司，NS。

(6) 上海春秋航空有限公司，9C。

(7) 奥凯航空有限公司，BK。

(8) 华夏航空有限公司，G5。

(9) 上海吉祥航空有限公司，HO。

(10) 东星航空有限公司，8C。

## 第三节　中国公务机公司概况

### 一、公务机简介

公务机，英文名称为 business airplane 或 executive airplane，是指为高级商业或政务人士的商务活动和行政事务活动服务中用做交通工具的专用飞机，亦称行政机或商务飞机。公务航空是按照某一旅客或机构的特殊要求，通过专门设计的航线，在约定时间内，向旅客提供包机飞行服务。许多大公司使用公务飞机运送人员和紧急物品到分布在各地的公司或客户地点。公务机一般为 9 吨以下的小型飞机，可乘 4 ~ 10 人。但有的国家把总统、国王、皇室成员专用的要人专机也列入通用航空范围，这种情况下波音 747 这样的大型飞机也可以列入公务机行列了。

在一般人的概念中，公务机就是私人小飞机。实际上这样的理解是不全面的，在国外的确有许多私人拥有公务机，其座位也多在 10 ~ 20 个左右，应该是小飞机。然而国内相当多的公务机都属于公务机租赁公司所有，当用户需要的时候可以向租赁公司租用。当然，世界大跨国集团一般会拥有由数架公务机组成的机队，并配备飞行和地勤人员。

公务机中也有许多如“湾流”、“奖状”、“挑战者”等机型的喷气式飞机。这些飞机的飞行速度与大型机相比毫不逊色，巡航高度 12000 米没问题，最大航程有的可达到 12000 千米。大多数国外公司都使用现代的、多台涡轮风扇发动机或涡轮螺桨发动机的公务机，或者安全性能高的直升机。公务机大都有两台发动机以提高飞行安全性。高级公务机多采用涡轮风扇发动机，一般装在机身尾部和两侧的短舱内，以降低机舱的噪音。豪华的公务机机舱内有现代通讯设备，供乘用人员办公使用，飞行性能与航线飞机相差不多。

目前全世界在飞的民用飞机总数约为38万架，但航班飞机不到10%，90%以上的飞机都是公务机和工业、农业、娱乐及体育用飞机。发达国家公务机较多，如美国拥有各种飞机20.5万架，公务机的年飞行小时早已超过航班飞机的年飞行小时。有1.5万家企业用自己的飞机从事公务运输。在美国，适合公务机起降的机场较多：航班飞机适用的机场不到600个，但适应中型飞机起降的机场超过5000个，适合小型飞机飞行的机场则约有19000个。

公务机具有省时、高效、安全、隐私性强、彰显尊贵等特点——公务航空公司或私人营运的公务机不受航班时间的限制、不受目的地的限制，因而有很好的行程灵活性、时间保证性和乘坐隐私性，能使人力和时间的效率最大化；公务机乘坐高效、舒适，其客舱设计充分考虑了公务需求，不仅有完善的服务设施，更有极佳的办公环境，旅客能在旅途中商讨公务，处理文件，有效利用空中飞行时间进行办公，因此有“空中办公室”的美誉。而对机上阅读品和餐饮的选择上，公务机公司也将充分尊重旅客的个性化需求，并配置符合其个人口味的食品、饮料等；公务机性能先进，对机场起降条件要求不高，所以适用面广，可以飞抵许多普通航班没有开航和无法抵达的机场，有利于最大限度地用好资金、时间和人力资源；公务机飞行安全，无论从飞机本身性能、维护水平，还是从其飞行安全纪录来看，公务机都是目前世界上最安全的交通工具。如豪客系列公务机由全球最大的公务/私人飞机制造商雷神公司制造，是迄今为止使用最广泛的中型喷气式公务机，具有更良好的性能、更大的商载和更远的航程。公务机乘坐方便，只需凭包机合同和身份证明登机，不需要提前几小时到机场检票、通关和候机，在遵守民用航空运输规则的前提下，可以按商务活动要求随到随走，没有航班时刻限制，即使有临时变更，也可以通过电话直接通知机组；公务机有利于保护旅客商业机密和增强企业的竞争力，公务飞行避免了旅客行踪的公开和可能受到的干扰，使其整个旅行过程能够有效地远离无关的航班旅客和无孔不入的传媒；公务机有利于树立企业形象和展现企业实力，乘坐公务机旅行，是企业良好经营业绩的展现，可以树立蓬勃向上的企业形象，而用公务机接送重要客户也将会给客户留下深刻印象，促进本企业商业信誉升值。如“海尔”、“华晨”、“远大”、“春兰”等大型企业均组建了自己的公务机队。而在海外，《财富》列选的500强中已有341家公司拥有了自己的公务机或公务机队。业内人士认为，我国公务机市场有着巨大的潜力，未来几年至少需要1000架以上的公务机，而目前我国只有100多架公务机，尚有900架的市场增长空间。

## 二、中国公务机发展面临的问题

尽管中国公务机市场拥有巨大商机，前景非常光明，发展速度也很快，但是目前仍然存在诸多难点，主要表现为以下五个方面。

难点一：空管过严，公务机航线申请困难。在国外，公务机只需要几个小时便可申请到航线，审批手续也十分简单。而在国内，公务机从飞行计划申报、航线审批到空中管制都受到了相当多的限制，特别是在北京、上海等繁忙机场，时常还会申请不到航线。不过低空领域受到严格限制的情况即将发生变化——2010 年 10 月，国务院、中央军委批准了《低空空域管理改革指导意见》，允许进行垂直高度 1000 米以下低空空域飞行开放试点。

难点二：税费太高，公务机的税费是大型飞机的 3 倍。公务机多为几座至几十座的小型飞机，但目前国内针对小型飞机的关税和增值税都远远高于大型飞机——净重 25 吨以下的小型飞机进口关税为 5%、增值税为 17%，合计为 22%，而空客 320、波音 737 等大飞机进口关税却只有 1%，增值税也不过 6%，这样的税收政策让不少有能力购买公务机的企业兴趣大减。

难点三：机场太少，公务机无“家”可归。中国目前只有 180 多个运营机场，与发达国家比较相去甚远，特别是美国，它的国土面积小于中国，却有运营机场 19816 个。机场的极度缺乏，阻碍了国内企业购买公务机的行为。中国偏远的地方根本就没有机场，公务机飞起来后停哪儿是个很实际的问题。

难点四：养护飞机成本太高，一架公务机一年大约需要 200 万元人民币。购买及养护公务机的昂贵费用，也让许多企业望而却步。据了解，公务机的购机费用，根据机型的不同，价格在两三百万元人民币到一亿元人民币不等。以全球最大的公务机制造商雷神公司的“首相一号”为例，售价约为 5000 万元人民币，一年的养护费用近 100 万元，而如果购买其“豪客 800”这类超级豪华的公务机，其费用要接近 1 亿元人民币。公务机在一类机场停放费用为每天 80 元，再加上机务维护费及驾驶员、清洁工等的工资每月至少 7 万元。除去这些费用，公务机每飞行一小时的运营成本（不算折旧费）约 4000 元，养一架公务机一年至少要 200 万元。

难点五：客户面子太薄，购机不积极。中国人的性格含蓄、节俭，不喜欢“露富”，这样的心态使很多成功者很少购买公务机——许多企业认为购买使用公务机是炫耀自己的财富，不利于企业的公共形象，没有看到公务机对提高工作效率和扩大企业知名度的作用。

## 三、中国公务机公司简介

### 1. 金鹿公务航空有限公司（Deer Jet Co.，Ltd）

金鹿公务航空有限公司成立于1995年，1998年10月经中国国家工商局核准设立，1999年8月通过民航总局的审查，取得独立的通用甲类航空企业的经营许可证。注册资本人民币3亿元。业务范围从临时使用包机到小时买断、整机包租，从公务机购买前的选型咨询到购买过程中的金融服务及购买后的执管服务。目前已成为亚洲知名的公务机专业航空公司。

金鹿公务航空有限公司是海航集团的控股子公司，也是国内首家涉足国内公务航空市场开发的航空公司，飞行航线由国内发展至全球，是为国内外一流工商企业与顶尖商务、政务人士提供高效、灵活、便捷、舒适的专机飞行服务的公务机公司，已成功接待了美国基辛格博士、黑格将军，日本海部俊树首相，联合国安南秘书长，南非外交部长等一批世界知名人士，同时还为凤凰卫视、埃索石油、壳牌石油、青岛海尔等数百家国内外著名企业和机构提供了高效优质的商务飞行服务。公司拥有亚洲第一流的公务机队，截至2009年底，共拥有23架豪华公务机——4架豪客800XP型、1架豪客850XP型、1架豪客900XP型、3架湾流G200型、4架湾流Ⅳ型、2架湾流V型、3架湾流G550型飞机、1架空客319型和1架波音BBJ型飞机；并执管3架不同型号公务机。飞行人员与机务人员全部从海南航空股份有限公司飞行与工程部门精心遴选，极富经验，并且每年都要到美国Flight Safety公司进行复训，参加每年由飞机生产厂家、发动机生产厂家举办的定期训练，以保证具备各种条件下的飞行经验与先进的维护管理手段。

2006年8月25日，中国民航总局结束了对金鹿公务机公司为期两年的试运行考察，正式向其颁发了公共航空承运人运营执照，批准金鹿公务机有限公司更名为金鹿航空有限公司，使公司由通用航空企业转为公共航空运输企业，开始在中国首家经营商务旅游包机的业务，同时保留原有公务机业务，运行基地为北京首都国际机场。作为一种新型的航空运输类型，旅游包机完善了中国民航新一代民航运输体系，为中国从民航大国走向民航强国作出了积极探索。

2010年5月，金鹿公务航空有限公司正式更名为北京首都航空有限公司。

### 2. 首都公务机有限公司

首都公务机有限公司是由首都机场集团公司、中国航空油料集团公司和北京通达航空服务部共同出资于2000年5月正式成立的。服务面向政府机构、商务旅行客人以及拥有公务机的航空运输企业和个人。公司可根据客户的不同需求提供多种型号的公务机与个性化飞行，并为国际、国内公务机提供地面代理服务以及与公务包机相关的延伸服务，包括会议安排、酒店预订等。公司在北京首都国际机场以公务机楼作为运营场所，拥有专用的停机坪、贵宾休息室和独立的海关、边防、安检等配套设施。公司拥有经验丰富的专业人员和训练有素的服务人员，每天24小时、全年365天为客户提供服务。

2008年7月，公务机公司完成了对首都机场公务机楼的验收进驻工作，并成功完成了奥运会、残奥会的公务机保障任务，翻开了中国民航保障历史的新篇章。为适应中国民航业的飞速发展和不断扩大的公务航空市场需求，保证公司持续、稳定、健康发展，提升安全运营水平，全面对接国际标准，首都公务机有限公司正不断健全和完善现代企业制度，力图打造出中国第一、亚洲领先的公务航空服务和管理品牌。

### 3. 山东航空集团彩虹公务机有限公司

彩虹公务机有限公司是山东航空集团下属的合资子公司，由民航总局于2001年12月10日批准成立，是国内唯一使用大型远程宽体公务机服务的公务机公司，具有国内、国际公务飞行资格。也是国内仅次于海航金鹿的第二大公务机公司，拥有2架庞巴迪“挑战者（CL）604”型公务机、5架赛斯纳208型水陆两用飞机。

公司的顶级公务机“挑战者（CL）604”型公务机由加拿大庞巴迪宇航公司生产，造价为2000余万美元，是国际市场最畅销的大型远程宽体公务机之一，在整个亚太地区也是最先进的公务机。它的座舱设计充分考虑旅客对于舒适的要求，拥有最现代化的客舱，远远超过普通航班头等舱的布局，也是亚洲地区公务机中最宽敞的座舱，可乘坐12～14人，同时还具有国内公务机中最宽敞的行李舱。该机型受到全世界政界商界的广泛认可，在彩虹公务机公司的客户中，有商界巨子、国际政要、社会精英及演艺界明星等各方面成功人士。“挑战者（CL）604”自加盟彩虹公务机以来，已成功飞抵国内各大中城市（含香港）以及莫斯科、东京、新加坡、韩国、朝鲜、马来西亚、菲律宾、印度孟买与德里、印度洋岛国马尔代夫等国家和地区，更因迎送美国前总统卡特、克林顿和泰国公主诗琳通等贵宾而名声大噪，并成功吸引了香港中富航空参与重组。该机型为远程宽体公务机，最大航程可达7408千米，巡航速度880千米/小时，可由国内直飞欧洲和北美。微软总裁比尔·盖茨、前国际奥委会主席萨马兰奇均使用该机型作为自己的公务机。公司的市场定位是海内外企业、商界领袖及社会知名人士等。

2006年5月，山东航空公司发布公告表示，山航旗下的彩虹公务机公司退出公务包机市场，2架曾经引以为傲的庞巴迪顶级公务机也退还给租赁公司，只保留赛斯纳飞机用于航空摄影、海洋监测、空中巡查等通用航空业务。16名飞行员则以每人100万元的价格调到山航集团飞行部。

### 4. 上海航空股份有限公司公务航空中心

上海航空股份有限公司虽然没有成立专门的公务机公司，但其凭借上海国际大都市的地位，自然不缺客户资源。从2002年初起，公司开始在上海及全国范围内为外籍和国内公务机及外籍政府专包机提供地面保障服务和代理服务。曾为世界上最大的飞机租赁公司“国际租赁金融公司”（International Lease Finance Corporation，简称 ILFC）、美国 CA 集团公司、美国波音（Boeing）公司、美国雷神（Raytheon）公司、香港麦特捷（Metrojet）公务机公司、中国国际航空公司、彩虹公务机有限公司（Rainbow Jet）等 10 多家公务机运营者提供地面保障服务，也曾为多个国家的政府专机提供在上海虹桥国际机场、浦东国际机场的地面保障服务，基本涵盖了目前国际主流的各种公务机机型。2002 年 7 月建立了“上海航空股份有限公司公务航空中心”，使公务航空的服务和设备更趋完善，有能力提供完整的 FBO（FBO—Fixed Base Operator，指固定基地运营者，主要是指在固定机场向公务航空旅客、机组和公务航空器提供地面保障、维护和相关延伸服务）服务。公司拥有 1 架豪客 800XP（2002 年向美国雷神公司订购，是当时国内全新引进的第一架豪客公务机，也是上海唯一的一架豪客公务机）、3 架 CRJ-200 等主力机型，还可提供湾流、奖状等多种机型，能转运公务旅客去国内其他未对外籍飞机开放的机场，也可以为公务旅客和机组安排在上海等城市的延伸服务，比如，宾馆预订、高级车辆租用、旅游介绍等等。

### 5. 中国国际航空公司公务机分公司

中国国际航空公司公务机分公司（Air China Business Jet Company）成立于 2003 年 11 月，是中国国际航空股份有限公司直属的公务机分公司。作为中国唯一的载旗航空公司，国航公务机多次承担中国国家领导人以及外国元首的专机任务，安全飞行和优质服务已经成为社会公认的品牌。国航公务机是国航航空运输业务中的高端单元，也是国航对航空事业孜孜不倦地追求和不断创新的结果。国航公务机公司完善的运行平台和丰富的国际公务机运行经验为公务机运行奠定了坚实的基础。

中国国际航空公司公务机分公司曾多次承载过中外国家元首的专机服务，同时多次为世界 500 强企业 CEO、中国民营企业家和演艺界明星提供过包机服务，安全的飞行和优质的服务已得到高端客户的广泛认可。公司的主要业务包括飞机托管、包机销售、购机咨询和地面代理服务。目前，公司管理 2 架 G450 公务机、1 架空中客车 318 精英型公务机和 1 架达索（Falcon）7X 公务机。G450 公务机为中国首次引进的机型，是目前国内级别最高、最为先进的机型，具备远航程、大客舱的特点，最大航程 8061 千米，可乘坐 12 名旅客；空中客车 318 精英型公务机航程可达 7000 千米，拥有 3 个功能区，可乘坐 21 名旅客，比其他公务机客舱更为宽敞和舒适；达索（Falcon）7X 公务机为三发（动机）远程公务机，2010 年 7 月 3 日引进，是国内第一架具备高原机场运行能力的公务机，本飞机的成功引进托管再一次证明中国国际航空公司公务机分公司专业团队的实力。

6. 美瑞公务机有限责任公司

美瑞公务机有限责任公司（Efs Asia Pacific Co.，Ltd）成立于2008年7月25日，由四川航空股份有限公司、瑞典欧洲飞行服务公司（EFS—European Flight Services）、上海天筹投资管理有限公司共同投资筹建，以成都双流国际机场为公司基地，开展公务飞行、出租飞行、通用航空包机飞行等业务，兼营航空器代管业务以及医疗救护等。公司的成立打破了海南航空股份有限公司、山东航空股份有限公司、上海航空股份有限公司在公务机市场三强争霸的格局，同时也成为四川成都的首家公务机公司。公司采用巴西航空工业公司生产的Legacy 600型公务机，可容纳16位旅客，内置高级皮面座椅、豪华会议室、雅致的书架，以及就餐或开会的宽敞桌子，配备可供应冷热餐的标准大小的厨房、标准宽度的舱尾厕所、衣橱和储藏柜，以及DVD播放器、高速数据（HSD）和无线保真（Wi-Fi）。该机型有6.8立方米的行李舱，是业界最大的行李舱之一，价格在3000万美元左右。

7. 东方公务航空服务有限公司

东方公务航空服务有限公司开始筹备于2008年8月6日，是由中国东方航空集团自筹资金5000万元在原有公务航空专业技术保障队伍的基础上成立的全资子公司，经营业务是为全球公务航空的在华运行保障提供专业服务。随后完成登记注册所有文件的准备工作，并将注册资料递交到国家工商局进入工商登记注册程序。

东航自1995年特设公务航空服务专职机构以来，已为国外公务机、专机提供了数千架次的地面代理服务，并以公务机保障技术、服务价格等优势，占据了上海地区公务机市场95%的份额。东航新成立的公务航空公司将利用母公司飞行、机务、地面保障等航空资源优势，并将其作为市场拓展的基础，全面开展国内外公务机执管、公务机代理、公务机租赁、外机地面保障代理、医疗救护飞行和私人飞机维护管理，以及飞行、乘务、飞机维修人员的租赁管理等多项业务。涉及客户将遍及国际知名企业、国内外政要、著名演艺体育明星等。内地航空业经济分析员认为，全球500强企业中已有400多家在中国设有独资或合资项目，而其中有八成拥有公务机。此外，国外公务机也以每年20%以上的递增速度来华发展。东航此时设立公务航空服务公司，与其为高端客户提供细化服务的定位相符，希望可带动其他服务链的完善。

2010年12月28日，民航华东地区管理局组织召开了东方公务航空服务有限公司运行合格审定申请会，东方公务航空服务有限公司即将具备托管和运营公务机业务的资格。目前东航旗下的自有公务机机队只有合并上海航空有限公司引进的1架豪客-800公务机。

8. 中一太客公务机有限公司

中一太客公务机有限公司成立于2008年，隶属于中国中一集团，是经国家民航总局正式批准成立的国内首家也是目前唯一一家民营公务机航空公司。目前公司除托管本山传媒集团董事长赵本山的飞机外，还运营一架公务机，即由公司购买的第一架由加拿大庞巴迪宇航公司生产的“挑战者（CL）850”型飞机。公司的飞机托管业务能为私人飞机拥有者解决运营和维护的难题，令其可以享受到专业航空公司的航线批准、飞机维护、代管行程计划等服务。在用户不使用飞机期间，“挑战者（CL）850”型公务机将用于出租。该机设16座，传真、卫星电话、电脑等办公设备一应俱全，并有小型酒吧、厨房等生活设施，加满航油后一次可飞行7小时、航线距离5000千米，是目前世界上最先进的公务机机型之一。按计划，公司在未来3年将购进7~10架该机型公务机，以满足东南亚、东北亚地区的公务机需求。

### 9. 东海公务机有限公司

东海公务机有限公司2009年6月开始筹建，投资方为深圳东港投资发展有限公司、香港东海联合（集团）有限公司和香港永港企业有限公司，正式成立于2010年2月。当年底由民航中南地区管理局颁发了《航空运营人运行合格证》、《维修许可证》以及《中国民用航空规章第135部运行规范》，东海公务机可以开始合法飞行。在11月举行的珠海航展期间，东海公务机公司引进第一架“挑战者（CL）605”型公务机，开始开展被外界普遍看好的粤港澳公务机市场，业务开展顺利。按公司的发展规划，未来5年的时间里将会发展成为拥有30架左右高品质、高性能豪华公务机机队的公务机公司，其中向加拿大庞巴迪公司订购的5架“挑战者（CL）300”型公务机中的第一架已于2011年3月交付使用。

### 10. 北京首都公务航空有限公司

北京首都公务航空有限公司是中国第四大航空集团——海航集团的航空成员企业，是中国首家开展公务包机业务的公司，也是亚洲最大的公务机公司，最早成立于1995年，名称为“金鹿公务航空有限公司”。2010年5月海航集团与北京市政府签订战略合作协议，金鹿航空更名为北京首都公务航空，成为海航集团下属专营公务机的企业，现拥有亚洲第一流的公务机队，有飞机30架，其中自有飞机20架，托管私人飞机10架。自有飞机包括1架全球超豪华型公务机波音BBJ、3架全球最先进的湾流550型公务机、2架湾流V型公务机、1架空客A319型公务机、4架湾流IV型公务机、3架湾流G200型公务机、4架豪客800XP型公务机、1架豪客850XP型公务机、1架豪客900XP型公务机；托管飞机包括1架豪客850XP型公务机、2架豪客4000型公务机、3架湾流G550型公务机、1架湾流G450型公务机、2架湾流G200型公务机和1架Falcon 7X公务机。北京首都公务航空还引进了包括BBJ在内的多架大型公务机，在2011年公司机队总规模达到55架。

运营15年来，北京首都公务航空时刻引领中国乃至亚洲的公务航空市场，创造了数个中国第一：中国第一家专业公务航空公司、中国最大的专业公务航空公司、中国第一家美国公务机协会（NBAA）会员、中国第一家开展托管业务的公务机公司、中国第一家开展FBO业务的公务机公司、中国第一家运营大型豪华公务机（空中客车319）的公司、中国第一家运营湾流550公务机的公司。

北京首都公务航空是美国公务机协会（NBAA）在中国大陆的首家会员，还是欧洲公务航空协会（EBAA）成员和亚洲公务航空协会（ASBAA）董事成员。目前已占据中国公务机市场的绝大部分份额，是亚洲最大的公务机公司。2008年和2009年，公司连续荣获胡润百富评选的“亚洲最受青睐私人飞机运营商”，已经成为中国和亚洲知名的公务机品牌。

## 第四节　国际主要航空公司概况

### 一、亚洲主要航空公司（以代码英文排序）

（1）印度航空公司（Air India），二字代码AI，是印度的国家航空公司，也是印度规模最大的航空公司。成立于1948年3月8日，名称为“印度国际航空公司”（Air India International）。1953年5月28日，印度政府决定航空运输业国有化，收购了8家独立私营航空公司的资产和航线，组建印度航空公司（Air India）和印度人航空公司（Indian Airlines），后者负责地区服务，同年8月开始运营。20世纪50年代是印度国际航空公司的快速发展时期——引进大量先进的客机，国际航线拓展至东京、新加坡、香港、悉尼等地；60年代开始引进喷气式客机，使其印度航空成为全世界率先拥有全喷气式客机机队的航空公司之一。2007年印度航空与印度人航空合并为印度航空公司。目前公司由印度旅游民航行政管理，完全国有。机队飞机总数40多架，包括空中客车320、321、310、319、330-200，波音747-200、747-400、747-300、767-300ER、777-200、777-200ER、777-300ER等型飞机。

（2）中华航空公司（China Airlines），二字代码CL，成立于1959年12月，1962年开辟第一条航线，长期坚持“以最好的飞航质量，满足每一位乘坐的旅客”的管理原则，公司业务不断发展，逐渐成为台湾第一大航空公司。1993年2月公司股票挂牌上市后，营运绩效迈向新的重要里程。现有波音747-400、737-800，空中客车340-300、340-600、300-600等型客机46架，另有波音747-400F及麦道11F全货机18架，运营着至四大洲28个国家的88个城市的航线。1999年后在北京、上海设立办事处，2003年1月26日和其他5家台湾航空公司执行首次春节台商包机任务，展开中断了54年的台湾海峡两岸直接通航，之后继续参与执行台商包机任务，如清明节包机、春节包机。同年与中国东方航空公司合作开辟台北—琉球—上海浦东联运航班，成为海峡两岸新的转接航点。与中国国际航空公司、中国东方航空公司建立合作“里程酬宾计划”，与中国南方航空公司开展共享航班号合作。

（3）国泰航空有限公司（Cathay Pacific Airways Ltd.），二字代码 CX，由美国籍的 Roy C Farrell 及澳洲籍的 Sydney H de Kantzow 创办，1946 年 9 月成立于香港，采用DC-3型飞机飞行。是香港最主要的航空公司，为寰宇一家（One World）航空联盟的重要成员，与美国航空、英国航空、日本航空、马来西亚航空、西班牙国家航空、港龙航空、中国国际航空、俄罗斯航空在往来香港的航班上实施代码共享，公司在香港交易所上市。1962 年实现年平均 20% 的递增速度，并开始使用计算机预订系统和飞行模拟驾驶舱，均为当时最先进的科学技术。1979 年引进第一架波音 747-200，业务扩张到欧洲、北美，公司得到不断发展壮大。至 20 世纪 90 年代，国泰航空已拥有世界各类最新型飞机，使机队成为世界上最年轻和最现代化的客运机队之一，平均机龄为 7 年，至 2010 年底，共有波音 747-400、777-200、777-300、777-300ER，空中客车 340-600、340-300、330-300 等型飞机 100 多架。

国泰航空的服务水平一向被公认为业界的指标，并赢得多种奖项，包括集合全球旅客意见最大型调查选出的2005 年度、2009 年度 Skytrax“全球最佳航空公司” 及被《世界航空》（ATW—Air Transport World）月刊选为 2006 年“全球最佳航空公司”。2006 年 9 月 28 日，国泰航空与中国国际航空公司签署协议，彼此持有对方 17.5% 的股份，同时吸收港龙航空公司为国泰航空集团辖下全资子公司，国泰航空因此正式取代日本航空而成为亚洲最大的航空公司，当年 12 月 1 日起，飞往北京及上海等地航线与港龙航空公司实施代码共享。

（4）阿联酋国际航空公司（Emirates Airline），二字代码 EK，又称“阿联酋航空公司”，是阿拉伯联合酋长国的官方国际航空公司，成立于 1985 年 10 月 25 日，总部设于迪拜，其母公司名为“阿联酋航空集团”（The Emirates Group）。成立时只有不到 1500 万美元的资产，租用了 1 架波音 737 和 1 架空中客车 300 型飞机，但因对航空运输各个业务方面做出的最高质量承诺，迅速从一个不起眼的小公司发展成为世界一流的全球性旅行及旅运公司，成为海湾地区发展最快也是全世界发展最快的航空公司，公司的年度业绩增长率从未低于 20%，自运营第三年起即连年盈利。公司在保持强劲增长势头的同时，始终追求提供业内最佳的服务品质，这是阿联酋航空成功的秘诀。2003 年巴黎航空展览会上，公司宣布了航空史上最大宗的客机交易——共订购 71 架空中客车及波音新客机，总值 190 亿美元，成为空中客车 340-600 型及 380 型两款客机的最大买家。2005 年迪拜第九届国际航空展览会上，公司再次宣布订购 42 架波音 777 客机，包括 24

架波音 777-300ER、10 架波音 777-200LR 及 8 架波音 777F 全货机，总价值 97 亿美元，是波音 777 历史上最大的交易。2007 年 11 月的迪拜第十届国际航空展览会上，公司又宣布采购包括 120 架空中客车 350 客机、11 架 380 客机及 12 架波音 777-300ER 客机，成为世界上最大的空中客车飞机及波音 777 运营商。现有 152 架飞机（另有 200 多架飞机的订单），均为新出厂的远程宽体客机，平均机龄为 5 年，是全球最年轻、最现代化的机队之一，可飞往全球 66 个国家、地区的 110 多个目的地。2010 年公司的国际航线运力超过了德国汉莎航空公司，居全球第一，月运力排在美国联合航空公司之前，居全球第三。公司现有 12000 名来自世界 131 个国家、80 多个语种的空乘。

1999 年，公司被英国每日电讯报评为“最佳国际航空公司”，2004—2007 年，获得英国旅行服务公司颁发的“全球最佳航空公司”大奖，曾被 Skytrax 评为 2007 年度四星级航空公司。因其出色的表现，阿联酋航空总计已荣获的国际奖项超过 300 个。

公司 2002 年开辟迪拜至中国上海的货运航班，次年 4 月 1 日开通上海至迪拜的直航客运航班及从德国杜塞尔多夫、法兰克福和慕尼黑途经迪拜飞往上海的航班。上海成为阿联酋航空公司在中国内地最主要的货运与客运空港基地。

（5）印度尼西亚鹰航空公司（Garuda Indonesia），二字代码 GA，是由印度尼西亚政府全资所有的国家航空公司，又称嘉鲁达印度尼西亚航空公司，简称鹰航。创建于 1949 年 1 月 26 日。1954 年成为国有公司，是目前印度尼西亚最大的航空公司。现有波音 747-400、747-300、747-200、737-300、737-400、737-500、737-800，空中客车 300、330-300 等型飞机近 100 架。公司在 1990 年中印外交关系恢复后先后开通至中国北京、香港、上海、广州、台北等地航线。与中华航空、中国南方航空、马来西亚航空、大韩航空、卡塔尔航空、胜安航空、越南航空、菲律宾航空等公司进行代码共享。

（6）伊朗航空公司（Iran Air），二字代码 IR，成立于 1944 年，1945 年正式运营，初名 Iranian Airways。1961 年与 Persian Airways 公司（1954 年成立）合并，实现国有化，改称现名。因为 1979 年伊朗革命后与美国关系恶化而遭受经济制裁，所以难以再买到西方尤其是美国的新飞机，导致伊朗航空的机队普遍高龄化，平均机龄约 20 年。2010 年又被欧盟列入禁飞名单（近几年引进的空中客车飞机及伊朗政府行政专机除外）。公司已订购俄罗斯图 204 型飞机 35 架及伊尔 96 型飞机 70 架。现有波音 747-100、747-200、747SP、737-200、727-100、727-200、707-300，空中客车 300-200、300-600、310、320，图 154，福克 100 等型飞机 40 多架，开通数十条国内、国际航线。

（7）日本航空公司（Japan Airlines Corporation），二字代码 JL，简称日航，成立于 1951 年 8 月。是日本乃至整个亚洲规模最大的航空公司之一，也是寰宇一家（One World）航空联盟成员之一。最初为一个私有制公司，1953 年 10 月成为国有航空公司，1987 年 11 月又成为私有公司，2004 年 1 月更名为日本国际航空公司集团，是日本最大的国际航空公司，运营着至30多个国家的70多个城市的航班。现拥有波音747-400、747-300、747-200、747-200F、747-100、777-200、767-300、767-200、737-400，MD11、DC-10等各型飞机140架。1974年9月29日，中日恢复邦交正常化两周年后，开通了连接中国的定期航线，此后一直在日中两国之间发挥着人员和货物往来及经济文化交流的空中桥梁作用，在两国之间拥有着庞大的航线网络。2008年与中国民航安全学院开展合作项目，并与中国东方航空公司、海南航空公司展开航线联营合作。至2008年，已有通航中国的航线21条，每周飞行270余个航班，连接中国北京、上海、大连、青岛、天津、厦门等城市。在北京、大连、广州、杭州、昆明、青岛、上海、沈阳、天津、厦门、西安、香港等地设有办事处。2010年1月19日，公司及其旗下两个子公司向东京地方法院申请破产保护，从而进入由日本政府主导的破产重组程序。

（8）港龙航空有限公司（Hong Kong Dragon Airlines Limited），二字代码KA，简称港龙航空（Dragonair），1985年成立，是一家以香港为基地的高素质国际航空公司，屡获殊荣，连续多年在Skytrax研究机构的旅客调查中获选为“中国地区最佳航空公司”。2005年11月在首次举行的《商旅》（Business Traveller China）最佳商旅评选中获得“最佳航空经济舱”荣誉。同年12月5日又获“最佳货运航空公司”奖项。2008年1月在胡润百富榜2007“胡润至尚优品”中荣获“亚洲最佳航空公司”殊荣。现为香港国泰航空公司的全资附属公司，服务网络遍及亚太地区30多个城市，其中20多个位于中国内地，远较其他非中国内地航空公司提供更多往返香港与中国内地的航班服务。公司服务的客运航点的飞机航程均不逾5小时，为全球超过半数人口包括发展迅速的中国内地提供服务。目前运营着40多架空中客车330-300、320-200、321-200及波音747-300F等型飞机，是世界上最年轻的全空中客车机队之一，平均机龄只有6年。现正进行公司创立以来最大规模的机队扩展计划，客机机队的扩展将有助于公司提供更多的航班和往返更多的航点，以让旅客有更多的选择。

（9）大韩航空公司（Korean Air），二字代码KE，全名为“大韩航空株式会社”，其母公司是Korean Air ITDC。前身为成立于1962年的韩国航空公社（Korean Air Lines），原是由韩国政府所有的国营航空公司，1969年私有化时由韩进运输集团（Hanjin Transport Group）接管，成为一家私营航空公司。大韩航空是韩国最大的航空公司，也是代表大韩民国的航空公司，同时也是亚洲最具规模的航空公司之一。大韩航空是航空联盟天合联盟（Skyteam Alliance）的创始成员之一。1984年，韩国航空公社正式更名为“大韩航空株式会社”，其飞机涂装成天蓝色。1986年，大韩航空成为首家引进MD11宽体客机的航空公司，1988年成为第24届汉城奥运会的官方承运人。2002年成为足球世界杯官方客运合作航空公司。截至2008年，共有波音747-400系列、777-200、777-300、757、737-800、737-900，空中客车330、300-600等型飞机100多架，并已订购5架空中客车380和10架波音787。已开通至中国沈阳、北京、上海、天津、青岛、烟台、乌鲁木齐等地的航班，并在北京、上海、香港、沈阳、青岛、昆明、三亚、天津、武汉、济南、烟台、厦门、西安、延吉等地设立办事处。

（10）以色列航空公司（EIAI Israel Airlines Ltd），二字代码LY，成立于1948年11月15日，1949年8月正式营运。是以色列国家航空公司。1961年6月推出特拉维夫至纽约的不停站航班服务，跨越9270千米，用时9小时33分钟，是当时航程最长的不停站商业飞行。1991年5月24日公司所属的1架波音747客机破纪录搭载了1087位犹太裔埃塞俄比亚人由阿的斯亚贝巴飞往以色列。1982年受到破产管理，直到1995年2月才解除，2003年6月开始私有化。公司所有飞行国际航班的飞机都装有反导弹系统，是世界第一家装设反导设备的民用航空公司。经营来往非洲、亚洲、北美洲、欧洲和中东的定期客运航班，可以使旅客很方便地前往以色列，并由特拉维夫的本·古里安机场转机至世界各地。公司多年被国际航空运输协会列入世界效率最高的航空公司之一，其经营口号为“Home away from Home”。现有波音747-400、747-200F、777-200ER、767-200、767-300ER、757-200、737-700、737-800系列飞机30余架。

1991年，以色列航空公司在以色列与中国政府建交后开通了从北京飞往特拉维夫的直飞航线，中途不在任何地区停留。3年后又开通了香港飞往特拉维夫的直飞航班。随着中以之间经贸往来的增加，该公司在中国的业务有了突飞猛进的增长。

（11）马来西亚航空公司（Malaysian Airlines），二字代码MH，前身为1947年成立的马来亚航空公司（Malayan Airways），当时只有1架飞机，运行新加坡至吉隆坡和槟城等航线，后添置了多架DC-3型客机。1963年马来西亚联邦成立后更名为“马来西亚航空”，1966年因新加坡退出马来西亚，再度更名为马来西亚—新加坡航空，1972年被拆分成两家公司，即新加坡航空公司和马来西亚航空公司，1987年改用现名。马来西亚航空公司是马来西亚的国营航空公司，也是马来西亚国家航空公司。公司拥有国际定期航班服务、国内航空网络和包机服务，通航欧洲、澳洲、亚洲、南北美洲、印度次大陆和非洲等100多个目的地。现有空中客车380-800、330-300、300-600，波音737-400、737-800、747-400、777-200ER及货运飞机波音747-200F、747-400F等型飞机100多架，是东南亚最大、机队最多的航空公司。多年来，公司的机上服务赢得一系列殊荣，如，纽约的服务科学院评出的“五星钻石奖”；澳大利亚旅游杂志评出的“豪华旅游奖”；英国的航班服务研究院评出的“最佳机舱职员奖”；美国Conde Nast杂志评出的世界前十位穿梭太平洋航线的航空公司；2007年被Skytrax评为“五星级航空公司”、“2006年度最佳经济舱服务奖”。这些荣誉分别褒奖了公司的杰出服务承诺、热情敬业和头等舱超水准服务等。1989年，公司成为首家进入中国广州的外国航空公司，并在北京、上海、厦门设有办事处，同时在中国国内的一些城市提供包机服务。

（12）全日空航空公司（All Nippon Airways Co.，Ltd），二字代码 NH，又称全日本空输株式会社，简称全日空，1952 年 12 月 27 日成立，初成立时称为“日本直升机公司”（Nippon Helicopter），全日空的 IATA 二字代码 NH 就是来源于 Nippon Helicopter。是仅次于日本航空公司的日本第二大航空公司，也是亚洲和世界十大航空公司之一。1957 年改为现名称，总部设在日本东京，是星空联盟（Star Alliance）成员之一（1999 年 10 月正式加入星空联盟）。2007 年被《世界航空》（ATW—Air Transport World）选为年度优秀航空公司，并由 Flight On Time. info 连续四年认定为伦敦至东京航线最准时的航空公司。

1987 年开辟中国航线，有日本大阪、成田、关西、羽田等地至中国北京、上海、沈阳、大连、天津、厦门、青岛等城市的多条航线。现有波音 747-400、767-300、767-300ER、737-500、737-700、737-700ER、777-200、777-200ER、777-300、777-300ER，空中客车 320-200 等各型飞机近 200 架，在中国北京、天津、沈阳、大连、青岛、上海、厦门、香港等地设有办事处。

（13）澳门航空公司（Air Macau），二字代码 NX，成立于 1994 年 9 月 13 日，是一家以中国澳门特别行政区为基地的地区性国际航空公司，由中国航空公司、葡萄牙航空公司和澳门本地资本企业等共同投资组建，1995 年 11 月 9 日开始正式商业飞行，提供到中国大陆、台湾地区、欧洲、东南亚与东亚的航线。拥有空中客车 300-600R、321-100、321-200、320-200、319-100 等型飞机近 20 架，飞抵的航点包括北京、上海、厦门、南京、昆明、成都、深圳、杭州、桂林、海口、台北、高雄、首尔、马尼拉、曼谷、新加坡及吉隆坡等。公司一直在海峡两岸运送旅客的过程中扮演了至关重要的角色，特别是沟通海峡两岸的“一机到底”服务，极大地便利了海峡两岸的经济、文化交流。目前，澳门航空 70% 以上的业务量来自台湾市场。

（14）韩亚航空公司（Asiana Airlines，Inc.），二字代码 OE，成立于 1988 年 2 月，由韩国大财团——锦湖韩亚集团投资成立，当年开辟国内航线及至泰国曼谷的国际航线。是韩国第二大航空公司，仅次于大韩航空。2002 年加入国际航空运输协议，2003 年成为星空联盟（Star Alliance）成员之一。拥有波音 747-400、777-200、767-300、737-400、737-500 及空中客车 330-300、320-200、321 等各型飞机 60 多架，运营国内、国际航线 70 多条，通达国内外城市 60 多个，在北京、上海、香港、长春、广州、哈尔滨、烟台、桂林、西安、重庆、杭州、南京、成都、沈阳、青岛、天津、延吉等地设立办事处。韩亚航空公司曾获得过《世界航空》（ATW—Air Transport World）享有盛名的“2001 年乘客服务奖”，成为世界最佳旅客服务航空公司，其服务标准已得到广泛认同。在 Skytrax 的调查中位居第三，被评为“最佳机组人员”航空公司。2005 年和 2006 年被《全球旅行者》（GT—Global Traveller）评为最佳航空公司，获得“最佳机舱服务奖及乘务员奖”。

（15）新加坡航空公司（Singapore Airlines），二字代码 SQ，成立于 1947 年（前身为马来亚航空），1972 年改用现名。是新加坡国有航空公司，主要经营国际航线。是世界上经营最为成功的航空公司——卓越的客户服务是新加坡航空公司成功的要素之一，优秀的机舱服务奠定了其服务方面的良好声誉，新加坡航空的乘务员形象“新加坡女孩”几乎就是新加坡航空的品牌形象。公司先后获得过 100 多项国际大奖，赢得了提供优质服务、高质量产品和创新市场领先者的荣誉，其品牌在航空界中广为人知，尤其是在安全、服务素质和革新风格方面。公司一直被誉为最舒适和最安全的航空公司之一，现有波音 747-400、777-300、777-300ER、777-200、777-200ER，空中客车 380-800、340-300、340-500、310-300 等现代机型组成的机队近 100 架，是世界主要航空公司中最年轻的机队之一（平均机龄为 6 年）。自 1985 年起开通飞往中国的航班，从北京、上海、广州、深圳、南京任意一个城市都可以方便搭乘新航航班飞往世界各地。此外，在昆明、厦门、成都、福州等地有胜安航空公司（新加坡航空公司的子公司）开通的航线。公司现为国际航空联盟星空联盟（Star Alliance）的成员公司。

（16）泰国国际航空公司（Thai Airways International），二字代码 TG，原名“泰国航空公司”，成立于 1951 年，是泰国的国家挂旗航空公司。1960 年改名为现名。1966 年后引进喷气客机，得到快速发展。现有波音 747、777、737，空中客车 300、330，麦道 11，ART 72 等型飞机 80 余架，运营着飞往世界 30 多个国家近 80 个城市的航线。已开通至中国北京、香港、成都、广州、昆明、上海、厦门、景洪等城市的航班。是国际航空联盟星空联盟（Star Alliance）创始成员公司之一。

## 二、欧洲主要航空公司

（1）法国航空公司（Air France），二字代码 AF，是一家法国的航空公司，简称法航，总部位于法国巴黎夏尔·戴高乐国际机场，同时也是法国国营航空公司。成立于 1933 年，第二次世界大战中毁灭殆尽。第二次世界大战结束后于 1948 年 6 月 16 日根据国民议会的法令成立新的法国航空公司，政府拥有 70% 的股权，成为法国国营航空公司。从 1974 年开始使用新的戴高乐机场，并且作为枢纽机场。1976 年 1 月 21 日开始运营超音速“协和号”客机，是全球两家曾拥有“协和号”超音速客机的航空公司之一（另一家是英国航空公司）。1999 年 6 月与美国达美航空公司成立了一个双边的跨大西洋伙伴关系。2000 年 6 月 22 日扩大到全球航空联盟——天合联盟（Skyteam Alliance）。2004 年收购荷兰皇家航空公司，组成法国航空—荷兰皇家航空集团。法国航空—荷兰皇家航空集团是欧洲最大的航空公司，也是世界上最大的航空公司之一。法国航空公司是天合联盟创始成员之一。

1947年1月，作为首家欧洲航空公司试航巴黎—上海航线，随后开通。1964年中法两国建立外交关系后于1966年6月签署两国航空运输协议，不久恢复巴黎—上海航线，使用机型为波音707。1973年法航开通巴黎—北京航线，成为首家飞往北京的欧洲航空公司，随后不断增加班次、增大机型。目前，法航每星期有30多班飞机从北京、上海、广州、香港飞往法国巴黎及其他城市，执飞机型为波音747、777及空中客车340、330等。

（2）芬兰航空公司（Finnair），二字代码AY，成立于1923年11月1日，是世界上第六家成立的航空公司，也是历史最悠久的航空公司之一。自成立之日起，凭借着优质的服务和丰富的经验，不断为世界各地的旅客创造愉快舒适的旅程。时至今日，每年运送超过800万名旅客，经营约50个国际航线以及22个芬兰国内航线。现拥有麦道11、空中客车320等型飞机60多架。公司总部设在欧洲重要的航线枢纽——赫尔辛基，是航空联盟寰宇一家（One World）成员之一，借助寰宇一家遍布全球的航线网络系统，旅客在全球轻松旅行的同时还将享受到成员航空公司的积分奖励。1988年6月，公司正式开辟赫尔辛基至北京航线，是欧洲到北京的最捷之径。2002年及2003年，又开通了至香港及上海的航线。

（3）英国航空公司（British Airways），二字代码BA，又称不列颠航空，简称英航。是英国最大的国际航空公司，也是英国历史最悠久的航空公司，其历史可以追溯到1924年成立的帝国航空。1974年，由英国海外航空和英国欧洲航空合并组成英国航空公司，机队由BAC 1-11，波音707、747，三叉戟，维克斯VC10、维克斯子爵式、维克斯前锋和L-1011组成。1976年引进了当时世界上最快的民航客机“协和号”客机，1977年引进了波音747-200。1987年后开始私有化，1999年与美国航空公司、国泰航空公司、澳洲航空公司、原加拿大航空公司组成寰宇一家（One World）航空联盟。是全球最大的国际航空客运公司之一、全球第七大货运航空公司、欧洲第二大航空公司，飞行网络遍布世界130多个国家和地区，飞往200多个目的地。公司是全球两家曾拥有“协和号”超音速客机的航空公司之一（另一家是法国航空）。2006年被Skytrax选为年度全球最佳航空公司，2009年9月在第18届商旅亚太评选（Business Traveller Asia Pacific Awards）中被《商旅》杂志的读者选为“最佳欧洲航空公司”。机队拥有空中客车319、320、321，波音737-300、737-400、737-500、747-400、757-200、767-300ER、777-200、777-300ER等型飞机200多架。公司1980年开通了伦敦到北京的航线，后又开通了至香港、上海的航线。2004年2月起大幅增加了两国之间的航班班次。在中国地区的北京、上海、香港机场拥有专用柜台。

（4）荷兰皇家航空公司（Klm Royal Dutch Airlines），二字代码KL，创立于1919年

10 月 7 日，是现时仍以原有名称运作的历史最悠久的航空公司，可以说是世界民航的开创者。其首个航班 1920 年 5 月 17 日由伦敦飞往阿姆斯特丹。1924 年 10 月开辟通往印度尼西亚（当时是荷属东印度）的第一条洲际航线后，于 1929 年开通了到亚洲的定期航班，1946 年 5 月开辟了至美国跨越大西洋的洲际航线。2004 年 5 月被法国航空公司收购，组成了法国航空—荷兰皇家航空集团（Air France—KLM），荷航成为法国航空—荷兰皇家航空集团 100% 持股的子公司，但荷航本身的独立地位维持不变，法航与荷航各自以独立的品牌名称经营。公司和其合作伙伴的航线网络遍及五大洲 90 个国家的 500 座城市，在 95 个国家的 251 个城市设有 351 个办事处。现有波音 747 系列、777 系列、737 系列，空中客车 330-200 等型飞机近 200 架，这些飞机的平均年龄为 9 年，是世界上最年轻的飞行机队之一。现为航空联盟天合联盟（Skyteam Alliance）成员。

荷兰皇家航空公司早在 1948 年就开通了上海与荷兰之间定期航班。1996 年 5 月 23 日中荷航空运输协定签署后，开通了北京至荷兰首都阿姆斯特丹的直飞航线，开始为中国提供定期航班服务，后增开上海、香港、成都三地直飞阿姆斯特丹的航线，从那里可以转飞到世界各地的 500 多个城市，方便快捷、轻松自由。为了更好地为中国旅客服务，荷兰皇家航空公司还在其往返中国的各条航线上招收及培训了一批中国空乘及空中翻译。

（5）德国汉莎航空股份公司（Lufthansa），二字代码 LH，成立于 1926 年，是德国的国家航空公司，也是德国最大的航空公司，同时为世界十大航空公司之一，其母公司是德国汉莎航空集团（Lufthansa）。现已发展成为全球航空业领导者和成功的航空集团，拥有 6 个战略服务领域，包括客运、地勤、飞机维修、航空餐食、旅游和 IT 服务。在全球拥有 400 多家海外子公司及附属机构。一贯秉承为客人提供安全、可信、守时、高品质、极具技术竞争力和灵活创新的服务理念。现拥有空中客车 300-600、319、320、321、330-300、340-300、340-600、380，波音 737-300、737-500、747-400，Avro RJ85，CRJ200、CRJ700、CRJ900 等型飞机 300 多架，飞行网络遍布全球 450 多个航空目的港。是星空联盟（Star Alliance）的创始成员——1997 年由德国汉莎航空与美国联合航空（United Airlines）、原加拿大航空（Air Canada）、北欧航空（SAS）与泰国国际航空（Thai Airways International）等 5 家航空公司联合成立星空联盟。

汉莎航空与在中国的合作可以追溯到 20 世纪 20 年代，1926 年 7 月 24 日，2 架容克 G24S 型飞机由柏林飞往北京。1930 年 2 月 21 日，汉莎航空与中国政府达成协议，建立中德合资的欧亚航空公司。1980 年，汉莎航空重新开通了中国航线，并成为中国市场上最大的欧洲航空公司，拥有中欧航线上最多最频繁的直飞航班，由法兰克福、慕尼黑等地直飞中国三大门户城市北京、上海、香港，均采用波音 747-400 机型或空中客车 340 机型。同时还有航班通航广州、成都、西安、南京、杭州、厦门、大连和沈阳等地。

汉莎航空还与中国国际航空公司合作成立了飞机检验和维修方面的航空技术合资企业——北京飞机维修工程有限公司；汉莎航空食品公司在北京、上海、西安等城市拥有业务合作；北京燕莎中心集宾馆、办公楼及其他配套设施于一体，成为中德友好合作的典范。可以说，汉莎航空是在华业务面最广的外国航空公司。

（6）北欧航空公司（SAS—Scandinavian Airlines），二字代码 SK，1946 年 8 月成立，是挪威、瑞典和丹麦等国家的挂旗航空公司，也是欧洲第四大航空公司。1997 年与加拿大航空公司、汉莎航空公司、美国联合航空公司、泰国航空公司等发起组织星空联盟（Star Alliance），拥有波音 747、767，空中客车 340，麦道 DC-9、MD-81/82/83/87 等型飞机 140 架，服务于世界上 30 多个国家的 100 多个目的城市。与中国北京、上海等城市通达航线 10 多条。

（7）瑞士航空公司（Swissair），二字代码 SR，成立于 1931 年 3 月，1951 年成为瑞士国家航空公司。以高水平服务、准点享誉全球，是世界主要国际航空公司之一。在欧美人士的心目中，瑞士航空被誉为贵族航空，这不仅是对瑞士航空一贯贵族式服务的赞美，同时也代表旅客们同样享有贵族般的享受，因为瑞士航空早在 33 年前就引进专业的航空服务员制度。由于经营压力过大，2002 年 3 月 31 日正式停止运营，后进行重组，改名为“瑞士国际航空有限公司”（Swiss International Airlines），拥有空中客车 340、330、319、310，麦道 11、DC-10 等型飞机 130 余架，航线通往世界 59 个国家的 126 个城市。2005 年 3 月，被批准并入德国汉莎航空集团，开始逐步实现运营方面的整合。2006 年加入国际航空联盟星空联盟（Star Alliance）。1981 年设立北京办事处，出于经营方面的原因，2003 年 7 月 11 日后取消至中国北京航线并缩减办事处人员。2006 年 4 月 21 日起，借助与德国汉莎航空公司的代码共享服务开通至中国上海航线。

（8）俄罗斯国际航空公司（Russian International Airlines），二字代码 SU，成立于 1923 年，1994 年改制为现名。是俄罗斯的国家航空公司，也是俄罗斯最大的航空公司。2007 年成为国际航空联盟天合联盟（Skyteam Alliance）的成员公司之一。现有波音 737-400、777-200、767-300、767-300ER，空中客车 320、319、321，伊尔-96、图-154M 等型飞机 100 多架，飞往世界近 100 个大城市的班机拥有优秀的技术支持，包括波音 777 飞往北京和曼谷；空中客车 310 飞往罗马、华盛顿、新加坡、巴黎、曼谷、东京、墨西哥、蒙特利尔；波音 737 飞往维也纳、日内瓦、阿姆斯特丹、苏黎世、卡罗维发利、斯德哥尔摩、哥本哈根、米兰、罗马、慕尼黑、柏林、安曼、奥姆斯克、新西伯利亚和叶卡捷林堡。

## 三、美洲主要航空公司

（1）加拿大航空公司（Air Canada），二字代码 AC，是加拿大国内的国私兼营航空公司，也是加拿大国内最大的航空公司之一，同时是世界上最大的航空联盟——星空联盟（Star Alliance）的创始会员。成立于 1937 年，名称为环加拿大航空公司，1964 年改为现名，在与 Canadian Airlines 合并前译名为枫叶航空。1989 年 7 月开始实行完全私有化。1995 年美加签署开放天空协定后，公司的业务扩展跨边境、国际和国内市场。2000 年成功收购 Canadian Airlines International。在 2007 年其成立 70 周年之际，成为全球第 14 大商业航空公司，拥有 23000 名全职员工。目前是加拿大境内航线、美加越境航线以及往返加拿大国际航线最大的承运航空公司。2007 年荣获全球航空权威刊物《世界航空》（ATW—Air Transport World）授予的航空业重要奖项“航空业成就奖”（Airline Industry Achievement Award），同年被美国著名机上杂志《全球旅行者》（GT—Global Traveller）的读者评选为“北美最佳航空公司”，被美国“Business Traveller”杂志的读者评选为“飞往加拿大的最佳商务舱”。

（2）美国西北航空公司（Northwest Airlines，Inc.），二字代码 NW，始建于 1926 年 10 月，当时称为“Northwest Airways”，业务为运送邮件，1927 年起开始运载旅客，是美国各航空公司中沿用同一名称、历史最悠久的航空公司。目前为航空联盟天合联盟（Skyteam Alliance）的成员之一。在中国被称为美国西北航空公司，以与原中国西北航空公司区别。1934 年采用“Northwest Airlines”的名字。1985 年，公司进行重组，在并购美国共和航空公司（Republic Airlines）、夏威夷航空公司（Hawaiian Airlines）后，先后与荷兰皇家航空、美国大陆航空结盟而成为更强大的航空联盟企业，在美国的航空公司中排名第五位。2008 年 4 月宣布与美国航空公司中排名第三位的达美航空公司合并，成为当时世界上最大的航空公司。现拥有包括波音 747-400、757-200、757-300，麦道 DC-9、DC-10 和空中客车 330-200、330-300、320-200、319-100 在内的飞机 400 余架，与其合作伙伴一起可提供到达六大洲 160 多个国家的 900 多个目的城市，其中包括中国的北京、上海、广州和香港等城市（1984 年开始恢复中美航线）。公司也是世界最大的货运航空公司之一，拥有专门用于货运的波音 747 货机 12 架。

（3）巴西航空公司（Varig Brazilian Airlines），二字代码 RG，初创于 1927 年，正式成立于 1969 年，是巴西第一家航空公司，也是巴西及拉丁美洲最大、班次最多的航空公司。公司一贯致力于改进服务质量、提高准点率、重视空中与地面服务，以适应旅客不断提高的航空旅行要求。公司自成立开始所秉承的“巴西航空公司就是优质服务”的服务理念，使其成为巴西国内、国际航空运输业的翘楚，赢得了无数国际荣誉。公司及其下属分公司现拥有近100架飞机，其中包括最宽敞舒适的波音777，飞行网络连接欧洲、北美洲、亚洲、非洲及整个南美洲。公司除经营国内、国际旅客运输外，还拥有和经营酒店集团——TROPICAL，并提供旅游服务、国际货运、包机业务。1997年10月，公司加入了享有盛誉的世界航空联盟星空联盟（Star Alliance），在不断全球化的国际航空运输市场中为旅客提供着更优质的服务及更多种的额外优惠。公司已被巴西政府指定为经营巴西到中国航线的唯一航空公司，并于2004年2月在北京开设了办事处，为中国的旅客前往巴西及南美提供便捷周到的服务。

（4）美国联合航空公司（United Airlines），二字代码UA，成立于1926年，主要业务为国内邮件运输。后改名为“波音飞机和运输公司”（拥有和经营着波音飞机公司、波音航空运输、太平洋航空运输的控股公司），1929年又将其名称更改为“联合飞机与运输公司”。多年的发展使其成为美国第二大航空公司，每天运营着2000多个航班飞往30多个国家的140多个城市。现有包括波音777、767、757、747、737、727，空中客车320、319，麦道DC-10等各型飞机500多架。是世界航空联盟星空联盟（Star Alliance）的成员航空公司之一。2010年10月与美国航空公司中排名第四位的大陆航空公司达成合并协议，成为新的世界第一大航空公司。联合航空1986年进入中国市场，是中美航线上最大的承运者。已开通美国主要城市至中国北京、上海、香港等地的航线，并在北京、上海、广州设有办事处。

## 四、非洲主要航空公司

埃塞俄比亚航空公司（Ethiopian Airlines），二字代码ET，是埃塞俄比亚的国营航空公司，也是非洲最著名的航空公司之一，总部位于亚的斯亚贝巴国际机场。1945年12月30日在美国环球航空公司（Trans World Airlines）的协助下成立，次年4月8日开始营运，首条航线为每周一班来往亚的斯亚贝巴和开罗的航线，使用5架DC-3型客机。1971年公司成立25年后开始将管理层和一线员工本土化，埃塞俄比亚人完全管理公司，并很快将公司变为“第三世界中最可靠和最赚钱的航空公司”。1998年开始营运跨越大西洋的航线。2005年4月28日，与波音公司签订了购买10架波音787飞机的协议，现拥有波音767-300、767-200、757-200、737-200，福克（Fokker）50等机型组成的机队，航线网几乎覆盖整个非洲，成为非洲名副其实的第一航空强国。2003年开通至中国北京、广州等地航线。

## 五、大洋洲主要航空公司

（1）澳大利亚快达航空公司（Qantas Airways Ltd.），二字代码QF，又名澳洲航空公司，全名为昆士兰省与北领地航空服务有限公司（QANTAS—Queensland and Northern Territory Aerial Services），简称澳航。成立于1920年11月，是全球历史最悠久的航空公司之一，也是澳大利亚第一大航空公司、澳大利亚国家航空公司，其母公司为澳洲航空集团。现有波音747、767、737，空中客车300、380等型飞机100余架，开通国内及亚太、北美、欧洲、非洲等30多个国家的国际航线100多条。有直达航班至中国北京、上海、香港等地。是1999年成立的国际航空联盟寰宇一家（One World）的创始成员公司。

（2）新西兰航空公司（Air New Zealand Limited.），二字代码NZ，是新西兰最大的航空公司，也是新西兰的国家航空公司，经营国际和新西兰国内航空运输业务。成立于1940年，当时名为塔斯曼帝国航空有限公司（TEAL—Tasman Empire Airways Limited），1965年更改为现名，1978年与成立于1947年的新西兰国家航空公司（NAC—National Airways Corporation）合并，成为新西兰提供国际和国内航线服务的航空公司，运营基地设在奥克兰机场。是国际航空联盟星空联盟（Star Alliance）的成员航空公司之一。现有空中客车320，波音737-300、747-400、767-300ER、777-200ER、777-300ER等型飞机100余架，是南太平洋地区的主要航空承运人之一，运营着太平洋地区至亚洲、北美和英国等世界其他地区的航线，网络遍及新西兰、澳大利亚、太平洋沿岸国家。

## 思考题

1. 航空运输企业的基本组织结构有哪四部分？
2. 航空运输企业基本评价标准中的质量评价标准和经济技术指标是什么？
3. 一般常说的中国四大航空集团公司是指哪四个公司？
4. 说出8个以上欧洲、美洲的著名航空公司。

# 第五章　飞机的发明与发展

学习目标

1. 了解飞机发明的标志与发展过程。
2. 掌握民航飞机的种类，熟悉飞机的基本结构和中国民航使用的著名机型。
3. 了解世界著名飞机制造商及其代表机型。

## 第一节　飞机的发明与种类

### 一、飞机的发明

1903 年 12 月 17 日，莱特兄弟（Wright brothers）在美国北卡罗来纳州基蒂霍克镇的刺骨寒风中，由弟弟奥维尔·莱特（Orville Wright）驾驶他们制造的“飞行者”飞机首次试飞，离地飞行 36.5 米，留空时间为 12 秒。同一天内，他们又试飞了三次，最好成绩是哥哥威尔伯·莱特（Wilbur Wright）驾驶的一次，他在空中持续飞行了 59 秒，飞行距离达到 260 米。

这是一个伟大的标志，尽管“飞行者”飞机是那么原始和简单，主要材料是木材、布和绳子，而且是手工制造完成的；尽管它在空中飞行的时间和飞行距离如此之短，飞行高度也仅仅只有 3 米多，但它是人类历史上第一次有动力的、可操纵的、载人的而且是持续的飞行，机翼的几何形状正确，螺旋桨桨叶设计合理，动力为汽油发动机，特别是横向稳定和操纵问题得到解决，实现了人类渴望已久的飞翔目的，被公认为飞机发明的开始，并载入史册。

1904 年，莱特兄弟又制造了装配新型发动机的第二架“飞行者”，试飞的最长飞行时间超过 5 分钟，飞行距离达 4.4 千米。1905 年，莱特兄弟又制造了第三架“飞行者”，它是历史上第一架完全实用的飞机——能起飞、倾斜、转弯、兜 8 字圈。1905 年 10 月 5 日，该机持续飞行时间达到 38 分钟，飞行距离达到 38.6 千米。1908 年和 1909 年，兄弟俩先后访问了欧洲，哥哥威尔伯还创造了飞行 24 小时 23 分 23 秒的新纪录。他们的表演极大地推动了欧洲航空事业的发展。不久，他们创办了莱特飞机公司，先后制造出 32 种飞机共 1000 多架，还建立了两所飞行学校。

莱特兄弟在人类航空史上做出了 8 个方面的不朽贡献：研制了整套飞行操纵系统；研究了科学翼形的气动力数据；研制了第一台适用于飞机的轻质量航空发动机；研制出第一个高效率飞机螺旋桨；设计和制造了按强度、质量比构成的飞机；在没有先例的情况下，掌握了飞行驾驶技术；教授了飞行学；建立了大规模生产的飞机工厂。

人类自此进入了航空时代。

## 二、航空器的分类

任何由人制造能够飞离地面进入空间飞行的物体称为飞行器。在大气层中进行飞行的飞行器称航空器，而飞行大气层之外的飞行器则称航天器。二者之间有联系，但更是相互独立的，例如，中国相关管理机构分别为航空工业部（航空工业集团公司）、航天工业部（航天工业集团公司）。

航空器依据获得升力方式的不同分为两大类，一类是轻于空气的航空器，依靠空气的浮力飘浮于空中，如气球、飞艇等；另一类是重于空气的飞行器，包括非动力驱动和动力驱动两种类型，具体见下表：

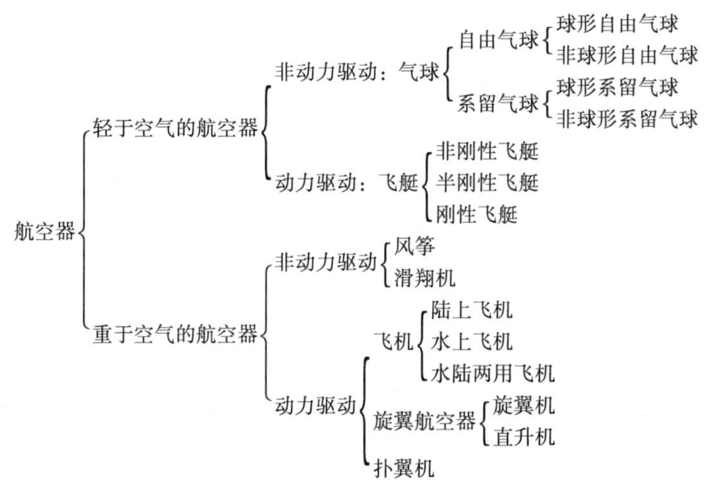

按飞机的使用用途来分，可以分为两大类：一类是民用飞机，一类是军用飞机。

## 三、民用飞机的分类

民用飞机是指民用航空活动中使用的飞机，亦即在商业航空运输和通用航空运输中使用的飞机。

1. 航线飞机

商业航空也称航空运输，是利用飞机进行经营性的客货运输，这些飞机称为航线飞机，包括运送旅客的客机、运送货物的货机及客货两用机。其中客机占据航空运输飞机的主体地位，它的分类如下：

（1）按飞机的航程远近分类，有远程、中程、近程飞机之分。远程飞机的航程为10000千米左右，可以完成中途不着陆的洲际跨洋飞行。中程飞机的航程为3000~8000千米，近程飞机的航程一般小于1000千米。近程飞机一般用于支线，因此又称支线飞机。中、远程飞机一般用于国际航线和国内干线，又称干线飞机。也有另一种说法，把航程5000千米以内的飞机称为中短程客机，5000千米以上者称为中远程客机。一般来说，飞机航程越远，起飞重量越大，设备也越先进。

（2）按发动机的性质分类，可分为活塞式飞机和喷气式飞机。在1958年以前航线上主要使用的是活塞式飞机。自从1958年以后使用喷气式发动机的客机大批量地投入使用，活塞式飞机由于速度慢，效益低，目前只在短航程上少量使用。

喷气客机投入使用后得到快速发展。为了使载客量增加，20世纪70年代初出现了机身加宽、载量增大的客机，如，1970年投入使用的波音747机体宽5.96米，每排有10个座位，中间为两条走道，载客量为352~404名。随后又出现了多种这类客机，如，波音777，空中客车340、330，伊尔86。和以前的机身直径小的客机相比，客机可分为宽体客机和窄体客机。目前对宽体客机的定义是机身直径在3.75米以上，机内有两条通道的客机；机内只有一条通道、直径在3.75米以内的称为窄体客机。

（3）按飞机发动机设置的数量分类，有单发（动机）飞机、双发（动机）飞机、三发（动机）飞机、四发（动机）飞机。

（4）按飞机的飞行速度分类，有亚音速飞机和超音速飞机之分。亚音速飞机又分低速飞机（飞行速度在400千米/小时以下）和高亚音速飞机（飞行速度马赫数为0.8~0.9）。多数喷气式飞机为高亚音速飞机。

中国使用的客机的分类方法是把客机按座位数划分大、中、小型飞机，即飞机的客座数在100座以下的为小型，100~200座之间的为中型，200座以上为大型。航程在2400千米以下的为短程，2400千米至4800千米之间为中程，4800千米以上为远程。

### 2. 通用航空飞机

通用航空是指使用航空器从事公共航空运输以外的所有民用航空业务，或者说从事公共航空运输以外的所有非军事用途的航空活动。一般划分为农业航空、工业航空、石油航空、特种航空四大类，涉及范围广泛，具体而言，包括工、农、林、牧、渔生产作业飞行；地矿测绘、城市建设、石油开发服务飞行；医疗卫生、抢险救灾、海洋及环境监测、科学实验、教育训练、文化体育、行政公务、旅游观光、航拍影视、宣传广告等方面，是民用航空的重要组成部分。据统计，在目前全世界近 40 万架民用飞机中，80% 的飞机是通用航空飞机。

正因为如此，通用航空飞机的种类繁多，具体划分如下：

（1）农业飞机：农业飞机是指用于农业及林业、牧业、渔业等方面服务的飞机，如，农药喷洒、播种、施肥、化学除草、人工降雨、森林巡护、森林消防等。著名的飞机有美国的“农用马车”（Agwagon）、“农业猫”（Agcat）、“空中拖拉机”（Air Tractor），乌克兰的安 2、安 3、安 30，澳大利亚的“空中农夫”和“空中卡车”（Airtruck），波兰的 M-18“单峰骆驼”（Dromader），中国的 N-5A、运 11 等。

林业巡护和消防飞机有俄罗斯的米 8、美国的贝尔 212、中国的运 5、加拿大的双水獭、法国的海豚型等。其共同的特点是：多由多用途飞机改装而成，多是单发（动机）的小型飞机，多具有良好的低空飞行性能，飞行速度多在 400 千米/小时以下。

（2）工业飞机：工业飞机的应用面很广，如，航空吊装、航空勘测、航空摄影、航空物探、航空遥感、航空探矿、空中拍照等。代表性飞机有美国的“空中国王”B-200、赛斯纳奖状、贝尔 212，加拿大的双水獭，俄罗斯的米 8、米 17，中国的运 5、运 12、直 9 和直 11 等。

（3）石油飞机：指用于石油勘探和为石油开采服务的飞机。一般情况下，石油多存在于沙漠和海洋之中，利用飞机进行勘探是非常方便的。特别是 20 世纪 70 年代后，海洋石油的开发进入快速发展时期，海上采油基地上的人员轮换、物资供应、食物供应、医疗救援、设备吊装等都要依靠直升机来进行，这使海上石油的飞行服务越来越显得重要。代表性的飞机有德国的 Bo-105，美国贝尔 212、贝尔 214、S-76，法国超美洲豹、海豚等。

（4）特种航空飞机：通用航空中的特种航空包括的范围较广，如，公务飞行、医疗救护、抢险救灾、环境监测、港口领航、教育训练、航空运动、特种飞行等。

公务机是指为政府高级官员和大企业经理人员进行公务或商务活动使用的飞机，又称商务机或行政机。目前公务飞行越来越受到重视和用户的欢迎，发展速度很快。著名的公务机有加拿大庞巴迪集团的庞巴迪系列和“利尔喷气”系列公务机、“挑战者”系列公务机、“全球快车”系列公务机；法国的“神秘一隼”系列公务机；英国宇航公司的“霍克”系列；美国比奇公司的“空中国王”系列和“雷神”系列、塞斯纳公司的“赛斯纳”系列、湾流航宇公司的“湾流”系列；巴西航空工业公司的 ERJ 系列飞机等。用于医疗急救等方面的飞机多为直 9、直 11、米 8、贝尔 212、Bo-105、安 30 等。

教学用飞机主要为航空学校使用，用于培养飞行员。分为初级教练机和高级教练机，均是双座型。初级教练机用于训练学员掌握初级飞行技术，多为单发（动机），结构简单，易于操纵；高级教练机是用于经初级教练机培训合格后继续提高飞行驾驶技术的人员，一般为双发（动机），其机上仪表设备和飞行性能与公务机相似。

## 四、军用飞机的分类

军用飞机是各种飞机中发展最快、变化最大的一类，技术更新快，机种变化多。根据不同的用途，可以把军用飞机分为以下 14 类：

（1）空战用的战斗机（亦称歼击机、驱逐机）：特点是机动性好、速度快、火力强。主要任务是与敌方战斗机进行空战，夺取空中优势；拦截敌方轰炸机、攻击机和巡航导弹；执行对地攻击任务。

（2）轰炸机及战斗轰炸机：主要用于对地面、水面的目标实施攻击。按起飞重量、载弹量和航程不同可分为轻型、中型（中程）和重型（远程）轰炸机。轻型轰炸机又称战术轰炸机，重型轰炸机又称战略轰炸机，用于深入敌后进行战略轰炸。

战斗轰炸机主要用于对付地面中小型目标，如，美国的 F-111、苏联的苏 24、英德意三国联合研制的“狂风”等。

（3）攻击机：亦称强击机，用于低空、超低空攻击敌方战术目标，最著名的机型有美国的 A-10、苏联的苏 25、中国的强 5 等。

（4）舰载飞机：是以航空母舰或其他特殊舰只为降落基地的飞机，有舰载战斗机，如美国的 F-14、苏联的苏 34、法国的 F-8E；舰载垂直起落战斗机和攻击机，如美国的 A-7E、AV-8A、苏联的雅克 38、英国的“海鹞”等；舰载预警机；舰载电子战飞机等。

（5）军用运输机：用于运送兵员、武器装备、空投伞兵及大型军事装备等。分为战略运输机和战术运输机两种。战略运输机尺寸大，航程远，载重能力强，如，美国的 C-5 和 C-17、苏联的安 225（目前世界上最大的军用运输机）等；战术运输机载重量小，易于在中小机场和简易场所起落，如，美国的 C-130“大力士”、苏联的安 12、法德联合研制的 C-160“协同”、意大利的 G-222 和中国的运 8 等。

（6）军用教练机：用于培养飞行员的飞机，分为初级、中级和高级三种。初级教练机构造比较简单，起飞着陆速度慢，用于训练学员掌握初级飞行技术，易于操纵。中高级教练机则是用于学员掌握喷气飞机飞行技术，与实际飞行飞机相差不多，飞机本身就可兼作攻击机，如，美国的 T-38、捷克的 L-39、法国的“阿尔法喷气”、英国的“鹰”（Hawk）等。

（7）侦察机：专门用于从空中获取情报的飞机，历史上最著名的侦察机有美国的 U-2 高空侦察机、SR-71 超音速（3 倍音速）侦察机。

（8）预警机：是装有远程预警雷达，能够监视和警报敌方飞机或导弹活动的飞机。著名的有美国的 E-3、P-3、E-2，可以在 10000 米高度进行 360°扫描，同时显示 600 个目标，指挥 100 架飞机作战，留空时间达 8 小时。

（9）加油机：是在飞行中给其他飞机和直升机补充燃料的飞机，多有大型运输机或轰炸机改装而成，如，美国的由波音 707 改装的 KC-135 加油机、由 DC-10 运输机改装的 KC-10、中国轰 6 改装的加油机等，也有少数战斗机加装油设备，为同型战斗机空中加油，称为“伙伴加油机”。

（10）垂直/短距起落飞机：是对能垂直起飞降落或能在很短距离内起飞降落的固定翼飞机的总称。著名的飞机有英国的“鹞”式飞机、美国的 AV-8A/B、俄罗斯的雅克 141、美国的 V-22“鱼鹰”等。

（11）反潜机：是载有搜索和攻击潜艇设备、武器的军用飞机或其他航空器。反潜飞机分岸基、舰载和水上飞机三类。岸基反潜机的代表是美国的 P-3“奥利安”、英国的“猎迷”、德法合作的“大西洋”；舰载反潜机随航空母舰行动，如美国的 S-3“北欧海盗”；水上反潜机能在水上起降，如日本的 PS-1 等。

（12）电子对抗机：是指用于对敌方雷达、电子制导系统和无线电通信设备等实施电子侦察、电子干扰或攻击的飞机的总称，包括电子侦察机、电子干扰机、反雷达飞机等，如美国海军舰载 EA-6B 电子对抗机。

（13）无人驾驶飞机：是指飞机由遥控设备或机上自备过程控制装置操纵的不载人飞行器，简称无人机。按起飞方式不同分为地面起飞和母机空中投放两大类，主要用于靶机、模拟飞行机、空中侦察、电子对抗等不宜使用有人机执行的一些工作。美国的无人机及中国的无人机研制水平在世界上处于前列。

（14）军用直升机：直升机是靠发动机驱动旋翼旋转产生升力，并通过特殊的传动机构和操纵系统改变升力的大小和方向从而实现各种飞行的飞行器，具有垂直起降、定点悬停、定点回转、前飞、后飞和侧飞等技能，具有广泛的军用和民用价值。

军用直升机分为武装直升机、多用途直升机，著名的武装直升机有法国的 SA342“小羚羊”和 SA365“黑豹”、意大利“阿克斯塔”A129、苏联的米 28 和卡 50、美国的 AH-64“长弓”、欧洲联合生产的“虎”等；著名的多用途直升机有美国的 MH-60、S-76 及苏联的米 17 等。

## 第二节　飞机的基本结构

自世界上出现飞机以来，其结构虽经不断改进而使其外貌不尽相同，甚至相差极大，但其主要组成部分却大体一致，都包括机身、尾翼、机翼、起落架、动力装置、操纵系统和机载设备等。

### 一、飞机的机体

通常情况下，人们把机身、机翼、尾翼、起落架等构成飞机外部形状的部分合称为机体，它们的尺寸大小及位置变化影响着飞机的使用性能及运行效率。

1. 机身

机身是飞机的主体部分，一般情况下是长筒形状，把机翼、尾翼和起落架连在一起。它的前部即机头，装置驾驶舱用来控制飞机；中部是客舱或货舱用来装载旅客、货物、燃油及各种必需的设备，这些设备除乘坐舒适的座椅设备外，还有增压设备、空调设备、安全救生设备、灭火设备等；后部则与尾翼相连。如是客机，客舱内要布置走道（单走道或双走道）、厨房、厕所等旅客生活需要的空间及设备，并根据载客量的大小设置相应数量的舱门、窗口和其他检修飞机、供货的进出口，还要在客舱的下部留出相应空间用于装载旅客行李和货物（机腹货舱）；如是货机，货舱的设置相对简单，以装卸货物的通畅和方便为原则，大型货机的货舱内装有滑轨绞盘及起重装置；如是客货型飞机，一般情况下，机身的前部为客舱，后部为货舱；如是客货转换型飞机，则机舱内的隔板或座椅可以快速拆装，能在很短的时间甚至几个小时内把客机改装为货机，或把货机改装为客机。

2. 机翼

机翼是飞机必不可少的部分，在现代客机上它除了提供升力外，还是飞机油箱和起落架舱的安放位置。根据机翼在机身上安装的部位和形式，可以把飞机分成下单翼飞机（机翼安装在机身下方）、中单翼飞机（机翼安装在机身中部）、上单翼飞机（机翼安装在机身上部）。早期的飞机多是双翼机或三翼机，现代的民航运输机多为下单翼飞机，军用运输机和螺旋桨飞机多采用上单翼。

机翼由四部分组成，即翼根、前缘、后缘、翼尖。翼根是指机翼和机身结合的部分，因其受力很大而是结构强度最强的部位；而机翼的前缘和后缘则加装了许多改善和控制飞机气动力性能的装置，这些装置包括副翼、襟翼、缝翼和扰流板，在飞机起飞或着陆时发挥着重要的作用。

机翼内部的空间，除了安装机翼表面的各种附加翼面的操纵装置外，主要部分是用来存储燃油的油箱，机翼上的燃油载量约占全机燃油的1/4；机翼还用来安放起落机舱；有些飞机的发动机也会装置在机翼上，但大多数客机的发动机是吊装在机翼之下。

### 3. 尾翼

尾翼是飞机尾部的水平尾翼和垂直尾翼的统称，其作用是保证飞机3个轴的方向稳定性和操纵性。水平尾翼由固定的水平安定面和升降舵组成，用以保持飞机纵向的稳定和控制飞机抬头或低头运动；垂直尾翼由固定的垂直安定面和活动方向舵组成，用以保持飞机的航向和控制飞机左右活动。

### 4. 起落架

起落架是装置在机身下部，用以在地面上支撑飞机并保证飞机在起飞（着陆）、滑跑和在地面移动时起到运动功能，极大地影响着飞机起降时的性能和安全。现代飞机的起落架组成包括四个部分：起落架舱、减震装置、收放装置、制动刹车装置。

早期的飞机和通用航空中使用的许多小型飞机，由于速度不高，多采用固定的不可收放的起落架，因而也没有起落舱。而现代飞机多为喷气式，因速度快，为减少空气阻力，均采用了可收放式起落架，飞机在起飞后将起落架收入机身或机翼中的起落架舱内，飞机可以更好更快地飞行。

起落架的配置方式分为前三点式和后三点式，前三点式是指主起落架（承重起落架）在飞机重心之后，机头装前起落架。现代大型高速飞机大都是采用前三点式，而且是支柱式多轮起落架，轮子的数量取决于飞机的重量和机场跑道的性能。目前最大的波音747的主起落架共有16个轮胎。后三点式是指主起落架（承重起落架）在飞机重心之前，机尾装后起落架或尾轮。早期的飞机和通用航空中使用的小型活塞式飞机多为后三点式。

起落架中的减震装置由减震器和轮胎组成。减震器分为弹簧减震器（一般为小型飞机使用）、油气减震器（一般为大型飞机使用）两种。轮胎则有低压轮胎、中压轮胎、高压轮胎三种，小型飞机多用低压轮胎，大型飞机则用高压轮胎。

起落架中的收放装置通常是通过液压作动筒实现的，并装备有起落架收起和放下的锁定装置、收放指示灯、收放音响指示及警告指示系统等。同时还有一套独立的起落架紧急收放系统，可以采用人工、重力、空气动力、飞行姿态等收放起落架。

起落架中的制动装置是由刹车盘实现制动功能的，与汽车刹车相似，也有类似防抱死机构的自动调整系统。

## 二、飞机的动力装置

飞机的动力装置是飞机的核心组成部分，它包括发动机、螺旋桨、动力辅助装置三部分，其中最主要的部分是发动机，所以人们说发动机是飞机的心脏。

1. 发动机

目前，航空发动机分为活塞式发动机和喷气式发动机两大类。活塞式发动机为四冲程汽油内燃机，5 缸至 28 缸，最大功率达到 4000 马力，最初是使用在汽车上，自莱特兄弟开始，则被装配到飞机上，和螺旋桨装置一起成为飞机唯一的动力装置，大量地运用于各种飞机之上。在 20 世纪 50 年代达到成熟技术，使用非常可靠。发动机的重量马力比由开始时的 6.4 千克/马力降为 0.5 千克/马力，耗油率也由 1 千克/马力小时降至 0.2 ~ 0.25 千克/马力小时。由于具有易维护和经济性好的特点，它至今仍然广泛地使用在小型、低速的各类飞机上。

螺旋桨是活塞式发动机驱动飞机必不可少的组成部分，因为单纯的活塞式发动机不能单独驱动飞机。螺旋桨桨叶一般为 2 ~ 6 片，它在飞机速度低于音速（时速在 200 ~ 700 千米内）的情况下具有很高的推进效率，产生推力的效能也比喷气发动机要大，因而螺旋桨飞机在支线飞机中被广泛采用。

由于螺旋桨在高速飞行条件下阻力增大及活塞式发动机在降低重量马力比上几乎接近极限，人们探索的更方便提高飞机飞行速度的喷气式发动机取得进展，并在 1939 年装配的世界上第一架喷气式飞机（He-178）试飞成功。

喷气式发动机是航空燃料（航空煤油）在发动机内燃烧导致气体膨胀向后排出的巨大反作用力使飞机受到向前的推力。它分为两大类，一类是自带燃油和氧化剂的火箭发动机，它不依靠外界环境而靠自身条件燃烧产生动力，是航天飞行器的唯一动力形式；另一类是自带燃油，但是是从空气中获得氧气进行燃烧，所以可以在大气层内飞行，被称为空气喷气发动机，是喷气式航空器（飞机）的动力。

空气喷气发动机又分两类：一类是带压气机的喷气发动机，由进气道、压气机、燃烧室、涡轮和尾喷管组成，应用最为广泛。根据使用性能，先后出现过四种：第一种是涡轮喷气发动机，它的特点是重量轻，推力大，适合高速飞行，但它的油耗大，经济性差，在目前的民航飞机上已基本不用了，但在它的基础上发展起来的涡轮螺桨发动机、涡轮风扇发动机、涡轮轴发动机却得到普遍使用。第二种是涡轮螺桨发动机，这种发动机产生的动力是以螺旋桨的拉力为主，占全部前进动力的 90%，喷气动力只占 10%，所以它在本质上属于螺旋桨推进的飞机，与活塞式发动机相比，它构造简单，维护容易。其耗油率虽然与活塞式发动机相近，但因其使用的航空煤油比活塞式发动机使用的航空汽油价格低而更具经济性，同时，这种发动机的马力质量比高，可达0.23千克/马力，也可以做得很大，达到10000~15000马力，大大优于活塞式发动机。因此，涡轮螺桨发动机在中速的客机和支线飞机上取代了活塞式发动机。第三种是涡轮风扇发动机，它在涡轮喷气发动机的压气机前加装了几级风扇，加大了空气流量和压力，从而产生了更大的推力。再加上它的低耗油率和低噪声特点，使其成为取代涡轮喷气发动机而装配在目前大型民航运输机上的唯一的动力装置。第四种是涡轮轴发动机，它在直升机上获得了广泛的应用。和活塞式发动机相比，它的结构重量轻，功率大，最大可达10000千瓦。耗油率也在下降，而且是使用价格更低的航空煤油，经济性不错。缺点是制造困难，技术复杂，成本较高。但随着技术改进，其性能会越来越好，并将成为直升机的主要动力形式。

另一类是不带压气机的喷气发动机，由进气道、燃烧室、推进喷管三部分组成，分为脉动式喷气发动机和冲压式喷气发动机，其工作原理是靠飞机高速飞行时的相对气流进入发动机气道中减速，将动能转变为压力能，由喷口高速排出而产生推力。这类发动机构造简单、重量轻、推重比大、成本低，常与其他发动机配合使用。

航空发动机分类图：

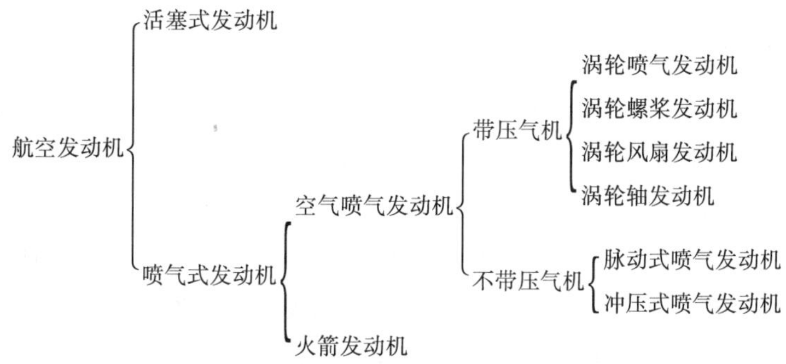


涡轮喷气发动机安装在飞机机身上的位置是不同的，一般情况下有以下几种：

一种是两台发动机安装在机翼根部的短舱内，如英国彗星号、苏联图104等。

一种是两台喷气发动机安装在后机身外部的两侧，如MD82、MD90。

一种是两台涡扇发动机安装在翼下，一台在后机身上方，如MD11。

一种是两台涡扇发动机安装在翼下的吊舱内，如波音707。

一种是两台或四台涡扇发动机安装在翼下。两台翼下涡扇发动机，如波音737、757、767、777，空中客车320、321、319、300，四台翼下涡扇发动机，如波音747，空中客车340、380，伊尔86、伊尔96。

一种是三台涡扇发动机安装在尾部，如三叉戟、图154、雅克42。

一种是四台涡扇发动机安装在尾部，如伊尔62。

### 2. 航空发动机的辅助动力装置

在大中型飞机和大型直升机上，为了减少对地面（机场）供电设备的依赖，大都装有独立的小型动力装置，即辅助动力装置（APU—Auxiliary Power Unit）。它的作用是向飞机独立地提供电力和压缩空气或提供附加推力，飞机起飞前在地面时，由 APU 供电启动主发动机，从而不需依靠地面的电源车来发动飞机；起飞时 APU 提供电力和压缩空气，保证客舱和驾驶舱内的照明和空调使用，使发动机功率全部用于地面加速和爬升，改善了飞机起飞性能；飞机降落后，仍由 APU 供应电力照明及空调，使主发动机提早关闭，节省了飞机燃油，并能降低机场噪声。一般情况下，飞机爬升到 5000 米时 APU 自动关闭，但如果在飞行中主发动机空中停车时，APU 可以在 10500 米以下空中及时启动，为发动机重新启动提供动力。

在现代化的大中型客机上，APU 是保证发动机空中停车后再启动的主要装置，直接影响飞行安全。它也是飞机停在地面时保证客舱舒适的必要条件，关系到旅客对乘机机型的选择，所以 APU 已成为大型现代客机上一个不可或缺的重要系统。

## 三、飞机的电子仪表系统

飞机的电子仪表系统是飞机感知和处理外部情况并控制飞行状态的核心，相当于人的大脑及神经系统，对保障飞行安全、改善飞行性能起着关键作用。在飞机发展的初期，因为飞行量小，对外部情况感知的重要性也不大，飞机上只有很简单的飞行仪表，对飞机的控制主要由驾驶员手动完成。随着飞行流量的加大，以及科学技术的发展特别是计算机在飞机上的应用，飞机上的仪表和控制系统有了重大发展——使用先进电子系统的飞机，飞行控制实现了自动化，大大减少了驾驶员人为差错的发生，飞行安全性大大提高；飞机依靠电子设备的地面导航系统的帮助，可以自动辨别航向，可以适应各种气象条件，可以在能见度很低（平视 50 ~ 200 米）的跑道上起飞或着陆，能选择最佳航线、最佳飞行状态，使飞机性能有了很大提高；飞机能够向旅客提供机上视听娱乐和电话服务。一句话，先进的电子仪表系统正使飞机改变得越来越现代，越来越安全，越来越舒适。

飞机的电子仪表系统共分为三部分：通信系统、导航系统、飞行控制仪表系统。

### 1. 通信系统

通信系统的主要用途是飞机在飞行的各个阶段中和地面的航行管制人员、机务维修人员保持双向的语音和信号联系，即飞机与外部的联系；同时提供飞机内部人员之间及空勤乘务人员与旅客间的联络服务功能。它包括甚高频通信系统、高频通信系统、选择呼叫系统和音频综合系统。

（1）甚高频通信系统（VHF—Very High Frequency）

使用甚高频无线电波，功能作用范围只在目视范围内，作用距离随飞行高度而变化，在高度为300米时距离为74千米。此系统主要用于飞机在起飞、降落时或通过控制空域时机组人员与地面人员的双向语音通信。飞机起飞和降落时期是驾驶员处理问题最多的时期，因而是最繁忙的时期，也是飞行中最容易发生事故的时间，因此必须保证甚高频通信的高度可靠，民航飞机上一般装有一套以上的备用系统。

甚高频所使用的频率范围按照国际民航组织的统一规定在118.000～135.975MHz之间，每25KHz为1个频道，共设置720个频道供选用，其中121.500MHz定为遇难呼救的全球统一的频道。

（2）高频通信系统（HF—High Frequency）

高频通信系统是远距离通信系统，通信距离可达数千千米，用于飞机在飞行中保持与基地和远方航站的联络。频率范围在2～30MHz之间，每1KHz为一个频道。大型飞机一般装有两套高频通信系统，埋入飞机尾部的飞机蒙皮之内。

（3）选择呼叫系统（SELCAL—Selective Calling System）

此系统是指每架飞机的呼叫系统设置一个特定的四位字母代码，其通信系统也被调谐到指定的频率上，当地面的高频或甚高频系统发出呼叫时，飞机上的选择呼叫系统以信号灯和音响器通知机组有人呼叫，从而进行通话联络，避免了驾驶员长时间等候呼叫或由于疏漏而错过接通联系的情况，保证更高的安全性、方便性。

（4）音频综合系统（AIS—Audio Integrated System）

本系统包括飞机内部的通话系统，如机组人员之间的通话系统、对旅客的广播和电视等娱乐设施，也包括飞机在地面时机组和地面维护人员之间的通话系统。具体讲有四个系统：

①飞行内话系统：主要供驾驶员使用，用于对机外通话及机内机组成员间通话。

②勤务内话系统：主要是指飞机上各个服务站位（驾驶舱、客舱、货舱）及地面服务维修人员站位上通话点组成的电话系统，用于机组人员之间或机组与地面服务人员之间的电话联络。

③客舱广播及娱乐系统：用于放送多通道音乐广播、电视、放像等。

④呼唤系统：有机组成员之间的呼唤系统和旅客呼唤乘务员的灯光、音响系统。

### 2. 导航系统

导航是指飞机按照预定的航线，保持正确的航向和位置，完成飞行任务并准确到达预定位置的方法。早期的飞机因飞行高度有限及科学技术水平不高，导航方法是靠目视地面目标来对照地图实现的，因而受天气因素及人为因素的影响很大，很容易出现安全事故，有时根本无法完成飞行。现在的飞机导航系统已经取得极大改进，足以保证飞机能安全、正点地起飞离场和到达预定地点。

导航设备广义上包括所有为飞机确定位置和方向的设备，狭义上只包括在航路上使用的设备。广义上的导航设备包括罗盘系统、甚高频全向信标系统、仪表着陆系统、无线电高度表、测距机、气象雷达及惯性基准系统。

(1) 罗盘系统：罗盘是为飞机定向的仪表，在飞机上有两种：一种是磁罗盘，原理同指南针；另一种是无线电罗盘，也称自动定向机（ADF—Automatic Direction Finder），与地面上设立的无方向导航信标台（NDB—Non-Directional Beacon）及大功率的广播电台配合使用。

(2) 甚高频全向信标（VOR—Very-High-Frequency Omnidirectional Range）：是一种测向系统，由飞机上的全向信标接收机和地面（航道方向）的全向信标台组成。通过相互之间信号变化的相位得到飞机的航向。

(3) 仪表着陆系统（ILS—Instrumentation Landing System）：又称盲降系统，是引导飞机沿着正确的航道下滑、着陆的系统，根据其级别不同，可以引导飞机在能见度很低的坏天气或在夜间降落，使飞机降落的安全性大为提高，也大大提高了航空公司对航班安排的主动性及经济性。

(4) 无线电高度表：是使用无线电波的反射回波测量飞机与大地表面之间的实际高度，工作范围在5000英尺以下，用于飞机的起飞和进近着陆时，工作原理相同于雷达。

(5) 测距机（DME—Distance Measuring Equipment）：是依靠或利用飞机和地面测距台之间的无线电波往返时间来测定飞机和测距台之间的距离，即斜距（飞机有高度），经水平状态指示器换算成水平距离。

(6) 气象雷达：用于探测飞机前方一定区域内的危险气象状况、障碍物或地形状况，各种情况会在显示屏上形成不同的颜色和亮度，供驾驶员判断和选择。新一代气象雷达不仅能探测到雷雨、冰雹等，还能探测到大气的湍流，对保证飞行安全具有重大价值。

(7) 惯性基准系统：由加速度计和陀螺及快速的计算处理系统组成，通过加速度计测出飞机在三个轴向的线加速度，通过陀螺测出飞机在三个轴向上的角加速度，经计算机运算得出飞机在每一时刻的位置，即经度、纬度和高度。它是当今先进民航机上的基本设备。

(8) 卫星导航系统：是20世纪80年代末迅速发展起来的新型导航系统，它利用卫星系统，由飞机上的接收机接收卫星的信号，通过飞机与卫星、卫星与地球之间相对位置的计算，得出飞机的位置。目前使用最多的是美国的全球卫星定位系统（GPS—Global Positioning System），它所测出的飞机位置，精度达到10米之内。卫星导航系统精度高，机载设备简单，也不受气候影响，是理想的新型导航方式，将在以后得到广泛应用。

（9）应答机：是机载设备满足地面航空管制雷达使用要求的设备。地面管制雷达如果有能力辨别飞机的识别代码和气压高度，此种雷达则被称为二次雷达。二次雷达向飞机发出问询信号后，机上的应答机被触发后会自动回复，向地面报告飞机的编码和飞行高度，雷达屏幕上的飞机光点就会显示出飞机的编码和高度。这使航行管制工作的准确性大为提高，管制方式也由程序管制变为效率更高的雷达管制。

3. 飞行控制仪表系统

飞机的控制仪表系统是提供飞机飞行中的各种信息和数据，使驾驶员及时了解飞行情况，对飞机进行控制以顺利完成飞行任务。早期的飞机飞行又低又慢，只装有温度计和气压计等简单仪表，主要是靠飞行员的感觉获取信息。现在的飞机则装备了大量仪表,并由计算机统一管理,用先进的显示技术直接显示出来,大大方便了驾驶员的工作。

飞行控制仪表第一类是大气数据仪表，由气压高度表、飞行速度表、大气温度表、大气数据计算机等组成。

飞行控制仪表第二类是飞行姿态指引仪表，主要包括陀螺仪表。20 世纪 70 年代以前是机械式陀螺，其后则是激光陀螺。

飞行控制仪表第三类是惯性基准系统，本系统可提供一套精确的飞机姿态数据，如，位置、倾斜、航向、速度和加速度等，实现了飞机导航、控制及显示一体化。

4. 电子综合仪表系统

20 世纪 60 年代后期，由于计算机的小型化及显像管的广泛应用，飞机飞行仪表产生了革命性变化，新一代电子综合仪表广泛使用。本系统分为两大组成部分，一是电子飞行仪表系统（EFIS—Electronic Flight Instrumentation System），包括电子水平状态指示器、电子姿态指引仪、符号发生器及方式控制面板、信号仪表选择板等；二是发动机指示与机组警告系统，可以显示发动机的参数并对其进行自动监控，如出现工作异常情况会发出警告并记录下故障时的系统参数。它一方面大大改善了飞机驾驶员的工作条件，同时也为飞机维修提供了可靠数据。本系统由 2 台计算机、2 台显示器、2 套显示转换组件、1 块显示面板、1 块维护面板组成。

5. 飞机自动驾驶系统

飞机自动驾驶功能早就出现了，只是它所能控制的范围太小，一开始是利用陀螺仪控制和纠正飞机的飞行姿态；20 世纪 30 年代发展成可控制和保持飞机的高度、速度和航迹的自动驾驶仪；50 年代时又出现和导航系统、仪表着陆系统相配合的自动驾驶仪，可实现飞机长距离自动飞行、起飞和着陆；而到 70 年代中期，因为计算机的应用，自动驾驶仪实现了更高程度的自动化。在现代化大中型民航飞机中，飞机自动驾驶系统有四个部分组成：一是自动驾驶仪指引系统（AFDS—Autopilot Flight Director System）；二是推力管理系统；三是偏航阻导系统；四是自动安定面配平系统。

### 6. 飞机综合电子控制系统

（1）飞行管理计算机系统（FMCS—Flight Management Computer System）

飞行驾驶自动化的进一步发展，要求把飞机的信号基准系统、自动驾驶系统和显示系统统一综合管理，使飞机在整个航线实现最佳性能的自动驾驶飞行，这个任务即由飞行管理计算机系统完成。

（2）飞行信息记录系统

它包括两个部分，一个是驾驶舱话音记录器，把驾驶舱内发生的声音和飞行的各种性能数据记录在磁带上，但它只记录飞行的最后30分钟内的信号，并把以前的信号抹掉；另一个部分是数字飞行数据记录器，记录飞行时各种参数，可记录25个小时中的60多种数据。这些记录被放在一个耐热抗震的金属容器中，即俗称“黑匣子”。其主要用途是进行事故分析和维修飞机，也用于飞行试验。

（3）飞机数据总线及阿林克寻址通信与报告系统

飞机上的大量的专用计算机使用的数据及各计算机之间的数据交换要处理的参数在1000种以上，需要设置大量的传输线路才能运转，加大了飞机的工作负荷和维修保护难度。为了大大减少传输线路的总数，人们又发明了飞机联网系统，目前民航飞机上大都采用美国航空无线电公司制定的阿林克（ARINC）电子设备429总线，使飞机上的数字数据总线变为110条，它保证着飞机电子设备的正常运转。通过阿林克总线，飞机上的各种数据可以实现空地双向的数据链交换，即阿林克寻址通信与报告系统。此系统使飞机与地面有关部门联系成为一个实时数据处理的整体，可以向地面部门自动报告飞机的各种参数，同时接受地面发来的各种指示和信息，方便了情报的及时沟通和故障的及时处理。此系统还提供了双向语言通信及旅客的空中电话及安排预订旅客、租用车辆等地面服务项目。

（4）近地警告系统（GPWS—Ground Proximity Warning System）

此系统是20世纪70年代后期开始装备飞机的，功能是通过灯光和声音通知驾驶员飞机正在以不安全的方式或速度靠近地面，警告驾驶员预防因疏忽或计算不周而发生的触地事故。警告险情分为六种：下降速度过大；相对于地面的接近速率过大；起飞或复飞爬升时襟翼下放得太小；飞机离地高度不够；飞机进近时，下滑道向下偏离；风切变。

（5）空中警告及避撞系统（TCAS—Traffic Alert and Collision Avoidance System）

根据二次雷达用应答机确定飞机编号、航向和高度的原理，把询问装置装在飞机上，使飞机之间可以显示相互之间的距离间隔，帮助驾驶员采取相应的措施，防止空中碰撞。此系统的监视范围为前方30海里，上、下方3000米及一定范围的飞机侧面、后方，能自动计算出范围内30架以内飞机的动向和可能的危险接近，提供驾驶员25～40秒的时间采取措施。

（6）电传操纵系统（FBW—Fly-by-Wire）

简单地说，就是把传统的对飞机的机械操纵全部改为电信号代替，从而形成了电传操纵，其好处是减少了机械系统的摩擦和时间延迟，反应速度更快，操纵灵敏性更高；它也避免了原来的手动操纵与自动操纵间转换时的不协调，并减少了机械系统的装置及重量，飞机驾驶更为方便省力；更主要的是，它提高了飞机的机动性。

在民航飞机中，最先采用电传操纵的是空中客车320，至20世纪90年代，各飞机生产商所生产的大型客机都改为了电传操纵。

## 四、飞机的电气系统

飞机的电气系统是指飞机的供电设备和用电设备系统，包括电源、配电、用电三个部分。早期的飞机用电量很小，主要是供给电点火系统、无线电收发机、灯光照明和发动机启动。但现在的飞机大量使用了电动机，加上各种技术设备的用电量，如通信导航、自动驾驶、空调等，使电气系统成为现代飞机上不可缺少的部分。

电源系统由主电源（发动机带动的发电机）、二次电源（变压器、变流机等）、应急电源（蓄电池等）组成，分为直流电源系统和交流电源系统两种。

配电系统由导线组成的电网、各种配电器具、接头、检查仪表组成。

用电设备分为电动机、电子仪表设备、飞机内外照明、电加热设备等四部分。

## 五、飞机的液压、气压系统

飞机上的液压系统是飞机上操纵执行机构的主要动力，如，起落架的收放、刹车、前轮转向机构、襟翼扰流板、方向舵和货舱门、操纵面和增升装置的操纵等都使用液压系统。此系统一般由泵、阀、蓄压器、作动器、过滤器、储液箱及管道组成。

气压系统大多是作为液压系统的备份系统或辅助系统，它分为高压系统、中压系统、低压系统，分别作用于不同的部件上。

## 六、飞机座舱环境控制系统

飞机在天空飞行时，随着高度的增加，会因为大气压下降带来大气中含氧量下降的情况，若超过4000米，人就会出现缺氧症状，不能维持正常的活动。若超过6000米高度，人保持正常意识的时间下降到不足 15 分钟，在 8000 米高度，会降至 3 分钟，而且还会出现减压症导致身体浮肿，所以若飞机飞行高度超过 6000 米时，必须采用环境保护措施来保障旅客和机组人员的生命安全。这种保障系统即称座舱环境控制系统，包括氧气系统、增压座舱和空调系统三个组成部分。

1. 氧气系统

现代民航飞机的氧气系统只是在紧急情况下救生使用，它由氧源、供氧管路、氧气面罩三部分组成。一般情况下，绝大多数客机的氧气是用高压气瓶储存的，但有的飞机会有化学的氧气发生器作备用气源，还有个别的客机及军用飞机以液氧为氧气源。氧气经过供氧管路送到氧气面罩上。客机上的氧气面罩在旅客座位上方的天花板上，一旦气压降到低于 4500 米高度气压时，面罩会自动落下，供旅客使用。

2. 增压座舱

既然飞机飞行高度超过 4000 米后就会使人产生减压症状，所以人们就想办法进行增压保护。以前活塞式飞机的解决办法是给乘员穿上抗压服、戴上氧气面罩，喷气式飞机的飞行高度在 7000 米以上，所以必须给整个座舱增压，增压的座舱是密封的，所以增压座舱又叫气密座舱。

正因为这样，飞机如在飞行中出现机体破损或人为原因打开舱门或应急舱门情况，就会出现机内旅客或物品被吸入天空甚至机体爆炸解体的现象。所以旅客乘机时千万不要因为好奇或情绪等原因触动飞机应急舱门手柄，以防造成不必要的损失和危险。

3. 空调系统

此系统用于保证座舱内的温度、湿度和二氧化碳浓度，以保障舒适安全的飞行环境。它由加热、通风、去湿等部分组成，循环供应。

## 七、飞机的燃油系统

燃油系统是保证飞机获取动力的必要保证装置，它包括飞机上的储油设备和向发动机供应油料的系统。

小型飞机是使用重力供油，油箱安装得比发动机高，燃油依靠重力流入发动机。在对飞机加油时，也是采用翼上加油方式。小型飞机多使用航空汽油。

大型现代客机耗油量很大，例如，波音 747 每小时耗油量为 9 ~ 10 吨，最大载油量约 170 吨，靠重力供油不能满足要求时，必须采用压力供油方式。加油车对飞机加油时，采用飞机翼下加油，也是压力加油。大型飞机多使用航空煤油。

大型飞机的燃油系统由油箱、油泵、供油管道、加油系统、放油系统组成。其中油箱为整体性油箱，直接利用机翼和机身的部分结构空间作油箱。放油系统是供飞机在紧急情况下快速放油以减小降落危险的设备系统。

## 第三节　著名民用飞机介绍

### 一、民航发展历史上的著名机型

#### 1. 世界上第一架全金属客机

被称为德国天才飞机设计师的胡果·容克斯（Hugo Junkers）在1919年6月设计成功的F13飞机，是世界上第一种全金属飞机，也是当时欧洲最先进的飞机。飞机的翼展为18米，机长为10米，可以装载4~6名旅客，座椅上有软垫和安全带，机舱内有照明设备和大号舷窗。飞行速度为140千米/小时。F13飞机有力地开创了现代航空业与民航业的发展，它的波形铁皮机体取代了过去的木材和布料机身，大大提高了机身硬度，特别是在高温情况下更显优势。一战之后，德国将F13飞机出售或授权给匈牙利、苏联、日本等国家，从此经历了30年的辉煌，飞遍了五大洲，直到1948年最后一架F13退役。它还成为以后出现的容克斯运输机的基础——比如，在F13基础上派生的容克斯Ju 52/3M型客机，自1931年以后的25年中总共生产了近5000架，成为德国航空工业历史上产量最大、出口最广泛的民用运输机，容克斯的名字也由此享誉全球。

图5.1　旅客与德国F13飞机

#### 2. 世界上第一架真正现代客机

1930年，美国波音公司开始了全金属客机的研制，这就是航空史上著名的波音247

型客机。波音 247 是第一架真正现代客机。它具有全金属结构和流线型外形，装有自动驾驶仪和除冰设备，起落架可以收放，采用下单翼结构。机上装有两台功率为 410 千瓦的发动机驱动可变桨距的螺旋桨。其巡航速度为 248 千米/小时（以后提高到 290 千米/小时），航程 776 千米，载客 10 人，并可装载 181 千克邮件。机上座位舒适，配备有洗手间。波音 247 最引人注目的特点是可以在一台发动机工作的情况下保持飞机在最大起飞重量下的飞行高度，甚至还有爬升能力。

波音 247 于 1933 年首次试飞成功，并在当年世界博览会上引起了轰动，从而使波音公司名噪一时。由于波音 247 飞机的乘坐条件改善，速度也比一般客机每小时提高了几十千米，所以很受航空公司的欢迎。仅美国联合航空公司一家就订购了 60 架，价值 400 万美元，这是当时世界上最大的一笔客机交易，它使波音公司的生产线在一年内都处于饱和状态。一直到第二次世界大战中，一些航空公司还在使用波音 247。甚至它还被改装为 C-73 运输机和教练机，直到 20 世纪 60 年代后期还可以见到波音 247 飞翔的身影。

需要特别指出的是，波音 247 是世界上第一种在研制过程中首次进行静力破坏试验的飞机，也就是在正式制造之前，按照飞机的结构做出一架样机，然后对主要部件结构加铅块来模拟飞机飞行中的载荷，铅块的重量一直加到飞机被破坏为止。如果加的重量小于飞机在飞行中可能装载的最大载荷，所对应的部件或结构就要重新设计，进行加强。这种试验对于保证飞机的飞行安全极为重要。现在，飞机的静力破坏试验已成为各飞机制造商在飞机研制中的常规项目。

图 5.2　美国波音 247 型飞机

早期的民用客机载客量和载货量都很少，随着航线的延长特别是远程航线的开辟，需要大型和飞行距离远的民航飞机。1929 年，德国道尼尔公司研制的大型水上飞机首飞成功，该机装有 12 台发动机，可载客 169 名，速度达 216 千米/小时。1930—1932 年间，德国容克斯公司设计出了 4 发（动机）G38 客机，总功率为 3000 马力，可载客 34 人，巡航速度 208 千米/小时。英国也制造出了亨得利·佩奇 H. P. 42 大型客机。但是，世界公认的现代民航客机诞生于 1933 年 2 月 8 日，标志是美国波音公司生产的波音 247 首次试飞及其后出现的美国道格拉斯公司研制的 DC-1、DC-2、DC-3 飞机。

### 3. 世界上第一架实现盈利的飞机

美国道格拉斯公司1932年研制的DC-1和DC-2型飞机是当时最先进的飞机，航程达1915千米。应当时的美国航空对DC-2的改进要求，双发活塞式的DC-3型客机于1935年面世，改进后的DC-3机身加宽，能载客30人，航程达到2415千米，只需在中途一次加油便能横越美国东西岸，巡航速度为290千米/小时，加上首次设置于飞机上的空中厨房及能在机舱设置卧铺或床位，为商业飞行带来了革命性的突破。在此之前，所有航班都不提供热餐服务，旅客及机员如要用餐，只能在中途站所在的酒店享用，一旦降落在一些落后地区而没有酒店，就会相当不便。由于DC-3的性能比前代的飞机更稳定，运作成本更低，维修保养容易，其可靠性、安全性、经济性都非常高，运营成本大大降低，根本改变了航空公司经营客运只亏不赚的局面，成为世界上第一架依靠运载旅客能够赚钱的飞机，航空公司开始走上不需补贴而能自我发展的良性循环之路，为建立和发展可靠的世界航线网络、促进民航发展作出了巨大贡献。由于性能优越，DC-3自1935年问世后就被世界各国航空公司大批购买，成为最受欢迎的螺旋桨飞机之一，一共生产了13000余架，是航空史上和民航史上少有的产量突破万架的飞机之一，被认为是航空史上最具代表性的运输机之一。

图5.3　美国DC-3型飞机

DC-3有许多种不同的型号，最著名的是军用运输机C-47。第二次世界大战爆发后，DC-3被盟军征召为军机作战，军用的DC-3被称为C-47。由于作战期间对运输机需求大增，C-47被大量生产，担任多种任务，其中包括中国战场运输任务的“驼峰航线”。除了完成运载旅客和货物等基本任务之外，DC-3还作为救护机、滑翔机牵引机、空中指挥所、水陆两用机、滑橇式飞机、飞行火炮平台、救火机、农业喷洒机，甚至轰炸机。C-47亦被盟军视为取胜的功臣之一。

苏联也曾在二战时期仿制过DC-3，即里2型运输机。里2型运输机是苏联生产制造的近程活塞式运输机，1940年投入使用。该机型曾被命名为波斯84，后以其主任工程师里森诺夫的名字改为里2型。机身为全金属半硬壳结构，起落架为后三点前主起落架式，可收放，2台发动机，最大巡航速度230千米/小时，最大航程2650千米，最大飞行高度5600米，可乘坐14人。

### 4. 风靡欧洲的宠儿——容克斯Ju52

继1919年研制出世界上第一架全金属客机F13之后，容克斯公司又推出很多民用运输机，其中最有名、产量最大、使用时间最长的是容克斯Ju52/3m。1930年10月单发货运飞机 Ju52 问世，不久容克斯公司决定尝试一种三发运输机，并把第 7 架 Ju52 作为 Ju52/3m 的原型机，装 3 台普惠公司“大黄蜂”发动机。1931 年 4 月首次试飞，飞机的性能好得出乎意料，遂决定中止单发 Ju52 的生产。

图 5.4　德国容克斯 JU-52/3m 型飞机

Ju52/3m 是一种常规气动布局、全金属三发中型运输机。三台 9 缸星形气冷活塞式发动机分别安装在机头端部和两侧机翼上，由于发动机罩和发动机架各成体系，能很方便地换装不同牌号的发动机，所以很受客户欢迎。二战之前，Ju52/3m 一度成为德国汉莎航空公司的主力机种，并畅销海外 30 多家航空公司。到 1935 年底，有 97 架 Ju52/3m 在各航空公司服役，其中 51 架在汉莎公司。1936 年以柏林奥运会为契机，Ju52/3m 客机一度风靡了全欧洲，汉莎公司用它开辟了柏林到伦敦、罗马和巴黎三条黄金航线。1937 年 8 月 24 日，汉莎公司用它开辟了经喀布尔飞越帕米尔高原前往中国的航线。据统计，到 1944 年停战时为止，德国共生产各型 Ju52/3m 飞机近 5000 架，是德国航空工业历史上产量最大、出口最广泛的民用运输机。

中德合办的中国欧亚航空公司也在 1935 年以每架 12 万马克的高价购置了 7 架 Ju52。其中一架成为蒋介石的专机，另外一架“兰州”号还协助开辟了中苏航线。后因遭战火破坏和缺乏零备件，至战后仅存一架。

### 5. 世界上第一架喷气客机

1949 年 7 月，由英国德·哈维兰公司研制的 4 发中程喷气式客机“彗星”号首航，巡航速度一下子提高到每小时 800 千米，几乎是活塞式飞机的两倍以上，飞行高度也突破了 10000 米，达到了 12800 米。这么快的速度，这么高的高度，对当时的人们来说简直是只在科幻小说里才存在的，航空界被震动了，“彗星”飞机成为第二次世界大战后欧洲航空工业第一颗闪亮的明星。

首航后经过近三年的修改，“彗星”号于 1952 年 5 月 2 日开始投入航线运营。之后，它推出了“彗星”Ⅱ和“彗星”Ⅲ，并接获了来自欧、亚甚至北美的数十架订单，当时世界上还没有任何对手能与它竞争，“彗星”号一枝独秀。

正当英国准备用“彗星”号独霸喷气客机市场、大展宏图之际，噩梦却接连不断地发生了。1953 年 5 月 2 日，一架“彗星”号飞机从印度加尔各答机场起飞后不久突然坠毁，机上 42 人全部罹难。1954 年 1 月 10 日，又一架“彗星”号飞机从罗马起飞前往埃及开罗的途中，在地中海上空约 10000 米的高空突然爆炸解体，机上旅客和机组人员与飞机碎片一起落入大海。1954 年 4 月 1 日，又一架“彗星”号飞机从罗马起飞后不久在地中海上空爆炸解体。接连三次空中爆炸，全世界为之震动。“彗星”号飞机采用了当时最好的制造材料与技术，在制造中经过严格的试验和检验，质量比所有当时使用的飞机都要好，而且失事的三架飞机都已经过两三千小时的飞行检验，没有发现任何事故迹象，系统和部件都处于最佳使用状态。究竟是什么力量把它撕得粉碎？最终，爆炸的原因被查清楚了，它是由在飞机增压舱内的方形舷窗处的机身蒙皮出现的一条细裂缝引起的。而这个裂缝不是由于材料本身的强度不够，而是由于飞机在反复起飞和降落中，机身蒙皮在受到反复的增压减压压差的载荷下，不断地来回弯曲变形而产生的。这就是人们后来弄清楚的“疲劳破坏”。从这以后，飞机设计学中专门增加了一个新学科——“疲劳学”。

图 5.5　英国“彗星”号喷气客机

## 6. 第一架干线喷气客机波音 707

在“彗星”飞机研制的同时，美国波音飞机公司也开始了喷气式客机的研制，并注重在航程上的突破，以用于洲际航线飞行。1954 年 7 月 15 日，波音 707 原型机首飞成功，它采用大后掠翼机翼，在翼下吊挂 4 台喷气发动机，航程达到 5800 千米，可载客 105 人，最大巡航速度达到 966 千米/小时。1958 年波音 707 开始投入航线使用，由于波音 707 客机的体积速度和航程等指标比之前的飞机有了很大提高，使其飞行能力大大加强，价格成本下降，很快成为航空公司的赚钱机器，一时间它成为现代喷气客机的代名词。波音 707 以它的速度、航程和载客能力留名于世界航空运输史，为美国称雄世界民用飞机制造及民用航空运输市场打下重要基础。可以说，波音 707 是真正得到全世界公认的并在商业航空运输上最为成功的干线喷气客机，它使民航运输业进入一个真正的发展期。

在此后的 20 世纪 60 年代，由于喷气发动机的发展，出现了第二代喷气式客机，其特征是安装了耗油率低、噪音小的高涵道比的涡轮发动机，使飞机变得更加经济和舒适。第二代喷气客机的代表是美国的波音 727、DC-9，法国的“快帆”，英国的“三叉戟”和苏联的伊尔 62。

图 5.6　中国民航使用的波音 707 型客机

### 7. 空中巨无霸波音 747

20 世纪 70 年代，出现了以宽机身为特征的第三代喷气式客机，更突出了飞机的载客量和舒适性。1970 年 1 月，美国波音公司的四发（动机）巨型飞机波音 747 开航，其最大起飞重量 373 吨，载客量超过 200 人。70 年代至 80 年代，世界上又出现了新的宽体客机，如，欧洲空中客车公司研制的空中客车 300 系列飞机、美国麦道公司生产的 DC-10、洛克希德公司生产的 L-1011 和苏联的伊尔 86 等。同时，世界各国发动机和飞机公司注意降低发动机油耗和噪音，使客机变得更为经济、污染小和乘坐舒适。80 年代至今的主要机型有波音 757、767，空中客车 310、320、330、340、380，苏联的伊尔 96、安 72 等。

被誉为“空中之王”的波音 747 飞机是世界上第一种大型洲际远程宽体客机，最大载客达 500 人，机长 70.66 米，比当时可用的任何民用飞机都大得多，它创造了许多世界之最：是飞得最远、飞行距离最长的定期航班；是载客量最大的航班；其货运型飞机是第一架载运 100 吨货物进行越洋飞行的货机，从而使航空运输发生了革命性的变化。至今，波音 747 飞机已交付 1200 多架，是航空业有史以来销售最好的宽体超远程客机，被称为宽体远程民用机市场霸主。世界各大航空公司均以拥有波音 747 的数量作为衡量公司越洋运力和经营实力的重要标志。

波音 747 原型机 1969 年 2 月 9 日首飞，1970 年投入美国泛美航空公司的商业服务。由于是采用双层客舱布局，波音 747 以其明显的“驼峰”机头特征和双层舷窗标志，成为人们过目不忘和最容易识别的民用飞机。

在中国，中国航空集团公司旗下的中国国际航空股份有限公司拥有波音 747 多型客机及货机，中国南方航空集团公司和中国东方航空集团公司拥有波音 747 货机。

图 5.7　中国国际航空股份有限公司使用的波音 747-400 型客机

### 8. 超音速客机“协和号”

“协和号”超音速飞机的研制始于 1962 年，由英国和法国航宇公司联合进行。1969 年 3 月 2 日原型机首飞，1976 年 1 月 21 日正式投入航线使用，主要用于英、法两国航空公司。当时的欧洲为“协和号”的成功研制而自豪，认为它同美国的阿波罗登月计划、苏联的第一颗人造卫星上天一样，都是空前的惊世之举，使世界航空工业前进了 50 年。至今仍被航空界称之为飞机设计史上的伟大杰作，因为它独特的三角无尾“涡升力”机翼是飞机气动力学的一次革命性进展，并且是世界上唯一长期投入航线运营的超音速客机。

图 5.8　“协和号”超音速客机

“协和号”飞机的出现，使欧洲到美国的飞行时间缩短了一半，为现代人的生活节约了大量时间。它所采用的诸多先进技术和漂亮的外形也让人们惊叹。尽管由于耗油量大、航程短、噪音污染严重、运营经济性差等多种原因，“协和号”于2003年10月宣告退役，但它美丽的天鹅般身影将永远留在蓝天之上，也留在人们的记忆之中。

9. 世界上销量最大的波音737及其系列飞机

波音737飞机是美国波音公司在20世纪60年代中期为补充市场需求而研制的双发（动机）中短程单通道窄体客机，由于它的翼展和机长几乎相等，也被称为“方形飞机”。1964年5月开始研制，1967年4月原型机首飞，1968年2月投入航线运营。传统型号有737-100/200/300/400/500型5种。1993年11月开始，在吸收采用很多现代的先进技术下，又生产出新一代波音737，分为737-600/700/800/900型4种，成为民航业最大的飞机家族。波音737一出现，就受到了市场的青睐和航空公司的欢迎，它不仅技术性能先进、故障率低、可靠性高，而且经济性好、运营成本低，成为很多航空公司的主力机型，在市场上销售最多、销售最快，被称为世界航空史上最成功的民航客机。在波音737系列之后，波音公司又先后推出了波音757系列、波音767系列、波音777系列，并即将推出波音787系列。波音公司是目前世界上最大的民用飞机生产供应企业。

图5.9　中国南方航空股份有限公司使用的波音777-200型客机

10. 引领空中客车公司崛起的空客300及其系列飞机

20世纪70年代以前，美国民用飞机在整个民机市场中占有97%的绝对比例，其他国家只占有不到3%的市场份额。这种背景下，法、英、德三国政府决定联合生产中程民用客机，并取名为“空中客车”300。1972年9月28日，300原型机首飞，1974年交付使用。

空中客车300的出现使全球航空界眼前一亮，因为它是当时大型客机中唯一一种双发（动机）双过道的宽体客机，并采用了一系列引人注目的先进技术，不仅更为节省燃油，而且因为采用数位式驾驶舱，使驾驶员人数得到减少，不再是传统上的三人或四人机组而变成双人机组，节省了机组人数。很快，空中客车300飞机的销量快速增长，空客公司随后又研制出使用复合材料和先进铝合金机体以及使用电传操纵技术加装翼梢小翼以减小阻力的空中客车310系列、空中客车320系列（318、319、321，这几种客机拥有相同的基本座舱配置，飞行员只要接受相同的飞行训练，就可以驾驶四种不同的飞机）、空中客车330/340系列等，最新推出空中客车380系列飞机，其最大客座数为500～600人，它的出现开始动摇波音747在大型运输飞机市场上数十年的垄断地位，正在改写人类航空史。目前，空中客车公司是世界上唯一能与波音公司抗衡竞争的民机公司。

图5.10　中国东方航空股份有限公司使用的空中客车330-300型客机

## 二、中国民航现役常用机型

根据中国民航2011年5月时拥有各种机型的数量排序，介绍现役常用机型如下（26种）：

（1）波音737-800型飞机（中国民航拥有384架）。由美国波音飞机公司生产的二发（动机）涡轮风扇中短程客机，是737-700的加长型，1994年9月开始研制，1997年7月首飞，1998年7月交付德国劳埃德航空公司使用。最大载客数164个，巡航速度850千米/小时，巡航距离6000千米，最大燃油量22137千克，机高12.57米，机长

39.47 米，翼展 34.41 米。

（2）空中客车 320 型飞机（中国民航拥有 301 架）。由欧洲空中客车工业公司生产的二发（动机）涡轮风扇中短程客机。320 系列包括 318、319、320、321 四种飞机，是世界上第一种采用电传操纵系统的亚音速民用运输机。客舱宽敞舒适，是飞机市场上最受欢迎的 150 座机的中短程客机之一。1984 年开始研制，1987 年首架飞机开始试飞，1989 年开始交付使用。320 飞机的主要型别有：320-100，基本型；320-200，远程型。最大客座数 150～180 个，最大巡航速度 955 千米/小时，最大巡航高度 11000 米，最大巡航里程 5320 千米，最大起飞重量 73.5 吨，最大载油量 19.2 吨，机高 11.80 米，机长 37.57 米，翼展 33.91 米。

（3）空中客车 319 型飞机（中国民航拥有 149 架）。由欧洲空中客车工业公司生产的二发（动机）涡轮风扇中短程客机。是由 320 直接派生的缩短型，机身缩短 3.73 米。1993 年开始研制，1995 年 8 月首飞，1996 年 5 月交付使用。最大客座数 124 个，航程 3550 千米，巡航速度 850 千米/小时，机高 11.76 米，机长 33.84 米，翼展 34.09 米。

（4）波音 737-700 型飞机（中国民航拥有 142 架）。由美国波音飞机公司生产的二发（动机）涡轮风扇中短程客机。是新一代 737 的标准型，1993 年 11 月开始研制，1997 年 2 月首飞，年底交付美国西南航空公司使用，最大载客数 150 个，机高 12.57 米，机长 33.63 米，翼展 34.31 米。

（5）空中客车 321 型飞机（中国民航拥有 121 架）。由欧洲空中客车工业公司生产的二发（动机）涡轮风扇中短程客机。是由 320 直接派生的加长型，1989 年 5 月启动研制，1993 年 3 月首飞，1994 年 1 月交付使用，有 A321-100/200 等型号。最大客座数 186 个，航程 4350 千米，巡航速度 850 千米/小时，机高 11.76 米，机长 44.51 米，翼展 34.09 米。

（6）波音 737-300 型飞机（中国民航拥有 100 架）。由美国波音飞机公司生产的二发（动机）涡轮风扇中短程客机。机身比 737-200 型加长 2.64 米，1981 年 3 月开始研制，1984 年 2 月首飞，同年 11 月交付使用。最大客座 145 个，巡航里程 5460 千米，巡航速度 831 千米/小时，巡航高度 11280 米，机高 11.13 米，机长 32.80 米，翼展 28.87 米。

（7）波音 757-200 型飞机（中国民航拥有 46 架）。由美国波音飞机公司生产的二发（动机）涡轮风扇窄体中远程客机。1982 年开始首飞，年底投入使用。是 757 系列的基本型，最大客座数 204 个，巡航速度 850 千米/小时，巡航里程 6320 千米，巡航高度 10000 米，机高 13.60 米，机长 47.3 米，翼展 38.05 米。

（8）空中客车 330-200 型飞机（中国民航拥有 46 架）。由欧洲空中客车工业公司生产的二发（动机）涡轮风扇、双通道中远程客机。从机身较长的空中客车 330-300 型衍生而来，是 330 的远程、短机身型，主要是用于取代同厂的 300-600R。1995 年 11 月开始研制，1997 年 8 月首飞，1998 年 4 月开始交付。标准两级客舱座位数 293 个，标准三级客舱座位数 253 个，最大航程 11850 千米，最大巡航高度 12500 米，机高 17.40 米，机长 59.0 米，翼展 60.3 米。

（9）EMB145 型飞机（中国民航拥有 44 架）。由巴西航空工业公司（Embraer）研制生产的二发（动机）涡轮风扇式支线客机。原名 EMB145，1997 年改称 ERJ（Embraer Regional Jet）145。1989 年开始研制，1995 年 8 月首飞，1996 年 12 月交付使用。标准载客数 50 人，最大航程 2870 千米，机高 6.75 米，机长 29.87 米，翼展 20.04 米。

（10）EMB190 型飞机（中国民航拥有 37 架）。由巴西航空工业公司研制生产的二发（动机）涡轮风扇式支线客机。原名 EMB190，1997 年改称 ERJ190。2004 年 3 月 12 日试飞，2005 年 9 月取得适航证并投入运营。本机型客机的引进，填补了中国民航 70 ~110 座级机型的空白。全经济舱布局最大客座数 106 个，巡航速度 820 千米/小时，飞行高度 11278 米，机高 10.57 米，机长 36.24 米，翼展 28.72 米。

（11）空中客车 330-300 型飞机（中国民航拥有 31 架）。由欧洲空中客车工业公司生产的二发（动机）涡轮风扇、双通道中远程客机。1970 年着手研制，1987 年正式开始制造，同年 11 月首飞，1994 年交付使用。最大客座数 335 个，航程 10400 千米，机高 17.9 米，机长 63.6 米，翼展 60.3 米。

（12）多尼尔（Dornier）328-300 型飞机（中国民航拥有 29 架）。由德国多尼尔公司（现为美国仙童・多尼尔公司）研制的二发（动机）涡轮风扇支线客机，1998 年 1 月首飞，1999 年投入使用。最大客座数 32 个，巡航速度 737 千米/小时，燃油航程 1600 千米，机高 7.05 米，机长 21.23 米，翼展 20.98 米。

（13）CRJ200 型飞机（中国民航拥有 19 架）。是加拿大庞巴迪宇航集团研制生产的支线客机，1995 年推出，1996 年 1 月交付使用，有 CRJ200/200ER/200LR 之分，最大客座数 50 个，最大航程 1825 千米。机高 6.22 米，机长 26.77 米，翼展 21.21 米，巡航速度 860 千米/小时。

（14）波音 767-300 型飞机（中国民航拥有 18 架）。由美国波音飞机公司研制的二发（动机）涡轮风扇、半宽机身中远程客机，1972 年提出设计计划，经 6 年论证于 1978 年开始研制。1980 年原型机出厂，1981 年开始试飞。1982 年获美国联邦航空局型号合格证，同年开始交付使用。767-300 是 767 原型机的加长型，1986 年 9 月交付使用。最大客座 260 个，巡航里程 6500 千米，巡航速度 898 千米/小时，巡航高度 11125 米，机高 15.95 米，机长 59.94 米，翼展 47.57 米。767-300ER 型飞机是 767-300 的加大航程型，1988 年开始投入使用。最大客座数 260 个，巡航速度 898 千米/小时，巡航高度11125米，机高15.85米，机长54.94米，翼展47.57米。

（15）波音777-200型飞机（中国民航拥有18架）。由美国波音飞机公司研制的二发（动机）涡轮风扇、宽机身中远程客机，1994年6月首飞，1995年5月交付使用，中国南方航空股份有限公司及中国国际航空公司1996年后使用此机型。最大客座380个，巡航里程13334千米，巡航速度940千米/小时，巡航高度15000米，机高18.45米，机长63.73米，翼展60.02米。777-200ER型飞机是777-200型的加大航程型，通过其内部结构改造增加了起飞总重和燃油量，从而延长了航程。机长63.73米，机高18.45米，翼展60.93米，最大客座数292个，最高飞行高度13100米，航程14000千米，最大巡航速度940千米/小时。

（16）空中客车340-300型飞机（中国民航拥有11架）。由欧洲空中客车工业公司生产的四发（动机）涡轮风扇、宽机身中远程客机，1991年10月25日首飞，1993年2月交付法国航空公司使用。最大客座301个，巡航里程13500千米，巡航速度950千米/小时，巡航高度12000米，机高16.74米，机长63.65米，翼展58.65米。

（17）波音747-400型飞机（中国民航拥有10架）。由美国波音飞机公司研制的四发（动机）涡轮风扇、宽机身远程客机。1965年8月开始研制，1969年2月首次试飞，1970年1月投入使用。747-400型是747-300型的改进型，翼尖加装翼梢小翼，减少阻力。1988年开始投入使用，最大客座数406个，巡航速度900千米/小时，巡航高度13700米，巡航里程13528千米，机高19.33米，机长70.06米，翼展64.31米。

（18）空中客车300-600R型飞机（中国民航拥有10架）。由欧洲空中客车工业公司研制的二发（动机）涡轮风扇、宽机身中远程客机，是300-600的加大航程型。原型机1969年开始研制，1972年10月出厂并试飞，1974年5月开始交付使用，其型号主要有：300B2-100、300B2-200、300B4-100、300B4-200、300C4、300-600、300-600R、300-600C、300-600F等。最大客座数278个，最大巡航速度800千米/小时，最大巡航高度12300米，最大巡航里程7860千米，最大滑行重量171400千克，最大起飞重量170500千克，最大着陆重量140000千克，最大商务载重36800千克。机高16.54米，机长54.1米，翼展44.84米。

（19）麦道（MD）90型飞机（中国民航拥有9架）。由美国麦克唐纳·道格拉斯飞机公司生产的二发（动机）涡轮风扇中短程客机。1989年11月开始研制，1993年开始试飞，1994年取得美国联邦航空局适航证并交付使用。麦道90系列有3个型别，即MD90-10、MD90-30、MD90-40，现均已停产。最大客座数165个，最大巡航速度860千米/小时，最大巡航高度11300米，最大巡航里程3000千米，最大滑行重量73182千克，最大起飞重量72955千克，最大着陆重量63636千克，最大商务载重17500千克，机高9.3米，机长46.5米，翼展32.9米。

（20）波音 737-400 型飞机（中国民航拥有 9 架）。由美国波音飞机公司研制的二发（动机）涡轮风扇中近程客机，是对 737 基本型飞机的第 3 次加长型飞机，载客量和发动机推力都得到了提高。1986 年 6 月开始研制，1988 年 9 月开始交付使用。最大客座数 146 个，巡航速度 960 千米/小时，巡航高度 11000 米，巡航里程 4600 千米，最大载油量 17. 1 吨，机高 11. 13 米，机长 36. 44 米，翼展 28. 88 米。

（21）空中客车 340-600 型飞机（中国民航拥有 8 架）。由欧洲空中客车工业公司研制的四发（动机）涡轮风扇、双过道宽机身中远程客机，1987 年开始研制，2001 年完成试飞，2002 年交付使用。是在 330 基础上设计的，有 340-200/300/400/500/600 等型号。最大客座数 380 个，航程 13900 千米，机高 17. 3 米，机长 75. 3 米，翼展 63. 5 米。

（22）新舟（MA— Modern Ark）60 型飞机（中国民航拥有 7 架）。由中国西安飞机制造公司在第一代运 7 飞机基础上吸取先进航空技术及国外成熟部件制造的新一代支线客机。又称运 7-200A 型飞机。1998 年取得适航证，1999 年 9 月进入长安航空公司投入使用。最大载客数 60 个，巡航速度 456 千米/小时，最大油量航程 2440 千米，最大载重航程 1200 千米，最大燃油量 4. 05 吨，机高 8. 55 米，机长 24. 71 米，翼展 29. 2 米。

（23）波音 747-400comb 型飞机（中国民航拥有 5 架）。由美国波音飞机公司研制的四发（动机）涡轮风扇、宽机身中远程客机，最大客座 307 个，巡航里程 13528 千米，巡航速度 900 千米/小时，巡航高度 13700 米，机高 19. 33 米，机长 70. 06 米，翼展 64. 31 米。

（24）波音 737-900 型飞机（中国民航拥有 5 架）。由美国波音飞机公司生产的二发（动机）涡轮风扇中短程客机，是 737-800 的加长型，在 737-800 型的基础上机身加长 2. 6 米，成为 737NG（波音 737-600/-700/-800/-900 系列飞机）系列飞机中机身最长的型号，用于和 185 座空中客车 321 竞争。2000 年 8 月首飞，2001 年 4 月获得了美国联邦航空局型号认证后开始交付。标准两级客舱配置可载 180 人，全经济舱布置载客量可达 215 人。最大航程 5925 千米，机高 12. 55 米，机长 42. 1 米，翼展 35. 79 米。

（25）法意合作 ATR72-210 型飞机（中国民航拥有 5 架）。由法国航宇公司和意大利阿莱尼亚公司联合研制的二发（动机）涡桨式支线运输机，即区域运输机（Avions de Transport Regional，简称 ATR）。1985 年开始研制，1988 年 10 月首飞，1989 年 10 月交付使用，有 ATR72-200/500 型。最大客座 74 个，巡航里程 4389 千米，巡航速度 530 千米/小时，巡航高度 7620 米，机高 7. 65 米，机长 27. 17 米，翼展 27. 05 米。

（26）CRJ700 型飞机（中国民航拥有 2 架）。由加拿大庞巴迪宇航集团研制提供的支线喷气飞机系列，也称加拿大地区喷气（Canada Regional Jet，简称 CRJ）700 型飞机。本系列飞机有 100/200/700/900 等型号。1987 年开始研制，1992 年投入使用，已成为世界上最畅销的支线喷气飞机。CRJ700 型 1997 年开始研制，1999 年 5 月首飞，

2000 年 1 月交付使用，最大客座数 70 个，巡航速度 860 千米/小时，航程 3124 千米，机高 7.57 米，机长 32.51 米，翼展 23.2 米。

下面介绍的机型是中国民航曾经使用但是已经退役或者改作货运飞机运营，以客座数大小为先后排序（16 种）：

（1）麦道（MD）11 型飞机。由美国麦克唐纳·道格拉斯公司研制的二发（动机）涡轮风扇中远程宽机身客机。1985 年确定设计方案，1987 年 8 月开工生产，1989 年开始首次试飞，1990 年 4 月交付民航使用，与波音公司合并后已停产。中国东方航空原有的 MD11 型客机已改为货机。最大客座数 340 个，最大巡航速度 962 千米/小时，最大巡航高度 9935 米，最大巡航里程 11000 千米，最大载油量 117.5 吨，机高 17.7 米，机长 61.17 米，翼展 51.70 米。

（2）波音 747-200 型飞机。由美国波音飞机公司研制的四发（动机）涡轮风扇、宽机身远程客机，也是 747-100 型的改进型，提高了商务载重，增加了航程，1971 年开始交付使用，是一种研制和销售都很成功的宽机身客机。最大客座数 291 个，巡航速度 970 千米/小时，巡航高度 13700 米，巡航里程 13200 千米。

（3）波音 747SP 型飞机。由美国波音飞机公司研制的四发（动机）涡轮风扇、宽机身远程客机，是 747-100 的机身缩短型（缩短 14.20 米），SP 意为特殊性能。1976 年 3 月开始交付使用，1982 年停产。最大客座数 276 个，巡航速度 995 千米/小时，巡航高度 13745 米，巡航里程 10600 千米，机高 19.94 米，机长 56.31 米，翼展 59.64 米。

（4）空中客车 310-200 型飞机。由欧洲空中客车工业公司研制的二发（动机）涡轮风扇宽机身中近程客机，是 310 系列的基本型，其特点是宽机身给旅客格外优越的舒适度和超常的货运能力。1986 年 5 月开始交付使用，1989 年后停产。最大客座数 220 ~265 个，最大巡航速度 851 千米/小时，最大巡航高度 12300 米，最大巡航里程 8450 千米，最大载油量 55.674 吨，机高 15.80 米，机长 46.66 米，翼展 43.90 米。

（5）波音 767-200 型飞机。由美国波音飞机公司研制的二发（动机）涡轮风扇、宽机身中远程客机。主要型别有：767-100、-200、-200ER、-300、-300ER。767-200 是 767 系列的基本型。最大客座数 214 个，巡航速度 898 千米/小时，巡航高度 11950 米，巡航里程 6078 千米，机高 15.85 米，机长 47.57 米，翼展 47.57 米。

（6）波音 767-200ER 型飞机。由美国波音飞机公司研制的二发（动机）涡轮风扇、宽机身中远程客机。是 767-200 的加大航程型，增加了载油量和最大起飞重量，1984 年 5 月首飞。

（7）空中客车 310-300 型飞机。由欧洲空中客车工业公司在空中客车 300 基础上研制的二发（动机）涡轮风扇宽机身中近程客机，目的在于与波音 757、767 争夺同级飞机市场。1982 年原型机试飞，1983 年 3 月投入航线使用。主要型别有：310-200（基本型）、-200C（客货两用型）、-200F（货运型）、-300（加大航程型）。310-300的燃油量比310-200型增加5吨。最大客座数204个，最大巡航速度851千米/小时，最大巡航高度12300米，最大巡航里程84500千米，最大载油量54.674吨，机高15.80米，机长46.66米，翼展43.89米。

（8）图（TU）154M型飞机。由俄罗斯图波列夫设计局研制的三发（动机）中程客机，1966年春开始设计，1968年10月首次试飞，1972年2月交付使用。它是俄罗斯第一种按西方标准设计的客机，使用寿命为30000飞行小时，在俄罗斯研制的大型飞机中，图154是生产较多和使用较广的一个型号。主要型别有：图154（基本型）、图154A（发展型）、图154B（改进型）、图154C（货运型）、图154M（最新改进型）。中国民航自1985年7月开始订购图154M型飞机。最大客座数164个，最大巡航速度975千米/小时，最大巡航高度12000米，最大巡航里程6900千米，最大商务载重20000千克，最大载油量39.75吨，机高11.40米，机长47.90米，翼展33.75米。

（9）麦道82型飞机。由美国麦道飞机公司研制的二发（动机）涡轮风扇中近程客机。属于MD80系列，是MD80型的改进型。MD80系列是美国从DC-9-50客机发展来的中短程客机，与波音737、空中客车320同属一级。1977年10月开始研制，1980年9月交付使用。主要型别有：MD81（基本型）、82（改进型）、83（远程型）、87（缩短型）、88（改进型）。MD82型适用于高原高温地区，1981年8月交付使用。1985年4月中美合作在上海总装25架MD82型,1991年交付中国民航使用,现已停产。最大客座数147～172个,最大巡航速度898千米/小时,最大巡航高度11300米,最大巡航里程5500千米,最大载油量17.75吨,机高9.04米,机长45.06米,翼展32.87米。

（10）波音737-500型飞机。由美国波音飞机公司研制的二发（动机）涡轮风扇中近程客机。1987年5月开始研制，是在737-400型的基础上将机身缩短6.7米，1990年3月交付使用。最大客座数132个，巡航速度856千米/小时，巡航高度11000米，巡航里程5360千米，最大商务载重15780千克，机长31米，机高11.13米。

（11）波音737-600型飞机。由美国波音飞机公司研制的二发（动机）涡轮风扇中近程客机。1993年11月开始，美国波音飞机公司对传统型737机型进行改选，改进机翼，换装推力更大发动机，相继推出737-600/700/800/900等型号，飞行速度、航程、客舱布局等得到提高和改善。值得指出的是，新一代737的尾翼由中国相关企业制造（上海飞机制造厂负责水平尾翼，西安飞机制造厂负责垂直尾翼，沈阳飞机制造厂负责机身尾部48段），737-600是标准型（700）的缩短型，1994年9月开始研制，1998年1月首飞，同年9月交付北欧航空公司使用。最大客座数120个。

（12）BAe146-100/300型飞机。由英国宇航公司研制的四发（动机）涡轮风扇式客机。原名HS146，是英国霍克·西德利飞机公司1972年提出研制的，后因经济不景气被搁置。1978 年 7 月英国政府批准重新研制，命名为 BAe146。1981 年首次试飞，1983 年交付使用。主要型别有：146-100，基本型；-200，加长型；-300，200 型的加长型；货运型和行政机型。BAe146-100 型客机的最大客座数为 82～93 个，最大巡航速度 709 千米/小时，最大巡航高度 9145 米，最大巡航里程 2733 千米，最大载油量 9.362 吨。BAe146-300 型客机的最大客座数为 110 个，最大巡航速度 709 千米/小时，最大巡航高度 9145 米，最大巡航里程 2733 千米，最大载油量 9.362 吨，机长 30.1 米，机高 11.50 米，翼展 26.34 米。

（13）DASH（冲）8Q-400 型飞机。由加拿大德·哈维兰公司（现归庞巴迪宇航集团）研制的二发（动机）涡浆支线客机。1983 年 6 月首飞，1984 年投入使用。是 DASH8Q-100 型的两次加长型，最大客座数 78 个，巡航速度 650 千米/小时，航程 2841 千米，机高 8.34 米，机长 32.83 米，翼展 28.42 米。

（14）ERJ145 型飞机。由中国航空工业第二集团公司与巴西航空工业公司合资生产的二发（动机）涡扇支线客机。本型飞机是由巴西航空工业公司设计的 50 座涡扇喷气支线客机，专门为支线航空市场设计，采用下单翼、发动机后置、可收放前三点起落架布局，除了具有系列化带来的通用性之外，还具有基本使用重量较轻、可靠性高、直接运营成本低和服务寿命长等优点。其安静而舒适的乘机环境可与波音 737 等飞机相媲美。1996 年投放市场后至 2007 年已累计生产并交付用户 800 余架。中国四川航空公司 2000 年开始陆续引进了 5 架该型号飞机。中巴合作生产的首批 2 架 ERJ145 于 2007 年 6 月 28 日在哈尔滨航空工业集团的机场交付中国南方航空公司投入运营，标志着中国制造的 ERJ145 支线客机正式进入中国航空市场。

（15）运 7-100 型飞机。由中国西安飞机制造公司在前苏联安 24 飞机的基础上研制生产的二发（动机）涡桨支线运输机。1966 年启动项目，1970 年 12 月首飞，1982 年定型，1986 年投入航班使用，现已基本退役。最大载客量 52 人，最大平飞速度 518 千米/小时，实用升限 8750 米，最大油量航程 2420 千米，机高 8.55 米，机长 23.71 米，翼展 29.64 米。

（16）萨伯（SAAB）340 型飞机。由瑞典萨伯—斯堪尼亚航空公司与美国费尔柴尔德航空公司专门为短途、低密度航线而合作研制的二发（动机）涡轮螺桨支线运输机。1983 年 1 月原型机试飞，1984 年 6 月投入定期航线使用。1985 年 11 月，费尔柴尔德公司从 340 计划中撤出，由萨伯—斯堪尼亚公司全面管理，1987 年初，该公司又把原来负责制造机翼和尾翼的权力也交给了萨伯—斯堪尼亚公司，不久，340 型飞机稍有改装定名为 SAAB340。最大客座数 36 个，最大巡航速度 504 千米/小时，最大巡航高度 4000 米，最大巡航里程 926 千米，最大载油量 1.676 吨，机高 6.97 米，机长 19.72 米，翼展 21.45 米。

# 第四节 世界著名民用飞机制造商及代表机型

## 一、美国波音飞机制造公司

美国波音公司（The Boeing Company）是美国一家开发及生产飞机的公司，在全球航空业市场上拥有最高的占有率。其前身是1916年7月15日由美国人威廉·爱德华·波音（William Edward Boeing）以10万美元创立的太平洋航空产品公司，1917年5月9日更名为波音飞机公司（The Boeing Airplane Company）。1927年6月30日，波音空运公司（BAT）宣告成立，它是美国联合航空公司的前身，经营邮政航线和新的航空公司，波音开始同时涉足航空运输和飞机制造运营。1929年2月1日，波音飞机公司和波音空运公司更名为“联合飞机及空运公司”。同年底，钱斯沃特、汉密尔顿金属飞机部、波音加拿大、斯道特航空、诺斯罗普、斯蒂尔曼飞机公司、西科斯基航空、标准钢推进器公司、普拉特·惠特尼等公司也纷纷加盟进来。1931年3月28日，波音空运、国家空运、华尼航空以及太平洋空运四家公司组成联合航空公司，提供东西海岸间的客运及邮件运输服务。1934年9月28日，按照美国政府的法规要求，联合飞机及空运公司分拆成三个独立的公司：联合飞机公司（现在的联合技术公司）、波音飞机公司、联合航空公司。1961年，波音飞机公司更名为“波音公司”。总部最先设在华盛顿州西雅图市，2001年9月迁至伊利诺伊州芝加哥市。

波音公司建立初期以生产军用飞机为主，后逐渐涉足民用运输机。其产品以P-26驱逐机和波音247型民用客机最为出名。1935年后开始研制大型轰炸机，产品有：在第二次世界大战中赫赫有名的B-17（绰号“空中堡垒”）、B-29轰炸机以及东西方冷战时期著名的B-47和B-52（绰号“同温层堡垒”）战略轰炸机——B-52服役后30多年中一直是美国战略轰炸力量的主力。美国空军中著名的KC-135空中加油机以及E-3（绰号“望楼”）预警机、E-4预警机、E-6通信中继飞机、CH-47“支奴干”和V-22“鱼鹰”倾转旋翼飞机，也是由波音公司生产的。公司还参与研制了F-22“猛禽”先进战术战斗机、RAH-66“科曼奇”隐形武装直升机等。在民用飞机开发方面，1938年研制开发的波音307型是第一种带增压客舱的民用客机。二战结束后，波音公司的主要业务由军用飞机转向商用飞机——1957年在KC-135空中加油机的基础上研制成功的波音707是该公司的首架喷气式民用客机，共获得上千架订货，很快打入了民航机市场。此后，波音公司在民用航空领域内一直保持领先位置，先后发展了波音727、波音737、波音747、波音757、波音767和波音777等一系列型号的客机，每种型号都有多种改型，这些产品使波音公司长期占据着世界喷气式客机市场的第一位置，逐步确立了全球主要的商用飞机制造商的地位。其中，波音 737 是在全世界被广泛使用的中短程民航客机，而波音 747 则一经问世就长期占据世界最大的远程民航客机的头把交椅。美国总统的专机“空军一号”也是由波音公司出产的波音 707 以及波音 747 改装而成的。

1996 年，波音公司收购了罗克韦尔公司的防务及空间系统部；1997 年，波音公司宣布原波音公司与原麦克唐纳·道格拉斯公司（简称麦道公司，该公司曾经是美国最大的军用飞机生产商，著名的 F-4“鬼怪”、F-15“鹰”、C-17 军用运输机、DC 系列以及 MD 系列商用飞机均产自该公司）完成合并，新的波音公司正式营运；2000 年 1 月，波音公司与通用汽车公司达成协议，出资 37.5 亿美元收购其下属的休斯电子公司航天和通信业务部，从而使波音成为世界最大的商业卫星制造商。

目前，波音公司已经成为世界上航空航天领域规模最大的公司，下属的 4 大主要业务集团分别是：波音民用飞机集团（Boeing Commercial Airplanes，主要生产民用运输机，产品包括波音 707、717、727、737、747、757、767、777、787 系列飞机，提供从 100 座级别到 500 多座级别以及货运型号在内的各种民用运输机，全球同时现役运营的波音民用飞机有 12000 多架，约占世界民用飞机总数的 75%。其新产品研发的重点是大量使用复合材料的波音 787 梦想飞机和波音 747-8 系列飞机，已在 2012 年投入运营）、波音综合国防系统集团（Boeing Integrated Defense Systems，主要生产军用飞机、导弹以及运载火箭等产品，是美国航空航天局最大的承包商）、波音金融公司（Boeing Capital，是提供资产融资和租赁服务的融资公司）、波音联接公司（Connexion by Boeing，为飞机提供空中双向互联网及电视服务，把互联网直接接入到民航班机上）。

波音公司不仅是全球最大的民用飞机和军用飞机制造商，也是最大的飞机出口商之一，其客户遍布世界 145 个国家和地区，订单总值超过 1000 亿美元。在全世界开设有 50 多个办公处，雇员近 24 万人，是一个名副其实的世界航空航天王国。

中国与波音公司的合作关系开始于 20 世纪 70 年代。1972 年 2 月 21 日——这一举世瞩目的历史时刻，美国总统理查德·尼克松乘坐的空军一号——波音 707 飞机，降落在中华人民共和国境内，它标志着一个新时代的到来。同年，中国民用航空总局订购了 10 架波音 707 客机，中国开始跻身于世界主要航空公司的行列。1979 年中美关系正常化后，时任国务院副总理的邓小平飞往美国首都华盛顿进行国事访问，并在西雅图参观了波音公司的飞机生产线——波音 747 生产线。1980 年，波音公司在北京设立办事处。1981 年起，中国西安飞机公司和沈阳飞机公司分别与波音公司签订合同，为波音公司生产飞机零部件。1993 年 11 月 18 日，中国国家主席江泽民访问波音公司，此后波音在中国的发展重点放在了培训、安全和扩大合作规模以及为中国提供现代化的飞机方面。2006 年 4 月，中国国家主席胡锦涛在波音公司埃弗雷特工厂向波音员工发表演说，他说："中国同波音公司的合作堪称中美贸易合作互利双赢的真实写照。"今天，波音飞机已成为中国航空客运与货运系统的主力军——截至 2009 年 6 月，中国运营的 1383 架民用飞机（未包括香港、澳门和台湾地区）中，有 736 架（约 53%）为波音飞机（包括波音机型和麦道机型），市场占有率排名第一。另有 500 架（约 36%）为空客飞机，147 架（或 11%）为其他厂家生产的飞机。

波音公司生产的民用飞机系列如表 5-1 所示。

**表 5-1　波音公司生产的民用飞机系列**

| 名　称 | 简　介 | 服务时间 | 停产时间 | 主要型号 |
|---|---|---|---|---|
| 波音 707 | 一款非常早期的中长程、150 至 250 人座、四发动机喷气客机系列 | 1958 年正式服务 | 1978 年停产 | 波音 707-120 ｜ 波音 707-120B ｜ 波音 707-220 ｜ 波音 707-320 ｜ 波音 707-320B ｜ 波音 707-320C ｜ 波音 720 ｜ 波音 720B ｜ 波音 707-420 ｜ 波音 707-700 |
| 波音 717 | 原名 MD95，是由麦道在与波音合并之前所开发的中短程 100 人座、单通道喷气客机系列 | 1999 年 9 月正式服务 | 2006 年 5 月停产 | |
| 波音 727 | 一款较为早期的 100 至 200 人座、三发动机喷气客机系列 | 1963 年试飞 | 1984 年停产 | 波音 727-100C 客货转换型 ｜ 波音 727-200 基本型 ｜ 波音 727-200 先进型 |
| 波音 737 | 生产历史悠久、衍生型众多且使用广泛的 100 至 200 人座、双发动机单通道喷气客机系列 | 1967 年 4 月 9 日首飞 | | 波音 737-100 ｜ 波音 737-200 ｜ 波音 737-300 ｜ 波音 737-400 ｜ 波音 737-500 ｜ 波音 737-600 ｜ 波音 737-700/737-700ER ｜ 波音 737-800 ｜ 波音 737-900/737-900ER ｜ 波音 BBJ |
| 波音 747 | 世界上第一架配置有双层甲板的客机，采用四发动机配置，根据机种与舱等设计差异载客量介于 200 至 500 人座不等的长程宽体客机系列 | 1970 年投入服务 | | 波音 747-100 ｜ 波音 747-100SR ｜ 波音 747SP ｜ 波音 747-200 ｜ 波音 747-300 ｜ 波音 747-400 ｜ 波音 747 LCF ｜ 波音 747-8 |
| 波音 757 | 为了取代 727 而开发出的中短程、双发动机喷气客机系列，载客量介于 200 至 250 人座之间，单通道设计 | 1982 年 2 月 19 日首航 | 2004 年停产 | 波音 757-100 ｜ 波音 757-200 ｜ 波音 757-300 |

续表

| 名 称 | 简 介 | 服务时间 | 停产时间 | 主要型号 |
|---|---|---|---|---|
| 波音767 | 中型双发动机宽体客机系列，因为机身大小适中，也经常被改造为政府或军事用途的特殊机种 | 1981 年 9 月 26 日首航 | | 波音767-200 丨 波音767-200ER 丨 波音767-300 丨 波音767-300ER 丨 波音767-300F 丨 波音767-400ER |
| 波音777 | 世界上第一款大型双发动机长程宽体客机，其中的777-300是世界上机身最长的量产民航机 | 1994 年 6 月 12 日首航 | | 波音777-200 丨 波音777-200ER 丨 波音777-200LR 丨 波音777-300 丨 波音 777-300ER 丨 波音 777F 丨 波音 KC-777 |
| 波音787 | 用以取代767的中型宽体客机系列，根据机种的不同，适用范围介于短途的区域性航线至中长程的越洋航线 | | | |

## 二、欧洲空中客车工业公司

欧洲空中客车工业公司（Airbus S. A. S.）是欧洲一家国际合营的民航飞机制造公司，由德国、法国、西班牙与英国共同组建，1970 年 12 月 18 日在法国注册成立。公司有 4 个正式成员公司和 2 个协作成员公司——正式成员公司是法国航宇公司、联邦德国空中客车工业公司、英国宇航公司和西班牙的 CASA 公司，它们在空中客车公司股份中所占的比例，是按它们在空中客车运输机研制工作量中的比例而定，分别为 37.9%、37.9%、20%、4.2%。协作成员公司有荷兰的福克公司和比利时空中客车公司，前者未参加空中客车 320 项目，后者未参加空中客车 300 项目，但二者均在经济上对空中客车运输机的研制作出过贡献。

20 世纪 50 年代，西方航空公司所使用的干线运输机基本上由英国、美国供应，其中美国占有绝对优势。60 年代，西欧各国看到世界空运的繁荣前景，判断其中 70% 应属中短程航线，便有意与美国的波音和麦道飞机公司争夺这个范围的民航机市场。同时认识到只有联合起来，才能抗衡美国并使自己的航空工业生存和发展，争得广泛的国际市场。1967 年 9 月 26 日，法国、英国与联邦德国政府签订协议，决定分别资助本国公司研制空中客车 300 型客机——300 型客机是世界上第一个双通道、双引擎的飞机，比 300 更短的变型被称为 310 型。从 1974 年 5 月空中客车 300 客机投入使用起至 1984 年，空中客车公司的营业状况处于创业维艰阶段，300 及 310 在双发（动机）宽体客机市场上的销售量虽然超过波音 767，但是公司产品的总销售量并不理想，没有到达到盈亏平衡点；1985 年特别是 1986 年后，空中客车 320 的订货量增长迅速——320 型上应用了创新的电控飞行操作（Fly-by-Wire）控制系统，获得了巨大的商业成功，它带动空中客车公司的销售额首次超过麦道公司，成为西方第二位的飞机制造企业，仅次于波音民用飞机公司。

目前，空中客车工业公司生产的空中客车运输机系列产品主要有中短程宽体运输机300和310、中短程窄体运输机320、中远程运输机330及340，另外还有大量的改型飞机。值得指出的是，空中客车380型四发（动机）550座级超大型远程宽体客机的研制，使其成为全球载客量最大的客机，被称为“空中巨无霸”。一直以来，大型远程民用运输机市场被波音公司的波音747系列所垄断，空中客车公司虽然在其他机型上都有与波音公司竞争的机型，但只有在这个市场上一直是一个空白，以前曾推出的空中客车340并不能撼动波音747的绝对优势地位。为抢夺由波音747把持的大型客机市场，空中客车公司于1994年6月宣布了其超大型运输机计划，2001年初正式定型，2005年4月27日首架380试飞成功，2006年12月12日，欧洲航空安全局和美国联邦航空局正式向空中客车公司颁发380飞机的机型适航证。目前，新加坡航空公司、德国汉莎航空公司、阿联酋航空公司、澳大利亚航空公司等已经使用380飞机开通航班。中国南方航空公司于2005年4月签订合同订购5架380，成为380在中国的首家用户，并计划于2007年底开始交付以服务于2008年8月的北京奥运会，但是由于各种原因交付计划一再推迟，直到2011年10月开始接收第一架380型飞机并投入航班运营。

空中客车工业公司的成立与发展具有以下特点：

（1）体现了西欧航空工业的大协作。西欧合作的目的在于争取西欧航空工业的生存和发展，用空中客车系列产品打破美国在大型客机方面的垄断。西欧具有较高的技术水平，但各国财力有限、市场有限，不联合则无法生存，西欧各国广泛参加了空中客车系列产品的研制和生产，产品销售的成功，促进了参加国航空工业的发展。目前该公司已处于世界大型民航机生产的第二位，这一成功充分证明了西欧联合的必要性。

（2）机种选型正确，技术经济性好，是空中客车公司成功的关键。公司采取循序渐进的方式。首先，它根据西欧和其他地区的空运状况和发展趋势，选定载客300人左右的宽体双发客机300型飞机作为第一步，既有西欧市场作为依托，又有其他地区的良好市场前景，其经济效益优于同代的三发飞机和老一代客机。第二步推出310型，采用双人制驾驶舱和气动效率高的机翼，使其每座的相对直接使用费低于同类客机。第三步推出320型，采用电传操纵，简化驾驶舱仪表布置，可以由计算机控制飞行，由于其技术经济方面的优越性，产品交付之前就获得483架订货。第四步，开发330/340型，填补载客250～300人远程运输机在20世纪90年代市场的空白，从而击败了美国麦道公司生产的MD11，并比波音777飞机提前3年开始交付用户，牢牢地占据了此机型的市场。可以看出，空中客车公司每前进一步都有在技术上超前半代的产品问世，所以获得成功。

（3）间接得到有关各国政府的支持。空中客车公司采取“经济利益集团”的组织形式，把产品的研制和生产工作分给各成员公司，它们的所需资金则分别得到本国政府各种形式的支持。例如，法国和联邦德国政府保证，分别对法国航宇公司和 MBB 公司在 300/310/320 项目上给予支持，在各型号达到盈亏平衡点之前，其研制费用的 90% 将得到政府各种形式的贷款；西班牙政府对 CASA 公司在空中客车项目上的亏损也曾予以补贴。为发展 330/340 型客机，有关各国政府曾贷款 25 亿美元给本国公司。

**表 5-2　空中客车工业公司民用飞机产品列表**

| 飞机 | 描述 | 座位 | 研制日期 | 首航 | 首次交付 |
|---|---|---|---|---|---|
| A300 | 双发，双通道 | 250～361 | 1969 年 5 月 | 1972 年 10 月 | 1974 年 5 月 |
| A310 | 双发，双通道，由 300 改进 | 200～280 | 1978 年 7 月 | 1982 年 4 月 | 1985 年 12 月 |
| A318 | 双发，单通道，比 320 短 6.17 米 | 107 | 1999 年 4 月 | 2002 年 1 月 | 2003 年 10 月 |
| A319 | 双发，单通道，比 320 短 3.77 米 | 124 | 1993 年 6 月 | 1995 年 1 月 | 1996 年 4 月 |
| A320 | 双发，单通道 | 150 | 1984 年 3 月 | 1987 年 2 月 | 1988 年 3 月 |
| A321 | 双发，单通道，比 320 长 6.94 米 | 185 | 1989 年 11 月 | 1993 年 3 月 | 1994 年 1 月 |
| A330 | 双发，双通道 | 253～295 | 1987 年 6 月 | 1992 年 11 月 | 1993 年 12 月 |
| A340 | 四发，双通道 | 261～380 | 1987 年 6 月 | 1991 年 10 月 | 1993 年 1 月 |
| A350 | 双发，双通道 | 270～412 | 2004 年 12 月 | 2012 年 | 2013 年 |
| A380 | 四发，双通道，双层 | 555～840 | 2000 年 | 2005 年 4 月 27 日 | 2007 年 10 月 15 日交付新加坡航空公司 |

## 三、俄罗斯飞机制造公司

### 1. 伊留申（Ilyushin）设计局

现名伊留申航空联合体股份公司，是以飞机设计师伊留申命名的苏联著名的飞机设计单位之一，主要设计攻击机、轰炸机和运输机。目前已改制为莫斯科的伊留申航空股份公司联合体和乌兹别克斯坦塔什干市的塔什干飞机生产企业。伊留申 1894 年 3 月 30 日出生于俄罗斯，1921 年 11 月进入茹科夫斯基空军工程学院学习，1933 年发起成立伊留申实验设计局并担任总设计师。

1938 年，伊留申设计出伊尔 2 攻击机，将速度、机动性、火力和装甲等巧妙地结合起来，成为苏德战争中使用最广泛的军用机。伊尔 2 产量惊人，战争期间共生产了 36136 架，它的改型伊尔 10 也生产了 4966 架，总产量达到 41000 架。伊留申设计局还设计出伊尔 4 轰炸机，这是当时苏联性能最优秀的战略轰炸机。1941 年，伊尔 4 夜袭柏林，震动了德国法西斯。战后，伊留申设计局主要工作转入研制运输机。其实，二战期间，伊留申就设计成功了伊尔 12 运输机，但因受到战争影响直到战后才正式投产，随后又生产出伊尔 14 运输机。1957 年，伊尔 18 远程客机问世。1963 年，伊尔 62 大型远程客机试飞成功，载客量可达 190 人。1974 年，伊留申设计局设计了伊尔 76 中程中型运输机，并在其基础上改装了多种专用机，如 A-50 空中预警机、伊尔 78M 空中加油机等。为了替代远程国际航线上运营的伊尔 62，伊留申设计局研制的四发（动机）大型双过道宽体客机伊尔 86 于 1976 年 12 月 22 日首飞，1979 年 9 月 24 日交付苏联民航投入使用。伊尔 86 于 1994 年停产，总共生产了 107 架。1985 年，伊留申设计局开始研制伊尔 96 型客机，它是在伊尔 86 基础上的衍生型，注意提高了飞机性能、增加航程和改进机载设备，采用了先进的结构材料及工艺技术，缩短机体长度。1988 年 9 月 28 日首飞，1993 年投入商业运营。但在苏联解体后因为资金等问题，交货缓慢，发展受阻。

新中国成立后，中国民航曾经大量使用伊尔 12、伊尔 14、伊尔 18、伊尔 62 等机型，对中国民航事业的发展起到过重要作用，现已全部退役。1992 年 7 月，中国新疆航空公司曾以湿租形式从乌兹别克斯坦航空公司引进 2 架伊尔 86 客机，1993 年后又引进运营 3 架伊尔 86 客机，该机型到 2003 年 3 月全部退役，出售给俄罗斯鞑靼斯坦航空公司。

### 2. 图波列夫（Tupolev）设计局

它是以苏联著名飞机设计师图波列夫的名字命名的设计局，也是苏联历史最长、经验最多、技术最强的一个设计局，由安德烈·尼古拉耶维奇·图波列夫于 1922 年成立。他是苏联著名的飞机设计师、科学院院士、空军中将，一生中曾直接参与或领导设计的飞机不下百余种，其中包括运输机、歼击机、轰炸机、强击机、侦察机和水上飞机等，功勋卓著，是苏联早期飞机设计的奠基人之一，被誉为“俄罗斯航空工业之父”；曾获苏联英雄及俄罗斯联邦苏维埃社会主义共和国功勋科学家等称号，荣获过列宁勋章及其他很多勋章、奖章，并荣获过斯大林奖金；对苏联的航空事业的发展作出了巨大贡献。20 世纪 60 年代，图波列夫设计局设计了有名的图 144 超音速客机，但因为噪音和营运成本高等限制，只生产了 13 架便不再生产了。

图波列夫设计局研制的运输机，从图104、图114、图124、图134到图154，其舒适性和经济性逐渐得到大幅度提高。图104是该设计局设计的第一种喷气式客机，以后在此基础上又研制了图124、图134等。第二代喷气客机图154研制于1966年，是国际上知名的第二代喷气客机，它的性能包括安全性和可靠性都很高。值得一提的是，在20世纪60年代末，图波列夫设计局研制了一种超音速客机图144，不论是外形还是在性能上，这种两倍音速的客机同英法合作研制的“协和号”飞机惊人的相似，但图144要比“协和号”飞机早3个月。正是这一时期他们研制的世界首架超音速客机图144、为人熟知的图154和战略轰炸机图22M，使苏联能够在战略和民航上大致与西方看齐。图134、图154、图204、图214飞机在世界民用航空公司中享有盛誉，而图95、图160、图22M、图142飞机则备受军方青睐。可以说，图波列夫设计局为苏联和世界航空工业作出了杰出的贡献。目前，图波列夫公司正重点开发下列飞机系列：200座客机图204、100座客机图334、50座客机图324及35吨级别的货运飞机图330。

图154飞机曾在中国民航得到广泛使用，是中国民航的主力机型之一。该机为三发（动机）涡轮风扇式中程客机，用于取代伊尔18和图104型飞机。它是苏联第一种按西方国家标准设计的客机，也是苏联研制的大型飞机中生产较多和使用较广的型号，约1000架。中国民航自1985年7月开始购进30架图154M型，先后交付中国民航、中国西南航空公司（现归属中国航空集团）、中国西北航空公司（现归属中国东方航空集团）、中国北方航空公司及新疆航空公司（现归属中国南方航空集团）、四川省航空公司、长城航空公司、中国联合航空公司等单位运营，2002年全部退出客运运营。

3. 雅克夫列夫（Yakovlev）设计局

它是以苏联著名飞机设计师雅克夫列夫命名的设计局，也是苏联和俄罗斯著名的飞机设计单位，主要设计截击机、轰炸机、垂直起降强击机、教练机等机种。雅克夫列夫1906年3月19日出生于莫斯科，1924年3月进入茹科夫斯基空军工程学院教学工厂。在此期间，他设计了第一架飞机，于1927年5月1日试飞成功。后来，这架飞机创造了两项轻型飞机的世界纪录，因此他被吸收为空军学院的正式学员。1932年起历任莫斯科缅任斯基工厂工程师、轻型飞机设计局总设计师。1935年7月12日，他设计的轻型飞机雅克2得到斯大林的欣赏，共生产了7240架。

1939年，雅克夫列夫设计局正式成立。该设计局曾研制过各种雅克式飞机，包括跨声速战斗机、纵列式直升机、垂直/短距起落舰载战斗机以及各种各样的教练机、特技飞机和运输机等，总共设计出200余个型号的飞机，其中约有100个型号投产。雅克夫列夫设计局创造了苏联航空史上的很多第一——苏联第一种全天候截击机雅克25、第一种直升机雅克24、第一种垂直起落飞机雅克36等。苏联解体后，雅克夫列夫设计局成为独立的飞机设计和制造公司。其民用飞机的代表机型为雅克42型飞机，它是三发（动机）涡轮风扇中短程客机，1975 年首飞，1980 年 9 月投入航线运营。中国民航自 1992 年 1 月购进，由中国通用航空公司独家使用，后划归中国东方航空股份有限公司山西分公司使用，2000 年全部退出航线运营。

### 4. 安东诺夫（Antonov）设计局

它是以著名飞机设计家安东诺夫名字命名的设计局，创建于 1946 年。安东诺夫是苏联著名的滑翔机和飞机设计家，曾设计过多达 50 余种的滑翔机，奠定了苏联滑翔机事业的基础。安东诺夫后期转为设计运输机，在以他名字命名的设计局领导设计了多种运输机和滑翔机。1966 年获社会主义劳动英雄称号，1968 年被选为乌克兰科学院技术科学院士。曾当选为苏联最高苏维埃第 5 ~ 9 届代表，获苏联国家奖金和列宁奖金，两次获列宁勋章。

安东诺夫设计局虽然成立较晚，但是发展却很快，并在运输机设计方面取得了很大的成绩。在 20 世纪 40 年代末研制成功了安 2 型多用途军用运输机，这种飞机总共生产了 10000 多架，至今还在俄罗斯等国家的农业航空中使用。中国著名的早期飞机运 5 就是在安 2 型运输机的基础上发展的。到 50 年代，安东诺夫设计局又研制了安 10“乌克兰”式巨型客机，它比图 104 喷气式客机耗油量小，可乘坐 84 名旅客，并且能载运 3.5 吨货物。此后安东诺夫设计局又设计出一系列小型和中型民用和军用运输机，如安 12、安 24 等。1965 年，安东诺夫设计局研制成功了载重约 80 吨的大型远程军用运输机安 22、安 124、安 225 等。苏联解体后，安东诺夫飞机设计局归属乌克兰，后更名为安东诺夫航空科学技术联合体。

中国民航曾经较多使用安东诺夫设计局生产的安 24 飞机。该型飞机为双发（动机）涡轮螺桨支线客机，1958 年开始设计，1960 年批量生产。中国民航在 1970 年引进后曾广泛使用，到 1996 年全部退役。

## 四、加拿大庞巴迪（Bombardier）集团公司

它是一家总部位于加拿大魁北克省蒙特利尔的国际性交通运输设备制造商。主要产品有支线飞机、公务喷气飞机、铁路及高速铁路机车、城市轨道交通设备等。由阿曼德·庞巴迪于 1942 年创建。是加拿大最著名的航空制造企业。

庞巴迪是中国大陆支线飞机的主要供应商，此外庞巴迪的子公司彩虹公务机公司还提供“挑战者（CL）604”等型号喷气式公务飞机的包机服务。庞巴迪和位于中国青岛的四方机车制造厂合资的子公司 BSP 为中国大陆提供了城际列车车厢，目前运行中的直达快速列车 80% 的车厢由 BSP 提供。BSP 还为青藏铁路提供 361 辆可适应高原环境的列车。另外，庞巴迪还和位于常州的戚墅堰机车厂合资生产机车及牵引设备。庞巴迪

的另一家子公司CBRC为上海轨道交通一号线、广州地铁二号线、深圳地铁一号和四号线提供车辆。

中国民航引进使用的庞巴迪公司支线飞机、公务喷气飞机为CRJ700、CRJ200、“挑战者（CL）604”型等型号，是20世纪90年代投入使用的世界上最畅销的支线喷气飞机，最大客座数分别为70、50、19个。

## 五、巴西航空工业公司

创立于1969年，组建之初是一家以国家股份为主、少量私人股份为辅的股份公司。经过多年奋斗，已跻身于世界四大民用飞机制造商之列，成为世界上最大的支线喷气客机生产商。其支线飞机销往美国、英国、法国、意大利、摩洛哥、墨西哥、南非等20多个国家。公司成立后，通过与意大利、美国合作引进先进技术，设计和制造了EMB-110小型运输机和EMB-200农业飞机，并仿制了意大利的MB-326喷气教练机。20世纪80年代，成功研制了EMB-312“巨嘴鸟”教练机和EMB-120支线客机。1990年后，公司在飞机的研制和销售上遇到了重重困难，出现严重亏损。1994年，巴西政府决定将公司民营化。改革后变为一家国际性的混合控股公司，其中法国公司控股20%。新公司主要开创了两个系列的支线飞机。第一系列为50座级的双发（动机）涡扇喷气飞机，包括ERJ135、ERJ140和ERJ145型；第二系列是100座级的新型双发（动机）涡扇喷气飞机，包括ERJ170、ERJ190-100和ERJ190-200。由于价格低廉、耗油率低、售后服务好，公司的支线飞机在国际市场上大受欢迎。

中国民航使用的巴西航空工业公司生产的飞机是EMB145、EMB190型，为二发（动机）涡轮风扇式支线客机，标准载客数分别为50、98人。2004年6月28日，中国航空工业第二集团公司与巴西航空工业公司合资生产的首批2架中巴合作ERJ145型涡扇喷气支线客机在哈尔滨航空工业集团的机场交付中国南方航空公司，标志着中国制造的ERJ145支线客机正式进入中国航空市场。

## 六、其他飞机制造公司

### 1. 英国阿弗洛（Avro）飞机制造公司

英国阿弗洛飞机制造公司的股东为英国宇航公司，主要研制四发（动机）BAe146支线喷气机系列、RJ70/85/100/115系列中短程客机。中国民航在20世纪80年代后期开始引进使用BAe146-100、BAe146-300等型号飞机，现已全部退役。

### 2. 英国德·哈维兰（De Havilland）飞机公司

由著名飞机设计师杰弗里·德·哈维兰创立于1920年9月25日，以生产短距离起降飞机而盛名。第一次世界大战后最初开始的载客飞行就是使用该公司设计的 D. H. 4 飞机。公司还在第二次世界大战中开发出了赫赫有名的蚊式轰炸机，在 1949 年研发出了世界上第一款喷气式客机“彗星”飞机，后又设计生产了三发（动机）中近程喷气式民航客机“三叉戟”飞机。由于经营问题，公司在 1964 年被英国霍克·西德利公司收购，1978 年又并入英国宇航公司。德·哈维兰还于 1928 年在加拿大成立德·哈维兰加拿大公司（简称 DHC），研制开发了 DHC-6、DHC-7、DHC-8 等成功机型。1986 年被加拿大庞巴迪公司收购。中国民航引进使用过三叉戟飞机（1970 年引进，1991 年 10 月退役）、DHC-6 飞机（1978 年引进，1998 年退役），中国浙江航空公司 1989 年引进使用过 DHC-8Q400 飞机（2002 年退役）。

### 3. 英国肖特兄弟（Short Brothers）公司

公司成立于 1908 年，是世界上第一家真正的飞机制造公司，1960 年开始转型为主要生产货机的公司。1970 年以肖特 330 打入了世界支线客机市场，不久又生产出肖特 360 型号。1989 年被庞巴迪公司购买，成为庞巴迪公司的一个组成部分。其主要产品有肖特 330（载客 30 人）、肖特 360（载客 39 人）型双发涡桨式支线客机。中国民航曾经引进使用肖特 360 型飞机，现已全部退役。

### 4. 法国宇航公司与意大利阿莱尼亚公司合资成立的区域运输机公司（ATR—Avions de Transport Regional）

公司成立于 1981 年，总部设在法国图鲁兹。公司研制的主要产品有 ATR42 和 ATR72 等型号，均为二发（动机）涡轮螺旋桨飞机，在支线运营中获得了很大成功。中国新疆航空公司 1997 年引进使用 ATR72-210 型飞机。

### 5. 德国费尔柴尔德·多尼尔（Fairchild Dornier）公司

公司是德国一家以研制商用为主的飞机制造公司，创建于 1922 年，当时名为齐伯林（Zeppelin）公司。1985 年被戴姆勒·奔驰股份公司购买大部分股份。1996 年 6 月，戴姆勒·奔驰公司将多尼尔航空有限公司 80% 的股份出售给美国的费尔柴尔德飞机公司，改名为美国仙童·多尼尔公司（或译为费尔柴尔德·多尼尔公司），负责 Dornier 系列飞机的研制生产经营。其著名产品为二发（动机）涡轮风扇的 Dornier328-300 型飞机（载客 50 人）。中国海南航空集团引进使用数十架此型飞机。

### 6. 荷兰福克（Fokker）公司

公司是世界著名的商用飞机制造公司之一，但在 1996 年倒闭，1997 年最终停止生产。其主要产品有 F-27（载客 52 人）、F-28（载客 85 人）、福克 50（载客 58 人）、福克 70（载客 109 人）、福克 100（载客 109 人）。中国民航曾经引进使用福克 50、福克 100 型双发涡桨式支线运输飞机，现已全部退役。

### 7. 瑞典萨伯·斯堪尼亚（Saab-Scania）公司

公司成立于1937年4月2日，原名为瑞典飞机公司（Saab—Svenska Aeroplan Aktiebolaget），简称萨伯公司。最早以研制军用飞机如萨伯35、萨伯37等而闻名，1965年改称“萨伯—斯堪尼亚公司”后扩大了业务范围，研制了双发（动机）涡桨支线客机萨伯340（载客37人）及萨伯2000（载客50人），但由于世界支线飞机市场竞争激烈，该公司于1997年放弃制造商用飞机，重新恢复以战斗机研制为主要业务，代表机型为世界上最早投入使用的第四代喷气式战斗机JAS-39。中国南方航空公司、山东航空公司等引进使用过萨伯340飞机，现已全部退役。

1. 为什么说美国莱特兄弟被公认为飞机发明者？
2. 飞机的机体由哪几部分组成？
3. 列出中国民航最常用的10种机型。
4. 简述世界五大民用飞机制造商及其代表机型。

# 第六章　民用机场

学习目标

1. 了解世界机场与中国机场发展的历史过程。
2. 熟悉民用机场的构成与功能，了解机场等级划分。
3. 掌握机场候机楼工作流程。

## 第一节　民用机场发展的历史概况

### 一、国际民用机场的发展概况

到目前为止，民用机场经历了从无到有、从小到大、从简单到复杂、从单一功能到多种功能的历程，其发展历史可以分成三个阶段，当飞机在 1903 年出现的时候还没有机场的概念，莱特兄弟的飞机飞行了 12 秒也没有飞出他们进行试飞的那块平地，所以，那时只要找到一块平坦的土地或草地，可以承受不算太大的飞机的重量，飞机就可以在上面起降了，这种机场甚至相同于当时的运动场、公园或高尔夫球场。而现在，机场已成为设施复杂、技术先进而且是每个国家各个城市重要的大型基础设施之一。

第一阶段：1910 年在德国出现了第一个经营性机场，这个机场只是一片划定的草地，安排几个人来管理飞机的起飞、降落，设有简易的帐篷来存放飞机。美国也在同时期存在着运营机场，总数量不到20个，且全为私人所有和经营。由于这个时候的飞机在安全性和技术方面尚不稳定，而且作为新生事物没有被社会所广泛接受，因而使用十分有限，直到1920年飞机还只是主要用做航空爱好者的试验飞行或军事目的飞行，不搭载旅客，所以机场也只是为飞机和飞行人员服务，基本上不能为当地社会服务。这一阶段是机场发展的幼年期，只是“飞行人员的机场”。

第二阶段：1919年前后，由于第一次世界大战的结束，飞机及飞行员逐步投入到民用领域。欧洲开始建立起最初的民用航线，美国也在纽约与华盛顿特区之间设立首条定期航邮线路。随着航空运输的发展，机场大量建设起来，特别是在1920年至1939年之间，欧美国家的航线大量开通，同时为了和殖民地联系，各殖民国家和殖民地之间开通了跨洲的国际航线，如，英国开通了到印度和南非的航线，荷兰开通了由阿姆斯特丹到雅加达的航线，美国开通了到南美和亚洲的航线，与之相伴随的是机场在全世界各地大量出现。同时，随着航空技术的进步，飞机对机场的要求也提高了，机场建设中出现了各种新兴的需求，如，航管和通信的要求、跑道强度的要求、一定数量旅客进出机场的要求。为满足这些要求，出现了塔台、混凝土跑道和候机楼，现代机场的雏形已经基本出现，这时的机场主要是为飞机服务，是“飞机的机场”。这一阶段，美国的机场建设速度最为突出，德国、英国、法国、苏联等国家修建或改造了大量机场。

在第二次世界大战以后，出现了更成熟的航空技术及飞行技术，加上全世界经济复苏发展的推动，国际交往得到增加，客货运输量快速增长，开始出现了大型中心机场，也叫航空港。1944年国际民航组织的成立，出现了一个对世界航空运输统一管理的机构，在它的倡议下，52个国家在美国芝加哥签署的关于国际航空运输的《芝加哥公约》成为现行国际航空法的基础。在20世纪50年代中期，国际民航组织为全世界的机场和空港制定了统一标准和推荐要求，使全世界的机场建设有了大体统一的标准，新的机场建设已经有章可循。

第三阶段：20世纪50年代末60年代初，大型喷气运输飞机投入使用，使飞机变成真正的大众交通运输工具，也使航空运输成为地方经济的一个重要的不可缺少的组成部分。它改善了当地的交通条件和投资条件，加快了当地的旅游发展和经济交流，促进了当地的就业等等，为所在地区的经济发展提供了巨大的动力。但机场的发展也为城市的发展带来许多矛盾和问题，如，随着飞机起降速度的增加，跑道、滑行道和停机坪都要加固或延长；航班数量的大量增加导致了航路体系特别是机场空中交通管制体系无法满足实际需求，机场航班延误现象日益严重，航站楼与停车场也因此变得拥挤起来；候机楼、停车场、进出机场的道路都要改建和扩建；航班数量的增加使噪声对居民区的干扰成了突出问题等。但不论如何，机场成了整个社会的一个部分，因而这个时期的机场是“社会的机场”，这种情况要求机场的建设和管理要与城市的发展有协调的、统一的、长期的考虑。

## 二、中国机场的发展概况

中国在1920年开通了京沪航线京津段（北京—天津）及京济段（北京—济南）后就在北京南苑、济南张庄、上海虹桥、上海龙华和沈阳东塔等地出现了民用机场，随后在全国各大城市都建立了机场，开辟了航线。在1949年10月新中国建立之前，中国大陆能用航空运输的主要航线机场有36个，但大都设备简陋，多是小型机场。新中国成立后，军委民航局立即着手进行了机场建设工作，先是改建天津张贵庄机场、太原齐贤机场和武汉南湖机场，新开工建设北京首都机场、昆明巫家坝机场、南宁吴墟机场、贵阳磊庄机场、成都双流机场等，特别在1958年开始的“大跃进”运动中，各省、市、自治区在首府及其所辖重点城市开展了修建机场的热潮，建起了一批机场。20世纪60年代，为了开辟国际航线，并适应喷气式大型飞机的起降技术要求，中国又快速改扩建了上海虹桥、广州白云机场，使其成为国际机场。随后，中国又新建、改建、扩建了太原武宿机场、杭州笕桥机场、兰州中川机场、乌鲁木齐地窝铺机场、合肥骆岗机场、天津张贵庄机场、哈尔滨阎家岗机场等一批机场。由于此时航空运输还是只能为较少的人员提供服务，对机场的需求也只处于第二阶段。此时，中国大陆用于航班飞行的机场达到70多个，形成了大、中、小机场相结合的机场网络，基本上能适应当时中国的航空运输要求。

中国机场建设的真正跃进是在改革开放的1978年后开始的。

改革开放政策的实施，使民用机场的作用日益显现，特别是在4个经济特区、14个沿海开放城市和海南地区，把机场建设作为开发特区和发展本地经济及旅游必不可少的工作，竞相新建和改建机场，于是厦门高崎机场、汕头外砂机场、大连周水子机场、上海虹桥机场、广州白云机场、湛江霞山机场、福州义序机场、青岛流亭机场、连云港白塔埠机场、烟台莱山机场、秦皇岛机场、北海福成机场、南通兴东机场、温州永强机场、宁波栎社机场、海口大英山机场、三亚凤凰机场、桂林奇峰岭机场、敦煌机场、黄山屯溪机场、张家界机场等得到新建、改建或扩建。

1984年后，内地省会以及各大中城市也掀起了民用机场的建设热潮，其数量之多、范围之广均为民航史上空前少见，新建或扩建的大型机场有：洛阳北关、重庆江北、西宁曹家堡、长沙黄花、沈阳桃仙、长春大房身、南京大校场、昆明巫家坝、西安咸阳等机场。扩建或改建的中型机场有：成都双流、呼和浩特白塔、包头东山、齐齐哈尔等；新建或改建的小型机场有：黑河、榆林、银川新城、佳木斯、丹东、赣州、常州、石家庄等机场。

中国国民经济的持续快速发展和民航运输突飞猛进的增长，进一步要求更大规模的现代化机场的建设，自20世纪90年代起，深圳黄田、石家庄正定、福州长乐、济南遥墙、珠海三灶、武汉天河、南昌昌北、上海浦东、南京禄口、郑州新郑、海口美兰、三亚凤凰、桂林两江、杭州萧山、贵阳龙洞堡、银川河东、广州新白云等现代化机场相继投入使用。同时一大批中、小型机场也完成了新建、改建和扩建。

北京首都国际机场的建设和发展是对中国机场发展历程的最好说明。1954年，为改变民航和空军共享北京西郊机场的状况，建立中国民航的主要基地，中央同意在北京东北部兴建民用机场。建设过程中，它先后被称为“北京中央航空港”、“北京天竺机场”、“北京中央机场”等名称，1957年11月经国务院批准命名为“中国民用航空局首都机场”，简称首都机场，1958年3月1日正式投入使用。它是新中国成立后新建的第一个大型机场，包含长2500米、宽80米的水泥混凝土跑道和相应的滑行道、停机坪；全套助航和通信设备；航站楼及其他业务、工作、生活用房屋；飞机维护、供油、场内外各项公用设施和交通设施，并设有飞机修理基地。其规模和现代化程度，在当时的远东地区居于前列。20世纪60年代中期，为使首都机场开放国际通航，能够接收当时国际通用的大型客机，首都机场进行了跑道扩建，由2500米延长至3200米。

为了提高首都机场的总体水平，满足日趋繁忙的国内及国际运输业务，20世纪70年代，首都机场进行了第一次大规模扩建，包括修建新航站楼，修建一条长3200米、宽60米的平行跑道（西跑道）及加强原有跑道（东跑道，延长长度至3800米），建立先进的航行指挥和通信导航系统，修建大型飞机维修基地，新建和扩建供电供水供暖供油及其他生产生活所需的配套设备等。1974年8月动工，边建设边投入使用，至1984年全部项目完成。

然而，民航发展的速度大大超过了机场管理者和建设者们的预料，刚刚完工不久的首都机场再次遇上了需要扩建才能适应民航发展的速度和规模的情况。经过多方面长时间调研，1995年10月，首都机场进行第二次大规模扩建，工程包括新建24万平方米的航站楼和17万平方米的停车楼、47万平方米的停机坪和相关配套工程14项，总投资额预计76亿元人民币，是中国民航发展建设史上规模最大、投资最多的工程，经过近4年的建设，于1999年10月投产使用。

为了满足北京2008年奥运会航空运输的需要，实现首都机场作为大型综合枢纽机场的功能，同时塑造中国国门的新形象，北京首都机场自2004年3月开始第三次大规模扩建，内容包括新建第三条跑道（长3800米、宽60米）及飞行区（4F级），新建主降方向Ⅲ类精密进近、次降方向Ⅱ类精密进近的助航灯光系统，新建空管工程，新建3号航站楼、货运区及配套的交通中心与供水、供油、供电、供气等设施，历时3年9个月建成，在经过6次演练、2次转场后，于2008年2月29日成功启用。T3航站楼总建筑面积98.6万平方米，是世界上单体最大、设施管理最先进的航站楼，它的投入使用，使首都机场实现3个航站楼、3条跑道、2个塔台同时运行的格局，成为亚洲第一。停机位由过去的164个增加到314个，76个国际、国内航空公司在此运营，旅客运输能力较过去大大提高，成为“中国第一国门”。首都国际机场新建的T3航站楼是本次机场扩建的核心部分，其建筑方案通过国际征集，由北京市建筑设计研究院、荷兰NACO公司、英国FOSTER公司和ARUP公司联合设计的方案中标。该方案大气宏伟、通透现代，融中国传统文化神韵与时代精神为一体。旅客乘机流程简便，具备旅客捷运系统、自动分拣并高速传输的行李系统和高度集成可靠的信息系统。而新飞行区新建的第三条跑道长3800米、宽60米，等级达到4F，可满足世界上最大客机空中客车380的安全起降需求。

据权威部门信息，今后一段时间内，中国民航基础设施的建设投资仍将进一步加大，主要方针是建设枢纽机场、完善干线机场、发展支线机场。据统计，至2013年5月，中国共有各类民用机场500多个，其中民航在用机场248个，航班使用机场183个，可以起降波音747的机场33个。但与国土面积相当的美国比较，中国公用机场的数量只有美国的1/17，航班运输机场只有美国的1/5，无论数量还是业务方面都还有很大的差距，所以2010年以后，中国还在继续加快国内机场的建设速度。

## 三、机场在国家及经济发展中的地位和作用

（1）机场是国家权力的组成部分。在战争或特殊情况下，国家可以征用民用机场或飞机为国家军事等目的服务；在和平时期，机场也是国际交往如外交、国家安全等方面的重要部门。

（2）机场是国家交通联系的枢纽。机场是国家运输系统中的重要结合点，也是机场所在地经济发展的重要基础条件，是该地区通向国内重要经济中心与通向国际的门户和窗口。如果一个地区没有机场，它就不能直接快速和远距离地开展人员和货物的交流，特别是在现代社会中，就无法迅速参与目前全球化中广泛的经济合作。相比于其他交通方式，航空运输不论是在时间上还是在金钱上都有很大的优势。

（3）机场有利于所在地经济的发展。表现为两个方面，第一，可以增加当地对投资的吸引能力。由于航空运输的发展，工业和服务业开始向发展中国家和一些尚未开发的地区转移，大量资本投向这些地区建厂或设立公司等，这些未开发地区要得到投资的先决条件之一往往是要建有空中进出的门户，有了机场这个门户，才会有便利的人员来往工具而吸引投资者。第二方面，机场本身也能促进当地的经济发展。机场运转带来的客、货运服务，航空配餐，油料消耗，各种供应，以及围绕旅客的各种服务都带来了可观的收益和就业机会，加上外来的旅游者和相应行业的建设，能很快改变一个城市的闭

塞的状态和面貌。这也是各地争相建设机场的动力所在。

## 第二节 民用机场的构成与功能

机场作为商业运输的基地可以划分为飞行区、地面运输区和候机楼三大部分。飞行区是飞机运行的区域；地面运输区是车辆和旅客活动的区域；候机楼是旅客登机的区域，也是飞行区和地面运输区的接合部位。机场各个组成部分如图 6.1 所示。

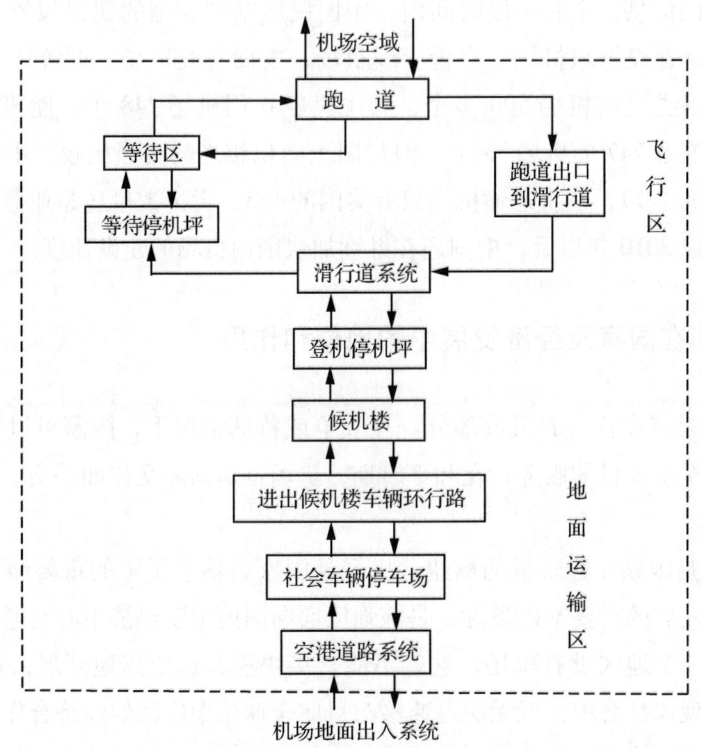


图 6.1 机场构成系统图

### 一、飞行区

机场飞行区分空中部分和地面部分。空中部分指机场的空域，包括飞机进场和离场的航路。地面部分包括跑道、滑行道、停机坪和登机门，以及一些为飞机维修和空中交通管制服务的设施和场地，如机库、塔台、救援中心等。

## （一）跑道

### 1. 机场跑道决定飞行区等级

跑道的性能及相应的设施决定了什么等级的飞机可以使用这个机场，机场按这种能力的分类，称为飞行区等级。飞行区等级用两个部分组成的编码来表示，第一部分是数字，表示飞机性能所相应的跑道性能和障碍物的限制，第二部分是字母，表示飞机的尺寸所要求的跑道和滑行道的宽度。对于跑道来说，飞行区等级的第一个数字表示所需要的飞行场地长度，第二位的字母表示相应飞机的最大翼展和最大轮距宽度，它们相应的数据见表 6-1。

**表 6-1　机场飞行区等级表**

| 第一位　数字 | | 第二位　字母 | | |
|---|---|---|---|---|
| 数字 | 飞行场地长度（m） | 字母 | 翼展（m） | 轮距（m） |
| 1 | <800 | A | <5 | <4.5 |
| 2 | 800～1200 | B | 5～24 | 4.5～6 |
| 3 | 1200～1800 | C | 24～36 | 6～9 |
| 4 | 1800 以上 | D | 36～52 | 9～14 |
| | | E | 52～65 | 9～14 |
| | | F | 65～80 | 14～16 |

注：表中的飞行场地长度指飞机在最大起飞重量、海平面高度、无坡度标准大气下起飞时所要求的最低场地（跑道）长度，飞行场地长度也表示在飞机中止起飞时所要求的跑道长度，因而也称为平衡跑道长度，飞行场地长度是对飞机的要求来说的，与机场跑道的实际距离没有直接的关系。

中国的各国际机场的飞行区等级都是 4E 级或 4F 级，在这些机场，目前正在使用的世界最大机型之一波音 747 客机可以满载起降，其中北京首都、上海浦东、广州白云等国际机场可以满足刚刚投入使用的世界上最大的空中客车 380 巨型飞机的起降要求。

### 2. 跑道的基本参数

①方向和跑道号。机场主跑道的方向一般和当地的主风向一致，跑道号按照跑道中心线的磁方向以 10°为单位，四舍五入用两位数表示。如，磁方向为 267°的跑道的跑道号为 27，跑道号以大号字标在跑道的进近端。这条跑道的另一端的方向是 87°（267° - 180°），跑道号为 09（27 - 18），因此一条跑道的两个方向有两个编号。如果机场有两条跑道则用左（L）跑道和右（R）跑道表示。

②跑道的基本尺寸。是指跑道的长度、宽度和坡度。跑道的长度取决于所能允许使

用的最大飞机的起降距离、海拔高度及温度。海拔高度高、空气稀薄、地面温度高等因素，会造成发动机功率下降，因而都需要加长跑道。如，西藏拉萨贡嘎机场和昌都邦达机场的跑道长度分别为4000米和5500米，是中国民用机场中跑道最长的。

跑道的宽度取决于飞机的翼展和主起落架的轮距，一般不超过70米。

一般来说，跑道是没有纵向坡度的，但在有些情况下可以有3°以下的坡度，在使用有坡度的跑道时，飞机起降要考虑到坡度对跑道性能的影响。

③跑道的道面和强度。跑道道面分为刚性道面和非刚性道面。刚性道面是由混凝土筑成，能把飞机的载荷承担在较大面积上，承载能力强，一般中型以上机场都使用刚性道面。非刚性道面有草坪、碎石、沥青等各类道面，这类道面只能抗压不能抗弯，因而承载能力小，只能用于供中小型飞机起降的机场。

对于起飞重量超过5700千克的飞机，为了准确地表示飞机轮胎对地面压强和跑道强度之间的关系，国际民航组织规定使用飞机等级序号（ACN—Aircraft Classfication Number）和道面等级序号（PCN—Pavement Classification Number）方法来决定该型飞机是否可以在指定的跑道上起降。

PCN数是由道面的性质、道面基础的承载强度经技术评估而得出的，每条跑道都有一个PCN值。

ACN数则是由飞机的实际重量、起落架轮胎的内压力、轮胎与地面接触的面积以及主起落架机轮间距等参数组成，由飞机制造厂计算得出的。ACN数和飞机的总重只有间接的关系，如，波音747飞机由于主起落架有16个机轮承重，它的ACN数为55，波音707的ACN数为49，而它的总重只有波音747的2/5，两者ACN相差不大。

一般情况下，当ACN值小于PCN值，该类型的飞机可以无限制地使用这条跑道。在一些特殊情况下，ACN值可以在大于PCN值5%～10%以下时使用这一跑道，但是会造成跑道使用寿命的缩短。

跑道道面要求有一定的摩擦力。为此，要在混凝土道面上开出5厘米左右的槽，并且定期（6～8年）打磨，以保持飞机在跑道积水时不会打滑。另一种方法是在道面上铺一层多孔摩擦系数高的沥青，以增加摩擦力。为了保证跑道上不积雨，还要在跑道两侧做出一定的坡度和一套排水系统。

④跑道的附属区域。跑道的附属区域包括跑道道肩、跑道安全带和净空道三部分。跑道道肩是在跑道纵向侧边和相接的土地之间设置的一段隔离的地段，用于在飞机因侧风偏离跑道中心线时，不致引起损害。同时因大型飞机很多采用翼吊布局的发动机，外侧的发动机在飞机运动时有可能伸出跑道，这时发动机的喷气会吹起地面的泥土或砂石，易使发动机受损，如果有了道肩就会减少这类事故。另外有的机场在道肩之外还要放置水泥制的防灼块，防止发动机的喷气流冲击土壤。跑道道肩一般每侧宽度为1.5

米，道肩的路面要有足够强度，以备在出现事故时，使飞机不致遭受结构性损坏。

跑道安全带是指在跑道的四周划出的一定的区域，目的是用于保障飞机在意外情况下冲出跑道时的安全，它分为侧安全带和道端安全带两部分。侧安全带是由跑道中心线向外延伸一定距离的区域，对于大型机场（3、4 级）这个距离为 150 米，在这个区域内必须地面平坦，而且不得有任何障碍物。道端安全带是由跑道端至少向外延伸 60 米的区域，它的作用是为了减少由于起飞和降落时冲出跑道的危险。

净空道是指跑道端之外的地面和向上延伸的空域，它的宽度为 150 米，在跑道中心延长线两侧对称分布，在这个区域内除了有跑道灯之外不能有任何障碍物，但对地面没有要求，可以是地面，也可以是水面。

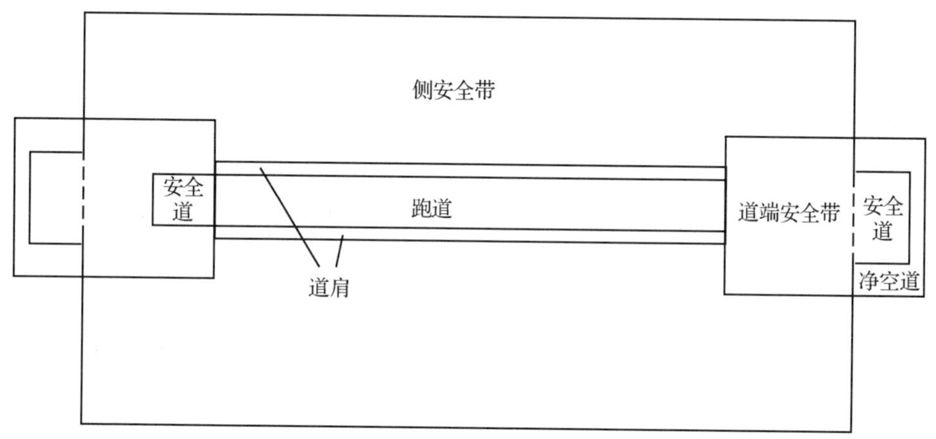


图 6. 2　跑道及净空道

## （二）滑行道

滑行道的作用是连接飞行区各个部分的飞机运行通路，它从机坪开始连接跑道两端。在交通繁忙的跑道中段设有一个或几个跑道出口和滑行道相连，以便降落的飞机迅速离开跑道。滑行道的宽度由使用机场最大的飞机的轮距宽度决定，要保证飞机在滑行道中心线上滑行时，它的主起落轮的外侧距滑行道边线不少于 1. 5 ~4. 5 米。在滑行道转弯处，它的宽度要根据飞机的性能适当加宽。

滑行道的强度要和配套使用的跑道强度相等或更高，因为在滑行道上飞机运行密度通常要高于跑道，飞机的总重量和低速运动时的压强也会比跑道所承受的略高。

滑行道在和跑道端的接口附近有等待区，地面上有标志线标出。这个区域是为了飞机在进入跑道前等待许可指令。等待区与跑道端线保持一定的距离，以防止等待飞机的任何部分进入跑道，成为运行的障碍物或产生无线电干扰。

### （三）机坪

机坪是飞机停放和旅客登机的地方，也可以分为登机坪和停放机坪。飞机在登机坪进行装卸货物、加油、上下旅客等，在停放机坪过夜、维修和长时间停放。停机坪的面积要足够用以保证进行上述活动的车辆和人员的行动。按照管理，停机坪上要用油漆标出运行线，使飞机按照标出的线路进出滑行道。

### （四）机场导航设施

机场导航设施也称为终端导航设施，其作用是引导到达机场附近的每架飞机安全、准确地进近和着陆。实践证明，进近和着陆阶段是飞行事故发生最多的阶段，因而机场导航设施、机场地面灯光系统、机场跑道标志等组成的一个完整系统，是机场的一个重要组成部分，保证飞机的安全着陆。

机场导航设备分为非精密进近设备和精密进近设备。

非精密进近设备通常是指装置在机场的 VOR—DME（Very-High-Frequency Omnidirectional Range—Distance Measuring Equipment）台、NDB（Non Directional Beacon）台及机场监视雷达，作为导航系统的一部分，它们把飞机引导至跑道平面，但不能提供在高度方向上的引导。

精密进近设备则能给出准确的水平引导和垂直引导，使飞机穿过云层，在较低的能见度和云底高下，准确地降落在跑道上。目前使用最广泛的精密进近系统是仪表着陆系统，还有部分使用的精密进近雷达系统以及正在发展并将最终取代仪表着陆系统的卫星导航着陆系统。

#### 1. 仪表着陆系统

仪表着陆系统（ILS—Instrumentation Landing System）是在 20 世纪 40 年代末和精密进近雷达几乎同时发展起来的着陆系统。到 20 世纪 60 年代末，它的精度和可靠性都超过了精密进近雷达系统，在 20 世纪 70 年代，仪表着陆系统作为国际民航组织推荐的标准设施，在世界上得到普遍使用。

仪表着陆系统的地面系统由航向台（Localizer）、下滑台（Glideslope）和指点信标三个部分组成。飞机上的系统是由无线电接收机和仪表组成，它的任务是给驾驶员指示出跑道中心线并给出按照规定的坡度降落到跑道上的航路。

仪表着陆系统按着陆的最小能见度分为三类。Ⅰ类仪表着陆系统为可以在跑道目视视程为 800 米以上、决断高度 60 米时使用；Ⅱ类仪表着陆系统可在跑道视程为 360 米、决断高度为 30 米以上使用；Ⅲ类仪表着陆系统没有决断高度限制，但又根据跑道目视视程不同分为三个类别：Ⅲa 类对应视程为 200 米，Ⅲb 类为 50 米，Ⅲc 类则可在视程为0的情况下使用。Ⅰ类仪表着陆系统目前被广泛使用。Ⅱ类仪表着陆系统只在少数大城市的繁忙机场使用，如中国的北京、上海。Ⅲ类仪表着陆系统只在世界上少数机场使用，而且装有Ⅲ类仪表着陆系统接收仪表的飞机数量也不是很多。

2. 精密进近雷达系统

精密进近雷达系统（PAR—Precision Approach Radar）由发射器、显示器和两个天线组成，一般装在可移动的车辆上：一个天线水平扫描，确定飞机相对跑道的横向位置；一个天线垂直扫描，显示飞机的飞行高度。这两个信号同时出现在管制员的显示屏上，管制员根据显示出的航道向驾驶员发出指令或建议，引导飞机安全着陆。

精密进近雷达系统装置体积小，可移动而且不需要飞机上装很多设备，因而成为军用导航的首选系统，但由于它的精确程度和可靠性受管制员的水平影响很大而不如ILS系统稳定和易于掌握，因而民用航空最终在70年代选定ILS系统作为标准系统。精密进近雷达系统目前只有在偏远地区或紧急情况（如出现地震、突发事件等）时才在民航中使用。

3. 微波着陆系统

由于空中流量的迅速增加，仪表着陆系统在地形要求上、飞机进入下滑道的时间上以及波段频率的分配上对流量的增大都有限制。20世纪70年代微波着陆系统（MLS—Microwave Landing System）开发成功，国际民航组织决定推荐这一系统作为20世纪90年代末逐步取代现有的仪表着陆系统的标准系统。微波着陆系统使用的频段是超高频（UHF）波段，不易受干扰，而且频道数目为ILS的5倍。同时在精确度和安装的初成本方面都比仪表着陆系统优越。但是由于卫星导航技术的迅速发展，人们已认识到卫星着陆系统要大大优于微波着陆系统，因而微波着陆系统在民航中尚未得到很大的应用，而卫星导航技术则会有很快的发展。

### （五）机场地面灯光系统

夜间飞行的飞机在机场进近降落，不论是在仪表飞行规则或目视飞行规则下都需要地面灯光系统助航。

1. 跑道灯光

跑道侧灯沿跑道两侧成排安装，为白色灯光，通常装在有一定高度的金属柱上，以防被杂草掩盖。灯上盖有透镜使灯光沿跑道平面照射，当离跑道端600米的距离时，透镜的颜色变为一面为红色一面为白色，红色灯光提醒驾驶员已经接近跑道端。跑道端灯的情况与跑道侧灯相同，但是使用一面红一面绿的透镜，红色朝向跑道，绿色向外，驾驶员着陆时看到近处的跑道端是绿色灯光，远处的跑道端是红色灯光。

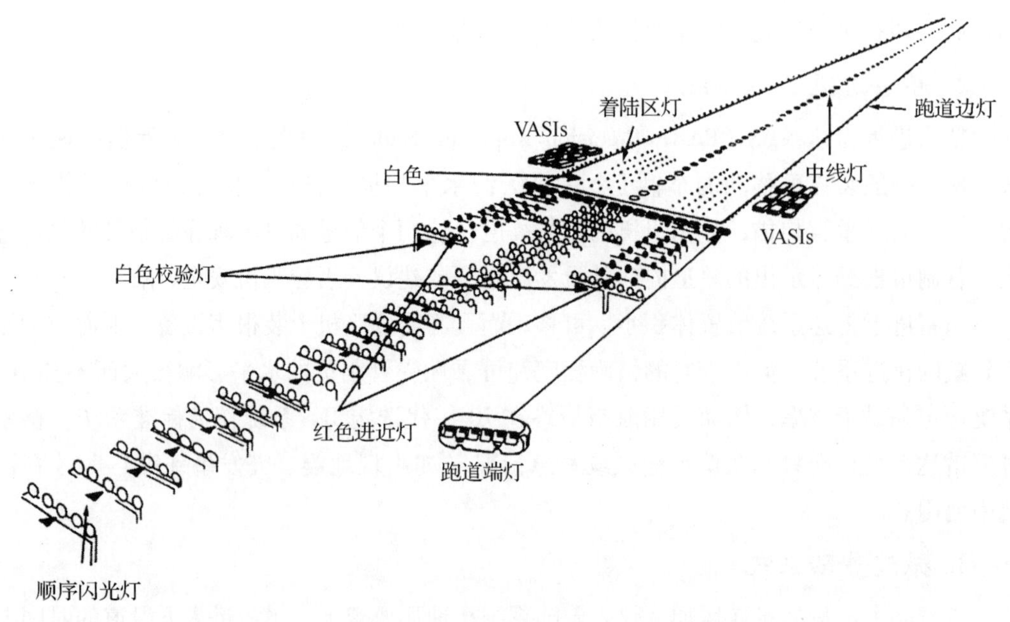


图 6.3　跑道灯光

跑道中心灯沿跑道中心安置，间隔为 22 米一个，跑道中间部分为白色，在距跑道端 300 米之内，灯光为红色，提醒驾驶员跑道即将终结。中心灯使用强光灯泡，并嵌入跑道表面，上面覆盖耐冲击的透明罩，能抵抗机轮的压力。

着陆区灯从跑道端开始在跑道上延伸 750 米，白色灯光，嵌入地面，使驾驶员注意这是着陆的关键地区，飞机应该在此区域内接地。为帮助驾驶员找到跑道出口，在滑行道的出口，有滑行道灯，使用绿色灯光，间隔为 15 米，滑行道的中心灯为绿色，边灯为蓝色。

2. 仪表进近灯光

飞机在进近的最后阶段，一般都要由仪表飞行转为目视飞行。这时驾驶员处于高负荷的工作状态，对于夜航的驾驶员，使用进近灯光来确定距离和坡度，从而作出决断。

进近灯光根据仪表着陆的等级或非仪表着陆有着不同的布局，非仪表着陆的进近灯安装在跑道中线的延长线上，长度至少为 420 米，间距为 30 米，为白色灯光。图 6.4 是Ⅰ、Ⅱ类仪表着陆使用的不同的进近灯光布局。

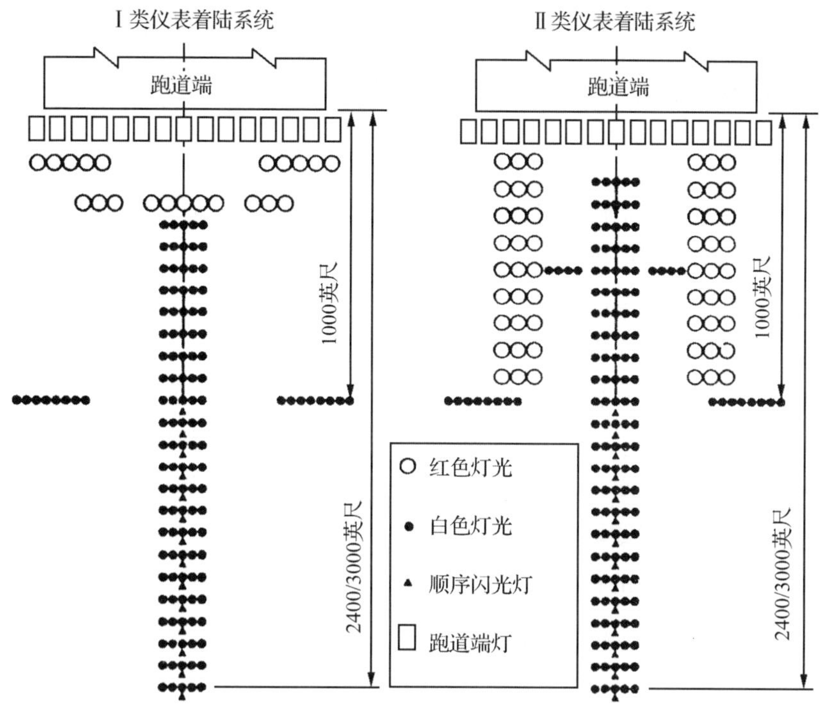


图 6.4　Ⅰ、Ⅱ类仪表着陆跑道进近灯光布局

下面以Ⅱ类仪表着陆系统的进近灯光系统为例来说明。

进近灯光从跑道中心线的延长线上 900 米（或 720 米）处开始，为 5 个灯一排的白色强光灯，每隔 30 米一排，一直装到跑道端，横排灯的中点和跑道中心延长线重合，上面装有顺序闪光灯，它从远端顺序闪光，直指跑道端，每秒两次。驾驶员在空中可以看到一个运动的光点从远处指向跑道端，在距跑道端 300 米处，在中线灯两侧再加装两排横向灯，最前面两排为白色灯，为驾驶员提供目视测量机翼是否水平的依据，后面各排是红色进近灯，提醒驾驶员，这个区域不能着陆。

3. 目视坡度进近指示器

目视坡度进近指示器（VASI—Visual Slope Indicator）装在跑道外侧着陆区附近，由两排灯组成。

两排灯组相距一段距离，每排灯前装有上红下白的滤光片，经其座前方挡板的狭缝发出两束光，它置于跑道端沿着着陆坡度发射。如果飞机的下降坡度正确，驾驶员看到的是上红下白的灯光；如果驾驶员看到的全是白光，表明飞机飞得太高，要向下调整；如果看到的灯全部是红光，表明飞机飞得太低。VASI 的作用距离为 4 海里，高度为 30 米，对于一些特大型飞机（如波音 747），需要设置多组 VASI（一般 2 ~ 3 组）以保证飞机在着陆时一直能看到灯光。

### （六）机场的进近和净空（飞行）区

机场要保证在飞机的起飞和降落的低高度飞行不能有地面的障碍物来妨碍导航和飞行，因而要划定一个区域，这个区域的地面和空域要按照一定标准来控制，并把有关的地形情况标注在航图上，这个区域称为进近区或净空区。

它的地面区域称为基本区面，空中区域则是在跑道周围60米的地面上空由障碍物限制面构成，障碍物限制面有：水平面，是在机场标高45米以上的一个平面空域；进近面，由跑道端基本面沿跑道延长线向外向上延长的平面；锥形面，在水平面边缘按1∶20斜度向上延伸的平面；过渡面，在基本面和进近面外侧以1∶7的斜度向上向外延伸。

由这些平面构成的空间，是飞机起降时使用的空间，由机场当局负责控制管理，保证地面的建筑（楼房、天线等）不能伸入这个区域。另外，空中的其他飞行物（飞鸟、风筝等）也不得妨碍飞机的正常运行。

### （七）飞行区内的其他设施

①测量基准点，指机场的地理位置基准点。是由国家的测绘机构定出准确的地理经度和纬度，作为这个机场的地理坐标，这一点通常选在机场主跑道的中点。

②标高校核位置，指机场的标高，亦是它的海拔高度。由于飞机在起飞前都要进行高度表设定，因此一个机场要设置一个专门位置，为飞机在起飞前校核高度，这个位置在停机坪的一个指定位置，在停机坪高度变化不大时，整个机坪都是校核位置。

③航行管制服务的设施。指在飞行区的航管中心和塔台、气象服务中心等。

④地面维护设施，如机库，是飞机维修和停放的地方；货运中心或货场，是处理空运货物的场所；其他如油料供应的管道等。

⑤消防和跑道维护设施。在每个机场都有消防和急救中心，由于一旦飞机出事往往伴随着起火和伤亡，因而这个中心听从塔台的指挥，一旦有事就迅速出动。

跑道维护的主要任务是防止积雪、积水或其他磨损，还有机场防止鸟撞及野生动物对机场道面的损害和阻碍也是跑道维护单位的任务。

## 二、候机楼区

候机楼区包括候机楼建筑本身以及候机楼外的登机坪和旅客出入车道，它是地面交通和空中交通的结合部，是机场对旅客服务的中心地区，候机楼区的组成及流程如图6.5所示。

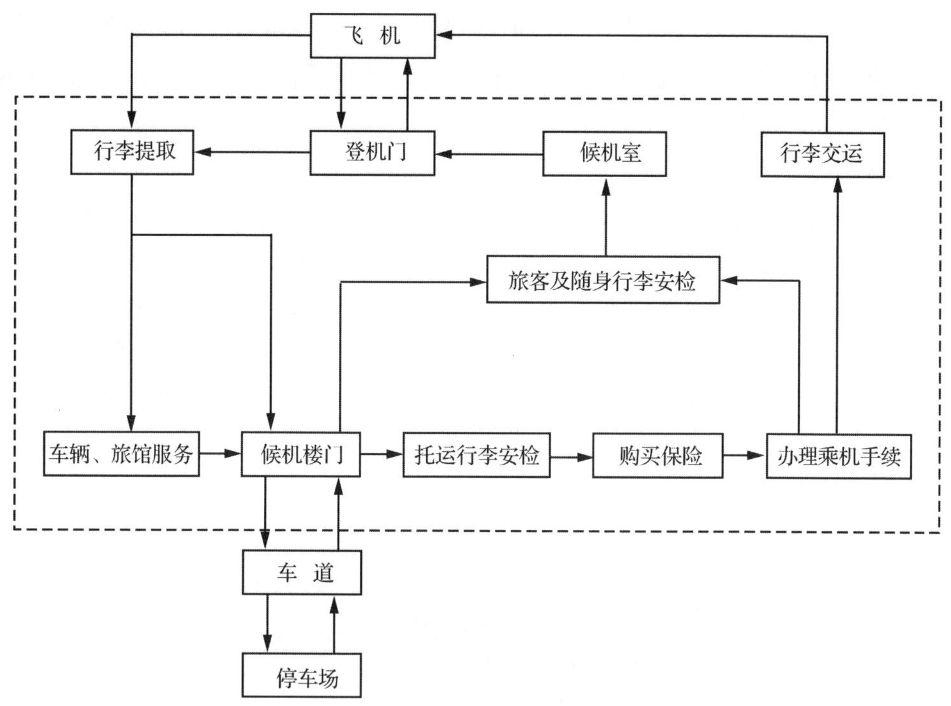


图 6.5　候机楼流程图

1. 登机坪

登机坪是指旅客从候机楼上机时飞机停放的机坪，这个机坪要求能使旅客尽量减少步行上机的距离。按照旅客流量的不同，登机坪的布局可以有多种形式（如图 6.6 所示）。

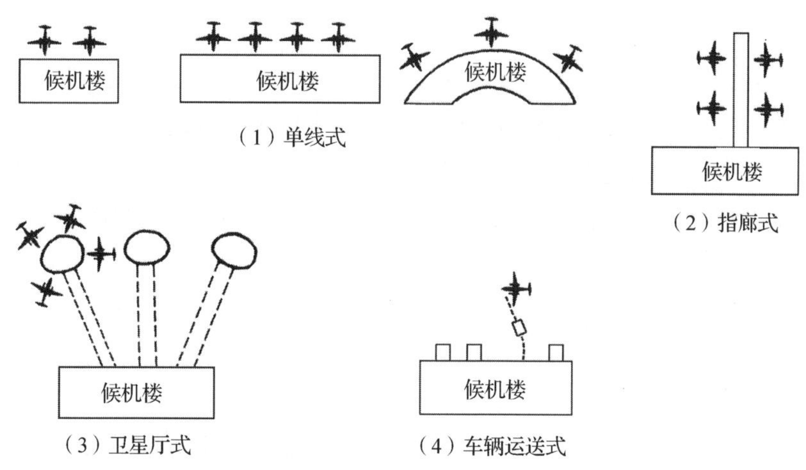


图 6.6　各种类型的登机坪

①单线式。这种形式是最简单的，即飞机停靠在候机楼墙外，沿候机楼一线排开，旅客出了登机门直接上机。它的好处是简单、方便，但只能处理少量飞机，一旦交通流量很大，有些飞机就无法停靠到位，造成延误。

②指廊式。由候机楼伸出走廊，飞机停靠在走廊两旁，这样可停放多架飞机，是目前机场中使用比较多的一种，走廊上通常铺设活动人行道，使旅客的步行距离减少。

③卫星厅式。在候机楼外一定距离设立一个或几个卫星厅，飞机沿卫星厅停入，卫星厅和候机楼之间有活动人行通道或定期来往车辆连接，它比指廊式优越的地方是卫星厅内可以有很多航班，各航班旅客登机时的路程和用去的时间大体一致，旅客在卫星厅内可以得到较多的航班信息。而指廊式的登机坪，旅客到最末端的登机门用的时间比起始端的要长。卫星式的缺点是建成后不易进一步扩展。

图6.7　卫星厅式登机坪

④车辆运送式。也叫做远距离登机坪。飞机停放在离候机楼较远的地方，登机旅客由特制的摆渡车送到飞机旁。这种方式的好处是大大减少了建筑费用，并有着不受限制的扩展余地。但它的问题是增加机坪上运行的车辆，也增加机场上的服务工作人员，同时旅客登机的时间增加，而且使旅客增加了上、下车及受到下雨和刮风等外界天气的影响等不便。

各种形式并不是单一固定的，可以采用各种混合形式，例如，北京首都机场的候机楼是卫星厅式结合指廊式的，但当客流量增大时，超过的部分就采用远距离的登机坪来解决。

⑤停机位置的设施。以上的各种形式的登机坪，除远距离登机坪外，在登机的停机位置都需要一定的设施帮助驾驶员把飞机停放在准确的位置，让登机桥能和机门连接。

登机桥是一个活动的走廊，它是可以伸缩的，并且有液压机构调整高度，以适应不同的机型，当飞机停稳后，登机桥和机门相连，旅客就可以通过登机桥直接由候机楼进出飞机了。

图 6.8　车辆运送式登机坪

2. 候机楼

候机楼的建筑是一个城市或一个国家的门户，因而也是这个国家和地区的象征，它代表一种威严和标志，因而候机楼的建筑在考虑功能和实用之外，必须要雄伟壮观，体现出国家的气势和现代化的意识，同时候机楼更要考虑使用者的服务便利、安全和保卫的需要。

图 6.9　济南机场候机楼外景

候机楼的组成并不复杂，一般情况下，候机楼可以分为两大功能区。

一是旅客服务区域，它的功能包括：办理机票行李手续的柜台；安检、海关、检疫的通道和入口；登机前的候机厅；行李提取处；迎送旅客活动大厅；旅客信息服务设施，包括问讯处、显示牌、广播通知系统、电视系统等；旅客饮食区域，包括供水处、饭店、厨房等；公共服务区，如，邮电局、行李寄存处、失物招领处、卫生间、医疗设施；商业服务区，如，各种商店、银行、免税店、旅游服务处、租车柜台等。

二是管理服务区，它的功能构成有：机场管理区，包括机场行政办公室、后勤的办公和工作场所，如水电、暖气、空调等，还有紧急救援设施，如消防、救援的工作人员和设备的场地等；航空公司运营区有运营办公室、签派室和贵宾接待室等；政府机构办公区，如，民航主管当局、卫生部门、海关、环保、边防检查部门的办公区域。

3. 候机楼内的乘机流程

候机楼内的旅客都是按照到达和离港有目的地流动的，在设计候机楼时必须很好地安排旅客流动的方向和空间，这样才能充分利用空间，使旅客顺利地到达要去的地方，不致造成拥挤和混乱。目前通用的安排方式是把出港（离去）和入港（到达）分别安置在上、下两层，上层为出港，下层为入港，这样互不干扰又可以互相联系。由于国内旅客和国际旅客所要办理的手续不同，通常把这两部分旅客分别安排在同一候机楼的两个区域，或者分别安排在两个候机楼内。

旅客流程要考虑三种类型的旅客：第一类是国内旅客，他们手续简单，占用候机楼的时间少，但流量较大，因而国内旅客候机区的候机面积较小而通道比较宽。第二类是国际旅客，他们要办理护照、检疫等手续，行李也较多，在候机楼内停留的时间长，同时还要在免税店购物，因而国际旅客的候机区要相应扩大候机室的面积，而通道面积要求较小。第三类是中转旅客，他们是等候衔接航班的旅客，一般不到候机楼外活动，所以要专门安排他们的流动路线，当国内转国际航班或国际转国内航班的旅客较多时，流动路线比较复杂，如果流量较大，机场当局就应该适当考虑安排专门的流动线路。

## 三、地面运输区

地面运输区包括两个部分，第一部分是机场进入通道，第二部分是机场停车场和内部道路。

1. 机场进入通道

机场是城市的交通中心之一，而且有严格的时间要求，因而从城市进出机场的通道是城市规划的一个重要部分，大型城市为了保证机场交通的通畅都修建了市区到机场的专用公路、高速公路或城市铁路。为了解决旅客来往于机场和市区的问题，机场要建立足够的公共交通系统，有的机场开通了到市区的地铁或高架铁路，大部分机场都有足够的公共汽车线路来方便旅客出行。在考虑航空货运时，要把机场到火车站和港口的路线同时考虑在内。

2. 机场停车场和内部道路

①机场停车场，除考虑乘机的旅客外还要考虑接送旅客者的车辆、机场工作人员的车辆及观光者和出租车量的需求，因此机场的停车场必须有足够大的面积。当然，停车

场面积太大也会带来不便，一般情况是繁忙的机场按车辆使用的急需程度把停车场分为不同的区域，离候机楼最近的是出租车辆和接送旅客车辆的停车区，以减少旅客步行的距离。机场职工或航空公司使用的车辆则安排到较远位置或安排专用停车场。

②机场内道路系统，在候机楼外的道路区要很好地安排和管理，这里各种车辆和行人混行，而且要装卸行李，特别是在高峰时期，容易出现混乱和事故。

机场内道路的另一个主要部分是安排货运的通路，使货物能通畅地进出货运中心。

## 第三节　机场候机楼工作流程

图 6. 10 是一个机场典型的旅客流程。在中国各机场乘坐民航飞机的流程大致相同，在此，以正常情况下在机场乘坐国内航班为例，对从购票、进入候机楼开始直至抵达目的地的整个乘机流程及其中的注意事项作一综合性的介绍。

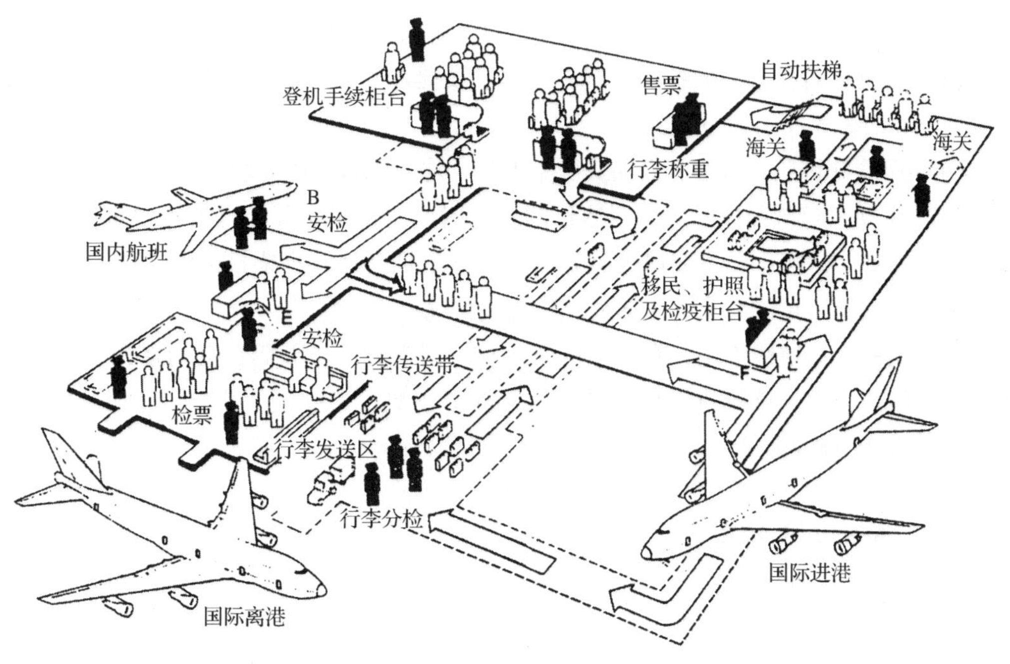


图 6. 10　旅客流程

## 一、购买机票

旅客购票时，应出示中国政府主管部门规定的证明其身份的有效证件，并填写旅客订座单。购买儿童、婴儿票，应提供出生年月的有效证明。重病旅客购票，应持有医疗单位出具的适于乘机的证明，经航空公司同意后方可购票。

未满两周岁的婴儿按适用成人票价的10%购买婴儿票，不提供座位。如需要单独占用座位时，应购买儿童票。每一成人旅客携带婴儿超过一名时，超过人数应购儿童票。已满两周岁未满12周岁的儿童按适用成人票价的50%付费购买儿童票，提供座位。

旅客注意事项与提示：

（1）请主动出示身份证件。这里主要是为旅客着想，经常出现的问题是：身份证已过期，旅客并不清楚，等到登机前办手续或过安检才发现，为时已晚。按规定，售票机构应对此负一定责任。

（2）购票和售票方应主动留下联络方式；尤其是旅客预订机票的时间较长时，一旦航班发生变动，便于售票机构通知旅客，以免耽误旅客的行程。

（3）认真核对机票上的各项内容，这里主要是指机票上的旅客姓名必须与身份证件上完全吻合，不得有丝毫差异。

（4）保管好机票，机票有效期一般是1年，遗失机票是很麻烦的事。

（5）主动了解所选择的航班到达目的地的时间，这里实际上是指了解该航班使用机型、直达或中途经停，不要以为早起飞的就肯定早到达。售票机构没有告知的义务，甚至为了某些原因可能有意不告知或隐瞒相关情况。

以厦门—上海航线为例，众多选择中也有中国南方航空新疆分公司使用ATR72机型执行的航班，由于该航班经停义乌而且是涡桨飞机，速度慢，需要3小时才能到上海，而正常75分钟即可。

## 二、办理登机手续

这里主要是确认机票有效、换取登机牌和托运行李。如是国际出发，先办理海关检查。注意航班规定离站时间前30分钟停止办理乘机手续，这是乘机与其他交通工具最大的不同。登机牌上一般有注明个人姓名、航班号、登机口、航班登机、起飞时间、分配给的座位号等资料。持成人票或儿童票的旅客，每人免费托运行李的限额为：头等舱40千克、公务舱30千克、经济舱20千克。持婴儿票的旅客无免费行李额。

行李声明价值：旅客的托运行李，每千克价值超过人民币50元时，可以办理行李声明价值，航空公司收取声明价值附加费。声明价值不能超过行李自身的实际价值。每位旅客的行李声明价值最高为人民币 8000 元。已办理行李声明的行李丢失时，按声明价值赔偿，行李的声明价值高于实际价值时，按实际价值赔偿。

旅客注意事项与提示：

（1）确认在航班规定离站时间前 30 分钟办理相关手续，部分机场开展晚到旅客服务，甚至把办理相关手续延长至离站时间前 15 分钟，开辟快速通道，但是请不要把这当成应该的，去赶这个点是不明智的，由于离站时间前 30 分钟未办理登机手续而取消登机资格是很正常的。

（2）保管好登机牌，勿自行撕下登机联，它是旅客最后登机的唯一凭证。

（3）托运过多行李要缴纳相当昂贵的逾重行李费用，超重每千克按经济舱全票价的 1.5% 计算，金额以元为单位。以厦门至北京为例，逾重行李费为 23 元/千克，这已很优惠了，要知道这种运输方式比特快专递可快多了，强烈建议别干携带超重行李这种傻事。

（4）千万千万不要替别人托运行李、携带行李，即使他是旅客朋友而且和旅客一起坐飞机；如确实要帮随行朋友携带行李，建议能了解具体物品情况。替别人托运行李、携带行李对旅客及其他旅客是绝对的不安全。一旦被发现行李有问题如出现违禁品甚至毒品，旅客也必将受到很严厉的处罚甚至承担刑事责任。

（5）请勿托运贵重物品，发生丢失，赔偿额是很低的。

（6）请将托运行李包装完善、锁扣完好、捆扎牢固，并能承受一定压力，内无易碎物品。

（7）尽量少随身携带行李，多托运行李，多轻松。不必担心取行李太慢，目前大多数机场这点做得还是不错的。以厦门机场为例，承诺飞机到达后 15 分钟内第一件行李送到领取处，30 分钟内全部送到。否则，旅客可获得相应赔偿。

（8）如托运行李，请保管好提货凭证，一般由工作人员将凭证贴在机票上。

## 三、安全检查

这里主要是查验身份证件、机票，对旅客个人及随身携带的行李进行检查，确保安全。国际出发先办理边防检查，地点在安检通道。

按规定：随身携带物品的重量，每位旅客以 5 千克为限。每件随身携带物品的体积均不得超过 20 厘米 ×40 厘米 ×55 厘米。超过上述重量、件数或体积限制的随身携带物品，应作为托运行李托运。安检人员有权拒绝旅客携带过多行李登机。

旅客注意事项与提示：

（1）由于受美国“9·11 事件”影响，国内安全检查有很大的加强，希望旅客尽量配合，要知道，就是机组成员也要和旅客一样接受同样标准的严格检查才能上飞机执行任务，这是民航行业飞行安全的要求。

（2）请勿携带任何刀具登机，包括指甲剪等以往可携带的物品目前都禁止带入机舱。

（3）行李将比以往有更多接受开包检查的几率，请积极配合，不要发牢骚，在上级指示下，安检人员承受的压力、心里的牢骚比旅客还大，同时千万千万不要和安检人员、其他旅客、朋友开关于安全的玩笑，旅客将无法想象这会带来的严重后果，如果只是因此而取消登机资格，还是最幸运的，这是最轻的处罚。之所以民航会这样处理，是因为国际民航组织规定，所有关于民航安全的信息一律“视疑为有”，必须检查落实后方可飞行。

（4）通过安全检查是旅客遗漏东西最多的地方，经过安全检查后，请清点随身物品，此时，可以将机票、身份证等收好，登机前只需检查登机牌即可。

（5）通过安全检查后，请确认安检人员在登机牌上加盖安检章，如果安检人员失误，漏盖或印章不清，旅客可能在最后登机时遇到麻烦。

## 四、等待登机

请前往登机牌上标明的指定候机位置，等待登机，登机时只检查旅客的登机牌，工作人员将确认旅客登机牌已加盖安检章，以使旅客正确乘坐航班。

旅客注意事项与提示：

（1）请注意所乘航班的登机时间和起飞时间，登机时间一般是比起飞时间提前 25 分钟，起飞时间一过，登机资格将被取消，不要认为飞机非等旅客不可。

（2）候机位置可能随时变更，请及时关注相关变化，尤其是到了预计登机时间，注意收听机场广播，没有动静时，应考虑可能自己的候机位置有误，尽快与工作人员联系。

## 五、登机、飞行过程

飞机的飞行过程是指从飞机为开始飞行而关闭舱门时刻起至飞机结束飞行后而打开舱门时刻止的所有时段。在这一时段，乘坐中国民航班机禁止旅客使用手机，确保处于关机状态。禁止使用的电子设备还有：对讲机、遥控玩具和其他带遥控装置的电子设备、计算机、音频播放机（收录机、CD 播放机、MD 播放机、MP3 播放机）、视频录放机（摄像机、VCD、DVD 影碟机）、电子游戏机等。

随身携带物品可放在头顶上方的行李架上，较重物品可放在座位下面。但不要把东西放在安全门前或出入通道上。

如发生误机，最迟应在航班离站后的次日中午12点（含）以前到乘机机场确认。此后如果要求改乘后续航班，各航空公司将在航班有可利用座位的条件下予以办理。

旅客注意事项与提示：

（1）尽量提前登机，不要一直拖到起飞时间才登机，这也是目前航班延误的一个主要因素。如果大家都这样，以后碰到航班延误，也不要抱怨啦。

（2）飞机上请勿使用手机，尤其是起飞和降落阶段。没有必要抱怨贵为上帝却不能打个电话或者极力证明手机信号不一定会危及飞行的安全，请严格遵守。这项规定对飞行安全绝对没坏处。

（3）建议飞行全过程只要在座位上就座均系好安全带，目前的技术水平无法探测到晴空乱流，这种乱流很少见，但是遇到一次，就会让人永生难忘。

（4）建议按登机牌确定的位置就座，尤其是旅客乘坐的是小型飞机时，这与飞机的载重平衡有关，所以也关系到安全，不要像坐汽车、火车那样随便坐。

（5）不要随意触动紧急出口等安全设施，如在空中发生此种行为，必将机毁人亡。

（6）不要将机上救生衣等设备带走，目前国内各航空公司均已在客舱出口安装探测设备，旅客将偷鸡不着蚀把米，接受相应处罚。

（7）如果需改变行程，或飞机经停某机场时，而目的地未到，千万不要不辞而别，这将严重影响航班运作。

一旦发生旅客不辞而别或其他原因没有登机，为了保证广大旅客的安全，必须确认该旅客没有遗留任何物品在飞机上，对客舱进行全面检查——万一该旅客留下的是炸弹，后果不堪设想。即使留下的不是危险品，但为了对该旅客负责，航空公司也须将该旅客所交运的行李从飞机上卸下，以免发生旅客、行李不在同一地点的情况。如果是过站旅客，由于无交运行李的具体清单，这个工作的执行将非常费时间，所以遇到这种情况时请旅客理解与配合。

（8）与过安全检查一样，千万千万不要和机组人员、其他旅客、朋友开关于安全的玩笑，否则由此带来的严重后果将不堪设想，因为按照国际民航组织的要求，一切关于安全的问题均适用“视疑为有”的原则，所以飞机会立刻返航或就近作紧急降落，该旅客也有可能受到治安处罚与刑事处罚，这绝不是小题大做。

## 六、到达、离机

旅客注意事项与提示：

（1）离机时请注意清点随身携带的物品，不要有所遗漏，如已离开飞机后，发现遗漏，请尽快与工作人员联系，只要遗漏的东西不被误认为垃圾扔掉或被同机旅客顺手牵羊，民航工作人员会妥善保管，找回物品是没问题的。

(2) 如有托运行李，请准备好托运行李的凭证，以备可能的查验。

同样请注意，候机楼外相关区域及周边道路也装有监控摄像头，这里主要是针对出租车不按规定载客、其他车辆违法规定乱停放等情况，不要认为没人管，只是处罚相对迟缓。不当行为将被录像取证并送出租车管理机构及交警部门等处理。

# 第四节　机场等级划分

## 一、机场的分类

机场分为军用机场和民用机场两大类，民用机场又分为用于商业性航空运输的机场（也称为航空港 Airport）和用于企业或私人自用的机场，具体分类如下：

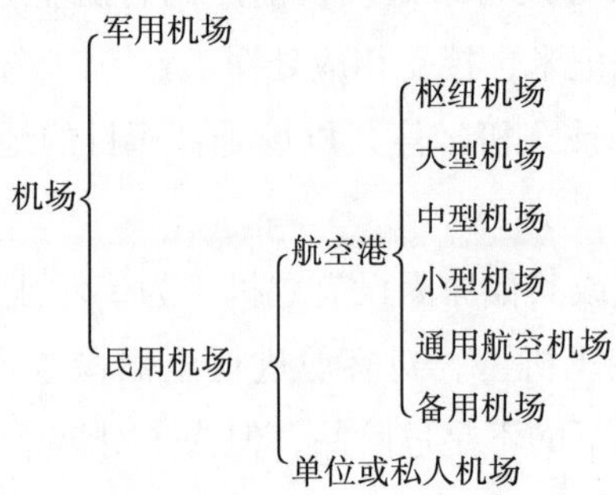


军用机场用于军事目的，有时也部分用于民用航空或军民合用，但从长远来看，军用机场将会和民用机场完全分离。

航空港指从事民航运输的各类机场，在中国通常把大型的民用机场称为空港，小型的民用机场称为航站，为了称呼统一，本书按国际通例，把商业性航空机场统称为机场。中国民航发展“十一五”规划把我国运输机场分为枢纽机场、大型机场、中型机场、小型机场 4 类。

枢纽机场：是指国家政治中心或经济中心，经济与人口规模居全国前列城市的机场，在航线网络中占国际、国内枢纽地位，旅客吞吐量在 4000 万人次以上。

大型机场：是指省会、自治区首府、直辖市和主要特区、开放城市，经济与人口规模居全国前列城市的机场，在航线网络中占国内枢纽地位，旅客吞吐量在 1400 万人次与 4000 万人次之间。

中型机场：是指省会、自治区首府、直辖市和重点开放城市、旅游城市，经济与人口规模较大城市的机场，在航线网络中占区域性中心地位，旅客吞吐量在 100 万人次与 1400 万人次之间。

小型机场：是指各省、自治区的地州级城市和其他重点旅游区，经济与人口规模较小城市的机场，在航线网络中居于网络终端地位，旅客吞吐量少于 100 万人次。

通用航空机场：主要用于通用航空，为专业航空的小型飞机或直升机服务。

备用机场：在中国这类机场多数是以前使用过的机场，现在由于各种原因没有航班，处于停用和保管状态。在国外这类机场平时不安排航班，它只为通用航空或航空爱好者服务，一旦一些机场交通拥挤，它可以暂时用来为商业航空服务，以减轻运输压力。

单位或私人机场：在中国除民航和军用机场外，有些机场属单位和部门所有，如飞机制造厂的试飞机场、体育运动的专用机场和飞行学校的训练机场等。在国外还有大量的私人机场，服务于私人飞机或企业的公务飞机，这种机场一般只有简易的跑道和起降设备，规模很小，但数量很大。

## 二、飞行区标准划分机场等级

具体内容见本章第二节。

## 三、航线地位标准划分机场等级

国际民用航空组织（ICAO）、国际航空运输协会（IATA）、国际机场协会（ACI）等并没有关于机场分类的标准和权威性解释，因此根据不同分析方式会有不同分类。若是按机场规模（机场客运量大小）或者机场航线在航线网络结构中的地位来划分，机场可以分为四类：国际枢纽机场、国内枢纽机场、国内干线机场以及国内支线机场。

1. 国际枢纽机场

国际枢纽机场是国际中枢航线网络的节点，是国际航空客货运的集散中心。其最主要的特征是：高比例的国际中转业务与高效的国际航班衔接能力，能够在较短时间内将来自世界各地不同地方的客货源通过机场内航班调配分拨后运输至其最终目的地的机场。因此这些机场在作为起始地或目的地机场的同时，也成了来自其他不同起始地和飞向其他不同目的地航班的中转中心。相对其他一般机场而言，枢纽机场具有空运区位优越、空运业务繁忙、容量大和中转功能强等特点。其飞行区等级均在 4E 级以上，有的达到 4F 级。

中枢航线网络是在20世纪70年代首先出现在美国的一种新的航线布局模式，其特点是客流量较小的城市之间不直接通航，而是都与一个枢纽机场通航。通过枢纽机场进行航班衔接、中转旅客和货物，以实现客货快速运输的目的。

建立国际枢纽机场的主要优点是：促进机场国际业务量的提高，吸引更多的国际航班到机场中转；可以增加机场的航空性和非航空性收入；可以带动周边地区经济及相关产业的发展，如饭店、餐饮、旅游服务等第三产业的发展；可以为周边国内枢纽机场、国内干线机场及国内支线机场的发展创造条件便捷的服务，刺激航空运输的需求，为中小机场带来生机。

中国目前正在建设为国际枢纽机场的是北京首都国际机场、上海浦东国际机场、广州白云国际机场。

世界上的国际枢纽机场有：英国伦敦希思罗机场（连接北美和欧洲）、新加坡樟宜机场（连接澳洲和欧洲）、日本东京成田机场（连接北美和东亚/东北亚）、美国安克雷奇机场（连接北美和亚洲）及亚特兰大机场、德国法兰克福机场和法国巴黎戴高乐机场等。

2. 国内枢纽机场

国内枢纽机场是国内中枢航线网络的节点，是国内航空客货运的集散中心。其最主要的特征是：高数量的航空客货运输、高比例的国内中转业务、高效的国内航班衔接能力，能够在较短时间内将来自全国各地不同地区的客货源通过机场内航班调配分拨后运输至其最终目的地的机场。相对其他一般机场而言，国内枢纽机场具有空运区位优越、空运业务繁忙、容量较大和中转功能较强等特点，机场飞行区等级均达到4E级。

中国2009年成为国内枢纽机场的是年旅客吞吐量超过1000万人次的14个机场，除去前述的北京首都、上海浦东、广州白云三大机场外，它们是上海虹桥、深圳宝安、成都双流、昆明巫家坝、西安咸阳、杭州萧山、重庆江北、厦门高崎、武汉天河、长沙黄花、南京禄口机场。2010年旅客吞吐量超过1000万人次的机场达到16个，新增加的2个机场为青岛流亭、大连周水子机场。至2012年底，中国年旅客吞吐量超过1000万人次的机场达到21个，新增加的5个机场为郑州新郑、乌鲁木齐地窝铺、三亚凤凰、沈阳桃仙、海口美兰机场。

3. 国内干线机场

国内干线机场是指在国家航线网络中占据骨干位置的机场，其客货运输量、开辟航线量在国家民航运输系统中具有重要地位。目前各个省会城市、国家计划单列城市、重点旅游城市的机场均为国内干线机场，机场飞行区等级都在4D级以上，很多达到4E级，如，太原武宿机场、天津滨海机场、济南遥墙机场、宁波栎社机场、桂林两江机场等。

### 4. 国内支线机场

国内支线机场是指其所运营的航线主要是省内或外省邻近地区，在航线网络中主要向枢纽机场或省会干线机场输送支线旅客及中转旅客的机场。支线机场有两个特征：年旅客吞吐量在50万人次以下，机场主要起降机型为70及70座以下的飞机。机场飞行区等级均在4C级以下或3C级，如，青海玉树机场、西藏林芝机场、阿里机场、黑龙江伊春机场、大庆机场、鸡西机场、漠河机场、辽宁丹东机场、朝阳机场、贵州黎平机场、江西井冈山机场、山东济宁机场、内蒙古乌海机场等。

1. 哪个机场被誉为“中国第一国门”，为什么？
2. 机场由哪三大部分组成，其主要功能是什么？
3. 简述机场候机楼的主要工作流程。
4. 机场按其规模与地位可以分为哪四类？

# 第七章　航空地理基本知识

## 学习目标

1. 了解国内城市及机场的三字代码、航空公司代码。
2. 了解国内航线和国内主要地标，了解国际主要航线和国际主要地标。
3. 熟知中国的航空区域规划，了解各个省份所在区划地区。
4. 理解时区基本理论知识，能够进行时差计算、温度换算；了解 CIQ 基本常识和相关规定。

## 第一节　国内空港城市及机场三字代码

三字代码是空港城市及机场的英文缩写，它被广泛应用于客货销售、航空公司运营、机场地面服务、空运生产量的统计等诸多民航业务方面。每一个空港城市及其机场都有唯一的三字代码，并为国际民航界所认可。国际航空运输协会（IATA—International Air Transport Association）出版的“OAG”（Official Airline Guide）、“PAT”（Passenger Air Tariff）、“TACT”（The Air Cargo Tariff）等手册中，将世界各国的空港城市及其机场的三字代码统一公布，这些公布的代码在中国民航的计算机服务系统中可以查询得到。凡是通航城市均有三字地名代码，随着各国机场的增减，其三字代码也随之增删。

三字代码的构成有一定规律，通常以英文地名的前 3 个字母组成，如，巴黎

（PARIS）、伦敦（LONDON）两城市的三字代码分别为：PAR、LON；沈阳、武汉、徐州分别以其汉语拼音 SHENYANG、WUHAN、XUZHOU 的前三个字母组成为：SHE、WUH、XUZ。但是目前世界各国共有 7000 多个航班通航的机场，很多英文地名的前 3 个字母相同，为了避免同名，要适当进行调整。代码调整的方法较多，如采用三个音节的第一个字母，或者采用前两个字母再加上后面的某个字母；也有特殊的表示方法，如加拿大所有空港城市及机场的三字代码均以 Y 字打头等。

世界大多数空港城市只有一个机场，这些城市与机场的三字代码相同，如成都 CTU，既是成都的城市代码，也表示成都双流机场。但是大型空港城市可能有多个机场，这样的城市及机场分别有自己的三字代码，如上海市开始只有虹桥机场，城市与机场的三字代码都是 SHA，后来又修建了浦东机场，浦东机场的三字代码为 PVG。北京市的三字代码为 BJS，首都机场的三字代码为 PEK。

掌握世界及我国重要空港城市和机场的三字代码及其地理位置，是民航从业人员的基本要求。如果大家在工作和学习中遇到不了解的三字代号，可以通过民航计算机服务系统中的指令查询，或通过“OAG”、“PAT”和“TACT”等航班资料或运价资料查询。

## 第二节　国内主要航线及主要地标

### 一、中国的航空区划

航空区划是为了科学地开辟与管理航线、因地制宜地安排运力、合理建设机场、协调国内及国际航空的发展，而对全国航空运输区域所进行的划分。由于航空运输受多种因素的影响和制约，特别是受政治因素、经济因素的影响最为显著，因此，航空区划与政治区划、经济区划的联系紧密，我国的航空区划也是以行政区划和经济区划为基础而逐步形成的。在旧中国，因为没有形成全国范围内完整的航空运输体系，所以也无航空区划而言。新中国成立后，我国民航在天津、上海、广州、重庆、武汉等地设立了民航办事处，后来改设华北、华东、中南、西南民航管理处并在此基础上逐步组建了民航华北、华东、中南、华南、西南五个民航管理分局。1958 年 12 月 13 日，中央批准同意民航设立北京、上海、广州、成都、乌鲁木齐管理局。到 20 世纪 60 年代中期，基本形成了北京、沈阳、上海、广州、成都、兰州六大地区管理局，其管辖的六大航空区域与我国的行政、经济区划基本一致（1982 年，兰州管理局搬迁至西安，改称民航西安管理局。1985 年，民航新疆自治区管理局升格为民航乌鲁木齐管理局）。至此，形成了我国的七大航空区域,这一划分除将西北行政、经济区分为两部分之外,其他与行政、经济区域的划分基本吻合。1987 年以后,中国民航管理体制改革逐步展开并不断深化,实行了政企分开的经营管理体制。在七大航空区域的基础上,民航管理机构由原来的地区管理局一分为三,分别成立航空公司、机场和民航地区管理局。2002 年开始的又一次深化管理体制改革中,再次明确了中国民航七大航空区域的划分(见图 7.1)。

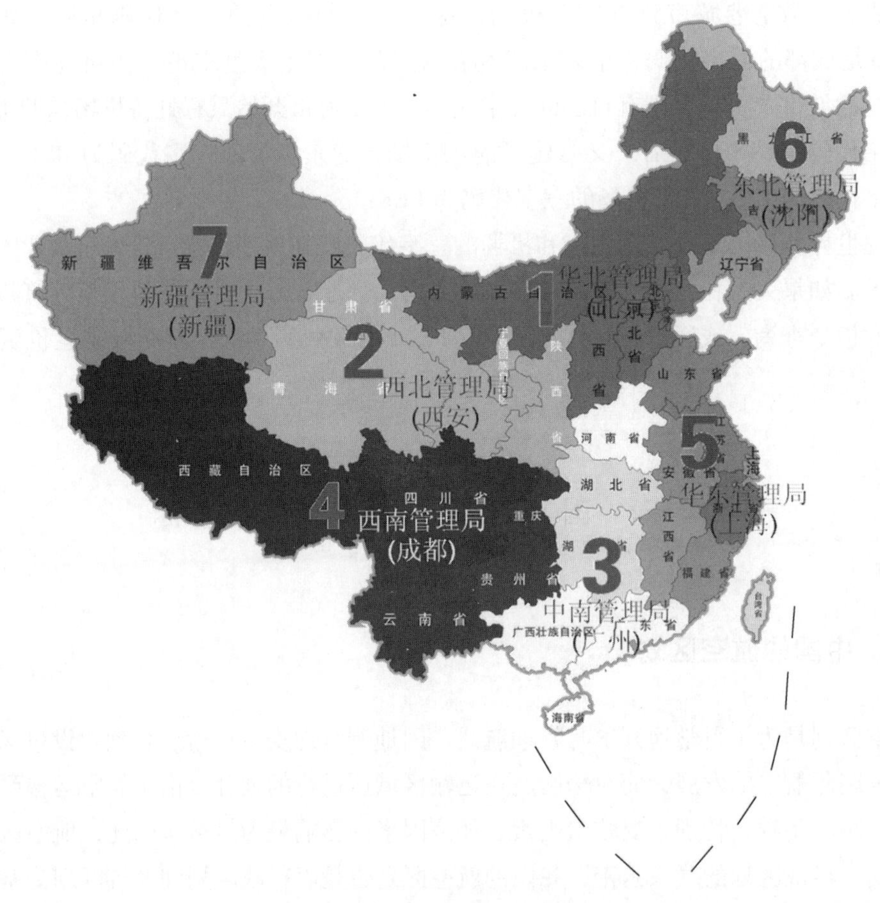


图 7.1　中国航空区划图

华北地区包括北京市、天津市、河北省、山西省及内蒙古自治区，民航华北地区管理局下辖民航北京、天津、河北、山西、内蒙古安全监督管理局；

华东地区包括上海市、江苏省、浙江省、安徽省、福建省、江西省、山东省，民航华东地区管理局下辖民航上海、江苏、浙江、安徽、福建、厦门、江西、山东、青岛、温州安全监督管理局；

中南地区包括广东省、河南省、湖北省、湖南省、海南省、广西壮族自治区，民航中南地区管理局下辖民航广东、深圳、河南、湖北、湖南、海南、广西、桂林、三亚安全监督管理局；

东北地区包括黑龙江省、吉林省、辽宁省，民航东北地区管理局下辖民航黑龙江、吉林、辽宁、大连安全监督管理局；

西南地区包括四川省、云南省、重庆市、贵州省、西藏自治区，民航西南地区管理局下辖民航四川、云南、重庆、贵州、丽江安全监督管理局，民航西藏自治区管理局为中国民航局直属机构；

西北地区包括陕西省、甘肃省、青海省、宁夏回族自治区，民航西北地区管理局下辖民航陕西、甘肃、青海、宁夏安全监督管理局；

新疆地区为新疆自治区，民航新疆管理局下辖民航乌鲁木齐、喀什安全监督管理局、民航南疆安全运行办公室。

## 二、国内主要航线及其分布特征

### 1. 国内主要航线

目前，我国国内航线近2000条，已形成较为完整的航线网络。根据国内航线的分布特征，可将其分成若干个放射状系统，每一个系统均以某一机场为中心，参考中心机场与连接机场的客货吞吐量大小，可以确定几个最重要的放射系统，它们与辐射航线共同构成国内航线的骨架。

①以北京为中心的辐射航线。该系统通过300多条辐射航线与全国各个省会城市、重要的旅游城市、交通枢纽城市相连，重要直飞航线用机场三字代码表示：PEK—CAN、SHA、PVG、SHE、SIA、NKG、CTU、KMG、XMN、HGH、SZX、KWL、HRB、DLC、CGQ、HET、HFE、URC、CKG、HAK、TSN、HKG。

②以上海为中心的辐射航线。该系统有辐射航线300多条，形成从东部沿海向北、南、西三面辐射的架构，与全国各大中城市、重要城市直接相连，重要直飞航线用机场三字代码表示：SHA、PVG—PEK、CAN、CTU、KWL、HGH、NKG、SIA、SHE、DLC、CGQ、HRB、WUH、FOC、XMN、CKG、KMG、URC、HAK、SZX、LXA、HKG。

③以广州为中心的辐射航线。该系统有辐射航线300多条，形成从南部沿海向内地及东部沿海地区辐射的架构，与全国各主要机场直接相连，并在南部沿海形成地区性的航线网。重要直飞航线用机场三字代码表示：CAN—PEK、SHA、PVG、CTU、KWL、HGH、KMG、KHN、NKG、NNG、WNZ、SHE、DLC、CGQ、WUH、XMN、SIA、SWA、HAK、CKG、URC。

以上三个系统的辐射航线，基本构成了中国国内航线的骨架，再加上以西安、成都、昆明、重庆、沈阳、大连、武汉、乌鲁木齐等重要机场为中心形成的若干放射系统，共同组成了国内的主要航线网。

④以昆明、成都、西安等大中型机场为中心的辐射航线。除北京、广州、上海三大机场外，国内其他大中型机场还有成都、昆明、重庆、西安、乌鲁木齐、深圳、杭州、武汉、沈阳、大连、青岛等，这些机场的辐射航线主要由通往三大机场的航线以及这些机场之间的航线组成。

⑤以香港为中心的辐射航线。中国民航称之为地区航线，特指香港、澳门等地区与内地的航线。地区航线是国内航线的组成部分，又是联系国际航线的重要桥梁。航线以香港为中心向内地几十个大中城市辐射，对于我国改革开放政策的实施，对于香港的稳定与繁荣，对于国内人民与海外侨胞之间的政治、经济、文化联系起着特殊的重要作用。1997 年之后，香港与内地的联系更加紧密，贸易额迅速上升，旅游者不断增多，各种往来频繁，使地区航线在中国航空运输中的作用逐步加强。主要直飞航线用机场三字代码表示：HKG—PEK、DLC、TSN、SHE、SHA、PVG、NGB、DLC、TAO、HGH、FOC、KMG、CKG、SIA、CTU、XMN、SWA。

### 2. 国内航线的分布特征

①我国国内航线集中分布于哈尔滨—北京—西安—成都—昆明一线以东的地区。其中又以北京、上海、广州的三角地带最为密集。整体上看，航线密度由东向西逐渐减小。

②航线多以大、中城市为中心向外辐射，由若干个放射状的系统相互连通，共同形成全国的航空网络。

③国内主要航线多呈南北向分布。在此基础上，又有部分航线从沿海向内陆延伸，呈东西向分布，南北方向航线多于东西方向航线的特点明显。

④航线结构以城市对式为主，并开始向轮辐式航线结构优化；航线客货运量以干线为主，支线网络尚未形成，支线承担的航空客货运量较低。

## 三、国内航线主要地标

①长江。长江是我国第一大河，发源于青藏高原的唐古拉山山脉的主峰各拉丹东雪山，流经青海、西藏、四川、云南、重庆、湖北、湖南、江西、安徽、江苏、上海十一个省、市、自治区，由上海注入东海，全长 6380 千米，流域面积 180 万平方千米。

②黄河。黄河是我国第二大河，发源于青海省巴颜喀拉山北麓，流经青海、四川、甘肃、宁夏、内蒙古、陕西、山西、河南、山东九个省、自治区，由山东注入渤海，全长 5464 千米，流域面积 75 万平方千米。

③天山。天山位于新疆维吾尔自治区，横贯新疆中部，最高峰托木尔峰，海拔8611米，以天山南北分南疆和北疆，著名的两大盆地为北疆的准噶尔盆地、南疆的塔里木盆地。

④华山。华山古称西岳，海拔2200米，为五岳之最高者。

⑤泰山。泰山位于山东省西部靠近济南市的泰安市，有“五岳独尊”之称，海拔高度为1524米。

⑥秦岭。秦岭位于陕西省，是中国的南北分界线，秦岭的太白山最高海拔3767米。

⑦大运河。大运河北起北京通州，南至浙江杭州，纵贯河北、山东、江苏、浙江四省，沟通了海河、黄河、淮河、长江、钱塘江五大水系，全长1790千米。

⑧淮河。淮河发源于河南省和湖北省交界的桐柏山区，全长1000千米，流经河南、安徽到江苏注入洪泽湖，流入长江，是中国的南北分界线。

⑨珠江。珠江是由西江、北江、东江及珠江三角洲渚河等四个水系所组成，是广东省最大的河流，源出云南省东部曲靖市，全长2197千米。

⑩太湖。太湖位于长江三角洲南部，江苏、浙江两省之间，是我国四大淡水湖之一，面积2200平方千米，水深12米。

⑪海河。海河位于华北地区，上游支流众多，汇为五大支流：北运河、永定河、大清河、子牙河和南运河，即为华北五河。海河发源于河南省西北部，全长1090千米。

⑫滇池。滇池位于昆明市南郊，面积370平方千米，为云南第一大湖，湖面辽阔，景色优美，岸边多风景名胜。

⑬洪泽湖。洪泽湖位于江苏省西部，面积2500多平方千米，是我国第三大淡水湖。

⑭长白山。长白山位于吉林省，主峰白头山为东北最高峰，海拔2690米，长白山主峰附近的白头山天池是中朝界湖，湖面海拔2194米，面积9平方千米，是著名的火山口湖。

## 第三节　国际主要航线及主要地标

### 一、中国的国际航线及其特征

#### 1. 中国的主要国际航线

按照航线的分布特征，中国的国际航线基本上分为东线、西线和南线。

东线主要有近程的中日、中韩航线和远程的中国—北美航线组成。

①中日航线。由于日本为我国第一大国际航空运输市场，所以中日航线成为目前我国国际航线中通航城市最多、航班密度最大、运营航空公司最多的重要国际航线。中方有国航、东航、南航、厦航、海航、春秋航空等多家航空公司投入运营，日方有日航、全日空、日货航三家航空公司投入运营，每周共飞 50 多条航线、300 多班定期客班和 20 多班定期货班。目前，我国与日本的通航城市有：北京、天津、上海、深圳、沈阳、大连、哈尔滨、广州、长沙、桂林、武汉、西安、重庆、成都、济南、青岛、长春、烟台、厦门、南京、杭州、海口、昆明和福州等 20 多个城市。日本与我国的通航城市有：东京、大阪、仙台、名古屋、长崎、福冈、广岛、新潟、冈山、福岛、富山、札幌、冲绳、松山、大分、小松和鹿儿岛等 17 个城市（青森为指定地点，未经营）。

②中韩航线。韩国为我国第二大国际航空运输市场，中方有国航、东航、南航、厦航、海航等航空公司共开辟了 30 多条航线，从北京、上海、广州、天津、南京、杭州、厦门、青岛、大连等 20 个城市飞往韩国首尔、釜山、大邱、济州岛、光州、清州等 6 个城市。韩方有大韩、韩亚航空公司共开辟了近 40 条航线，从其国内 6 个城市飞往我国 22 个城市。此外，双方还开辟了货运直达航线。

③中国—北美航线。中国—北美航线主要是中美航线，它是我国重要的远程航线，也是国际航空运输市场上竞争最激烈的航线之一。中方有国航、南航、东航和中货航 4 家航空公司经营中美航线，航权使用率是 50%。美方有美联航、西北航、联邦快递、联合包裹、大陆航、博立航 6 家空运企业投入运营，航权使用率是 100%。此外，我国三大航空公司还相继开通了到加拿大温哥华等城市的航线。

西线主要是从我国东部城市向西飞越欧亚大陆，经中东到英国、法国、德国、意大利、荷兰以及欧盟各国的航线。大致可分为中国—欧洲航线、中国—中东航线。此外，近年还开通了北京经西班牙马德里延伸到巴西圣保罗的国际航线。

①中国—欧洲航线。目前，中国已与欧盟 25 个成员国中的 23 个国家草签了航空运输协定，在双边基础上较大幅度地扩大了与德国、法国、英国等航空大国的航权安排。

②中国—中东航线。这里的中东航线泛指从我国东部城市到南亚、西亚、中亚、海湾地区等国家的中程国际航线。

南线主要是我国东部城市到地理上的东南亚各国、大洋洲以及太平洋岛屿的航线，它们是我国重要的中近程国际航线。

### 2. 中国国际航线的分布特征

①中国国际航线以北京、上海、广州三大国际门户为主，以大连、青岛、厦门、深圳等沿海城市为辅，并以哈尔滨、乌鲁木齐、昆明等沿边城市向东、西、南邻近国家辐射。

②中国远程国际航线主要是：飞往北美的东线、飞往欧洲的西线和飞往大洋洲的南线；近程国际航线主要是：中日航线、中韩航线、中国—东南亚航线。

③中国国际航线向东连接日本、韩国、北美地区，向西连接中东、欧洲地区，是北半球航空圈的重要组成部分。

## 二、世界主要国际航线

世界国际航线主要集中在北半球的中纬地区，大致形成一个环绕纬度带的航空圈带，即呈东西向分布。这些航线密集在北美、欧洲和东亚等经济发达地区，成为当今世界航空运输的主流，它们是欧亚航线、北美航线、北太平洋航线和北大西洋航线，以此为基础，从欧洲、美洲、亚洲向南辐射，形成了欧—非、欧—拉美、北美—拉美、北美—大洋洲、北美—非洲、亚洲—大洋洲航线，共同构成基本涵盖世界的主要国际航线。另外还有用于运价计算的代码航线名称，如，东半球航线、西半球航线、南大西洋航线、南太平洋航线、远东航线、西伯利亚航线等。

### 1. 欧亚航线

欧亚航线是横穿欧亚大陆、连接大陆东西两岸的航线，又称欧洲—中东—远东航线，包括俄罗斯航线、西伯利亚航线、远东航线。欧洲一直是航空运输的发达地区，尤其是国际航空运输常居世界前列。而中亚、远东地区虽然面积不大，但具有优越的地理位置和丰富的石油资源，航线分布密集，航空运输相对发达，发展速度很快。欧亚航线对东亚、中东和欧洲各国之间的政治经济联系具有重要作用。

### 2. 北美航线

北美航线是指北美大陆东西两岸之间的航线，主要是美国、加拿大两国东部沿海地区的城市如纽约、华盛顿、多伦多等与西部沿海地区的城市如洛杉矶、西雅图、温哥华等之间的航线。北美航线是目前世界上最繁忙的航线之一，也是美国国内横穿北美大陆的东西向的重要航线。

### 3. 北太平洋航线

北太平洋航线是连接北美和亚洲之间的重要航线，它穿越太平洋以及北美大陆，是世界上最长的航空线。它以亚洲的东京、北京、首尔、香港、上海等城市集散亚洲各地的客货，与北美的温哥华、洛杉矶、旧金山、芝加哥、西雅图等城市集散美洲大陆的客货相连。这条航线航程非常长，航空公司一般选择具有越洋飞行能力的波音 747、777 或空中客车工业公司的 330、340 型飞机飞行。

### 4. 北大西洋航线

北大西洋航线历史悠久，是连接欧洲与北美的最重要的国际航线。北美和欧洲同是世界上航空最发达的地区，欧洲的中枢机场如伦敦、巴黎、法兰克福、马德里、里斯本等和北美的主要城市纽约、波士顿、蒙特利尔相连，是目前世界上最繁忙的国际航线之一。由于这条航线历史悠久，飞行的航空公司多，竞争非常激烈，令人意外的是这条航线虽然经济意义和政治意义都十分重大，但却不是世界上经济效益最好的航线。

5. 东半球航线

东半球航线是指航程中的所有点（始发点、经停点和到达点）都在东半球的航线。东半球是世界上航线最多的区域，包括新马泰航线、澳洲游航线等。

6. 西半球航线

西半球航线是指航程中的所有点（始发点、经停点和到达点）都在西半球的航线。西半球航线是连接南北美洲的航线，又称拉丁航线。拉丁航线不长，除自成体系外，还常常与太平洋航线和大西洋航线相连，成为这些航线的续程航段。南美洲的美丽风光正被人们所认同，越来越多的亚洲人取道美国来南美。太平洋航线中转拉丁航线的城市主要是迈阿密、圣何塞、洛杉矶、墨西哥城等地。大西洋航线多取道波哥大或巴西的城市中转。

7. 南大西洋航线

南大西洋航线是指航程经过南部大西洋的航线，比北大西洋航线开辟的时间更晚。具体是指航线在南大西洋地区和东南亚之间经过大西洋和中非、南非、印度洋岛屿的航线，或者不经过这些地区而直飞的航线。随着南美旅游和经济的开发，南美地区的门户城市和目的地城市越来越多，传统经北美到南美的航线已经不能满足需要，南大西洋航线正是应市场需要开辟的航线。

8. 南太平洋航线

按照国际航协的规则，南太平洋航线是连接南美和西南太平洋地区经过北美的航线，但航线不经过北部和中部太平洋。这些航线中的城市大都具有典型的自然风光，是为目前因受推崇的生态旅游而新开辟的航线。

9. 北极航线

北极航线也称极地航线，是穿越北极上空的重要航线，用于连接北美和欧洲、亚洲的城市。欧洲与北美之间的跨极地飞行早在20世纪20年代就已拉开序幕，商业飞行历史已超过40年。2001年2月1日，北极航路正式开通，标志着从北美东海岸到亚洲之间的空运市场的发展迈出了重要的一步。北极上空气流平缓，颠簸较少，提高了旅客乘机的舒适度。同时，这条航线飞机较少，不存在其他航路空中通道拥挤的状况，并为航空公司节省了燃油，降低了飞行成本。

## 三、世界航线主要地标

①亚马逊河。是世界上流量最大、流域面积最广的河，它最西端的发源地在安第斯

山，入海口在大西洋，全长 6440 千米（近来美国地质考察家反复测定，亚马逊河实长 6751 千米，超过了尼罗河，是世界上最长的河流），其干支流蜿蜒流经南美洲 7 个国家，流域面积 705 万平方千米，约占南美大陆总面积的 40%；每年注入大西洋的水量约 6600 立方千米，相当于世界河流注入大洋总水量的 1/6。

②尼罗河。尼罗河流经布隆迪、卢旺达、坦桑尼亚、乌干达、苏丹和埃及等国，最后注入地中海。全长 6671 千米，是世界流程最长的河流。

③密西西比河。是美国第一大河，它与南美洲的亚马逊河、非洲的尼罗河和中国的长江一起并称为世界四大长河。密西西比河发源于美国西部偏北的落基山北段的崇山峻岭之中，逶迤千里，曲折蜿蜒，由北向南纵贯美国大平原，把美国分为东西两半，最后注入墨西哥湾，全长 3950 千米。

④伏尔加河。是欧洲最长的河流，同时也世界上最大的内流河。又译为窝瓦河，位于俄罗斯西南部，全长 3690 千米，流入里海。伏尔加河在俄罗斯的国民经济中及在俄罗斯人民的生活中起着非常重要的作用。

⑤湄公河。干流全长 4880 千米，是亚洲最重要的跨国水系，世界第六大河流。发源于中国青海省玉树藏族自治州杂多县，流经中国、老挝、缅甸、泰国、柬埔寨和越南，于越南胡志明市流入南海。越南境内，因由越南流出南海有 9 个出海口，故越南称之为九龙江，总程度长 2139 千米。

⑥刚果河。位于中西非，又称扎伊尔河，是非洲第二长河。干流流贯刚果盆地，河道呈弧形穿越刚果民主共和国，沿刚果边界注入大西洋。全长约 4700 千米，流域面积约 370 万平方千米。

⑦莱茵河。是在欧洲一条著名的国际河流，发源于瑞士境内的阿尔卑斯山，流经德国注入北海，沿途经过列支敦士登、奥地利、法国和荷兰。自古为欧洲交通最繁忙的水上通道。

⑧多瑙河。是世界上流经国家最多的一条河流，也是仅次于伏尔加河的欧洲第二长河。发源于德国西南部的黑林山的东坡，自西向东流经奥地利、斯洛伐克、匈牙利、克罗地亚、塞尔维亚、保加利亚、罗马尼亚、乌克兰，在乌克兰中南部注入黑海。支流延伸至瑞士、波兰、意大利、波斯尼亚—黑塞哥维那、捷克以及斯洛文尼亚、摩尔多瓦等 7 国，最后在罗马尼亚东部的苏利纳注入黑海，全长 2850 千米，流域面积 81.7 万平方千米。

⑨里海。世界最大的湖，也是世界最大的咸水湖，位于亚欧大陆腹部，亚洲与欧洲之间。其表面约低于海平面 27 米，靠近南面的最大深度为 1025 米。

⑩苏必利尔湖。世界上最大的淡水湖，1622 年为法国探险家所发现，湖名取自法语，意为“上湖”。该湖为美国和加拿大共有，被加拿大的安大略省与美国的明尼苏达

州、威斯康星州和密歇根州所环绕。湖面东西长 616 千米，南北最宽处 257 千米，湖面平均海拔 180 米，水面积 82414 平方千米，最大深度 405 米。

⑪维多利亚湖。位于东非高原，大部分在坦桑尼亚和乌干达两国境内，一小部分属于肯尼亚。1860 年至 1863 年英国探险家约翰·汉宁·斯皮克和格兰特到此处调查尼罗河的源头时，以英国女王维多利亚的名字命名该湖泊。该湖面积 69400 平方千米，是非洲最大的湖泊，在世界淡水湖中仅次于北美洲的苏必利尔湖而居世界第二。

⑫珠穆朗玛峰。简称珠峰，又译作圣母峰，尼泊尔称为萨加马塔峰，也叫埃非勒士峰。海拔 8850 米，是世界第一高峰。

⑬乔戈里峰。位于中国和巴基斯坦边界，海拔 8611 米，是喀喇昆仑山脉的主峰，为海拔仅次于珠穆朗玛峰的世界第二高峰。

⑭干城章嘉峰。世界第三高峰，又被称为“雪山之尊”，位于喜马拉雅山脉中段的尼泊尔王国和印度锡金邦边界上，海拔高度 8586 米，在连绵的群山中突兀而起，直耸云间，峰顶是以巨大的风化石而形成的三角状态，它的左右两侧并列耸立着两个 8000 米以上的高峰。干城章嘉峰的名字是“雪神五项珍宝”之意。其知名度虽然远不及只高它不到 300 米的珠穆朗玛峰,但在世界第一高峰被确认之前,它曾被以为是世界最高峰。

⑮阿尔卑斯山。是欧洲最高大的山脉，从热那亚湾附近的图尔奇诺山口沿法国、意大利边境北上，经瑞士进入奥地利境内，绵延 1200 千米，平均海拔约 3000 米。其主峰是勃朗峰，海拔 4810 米，位于法国和意大利的边境上。“勃朗”一词在法语中是“白”的意思，由于山峰终年积雪不化，银白如玉，故称勃朗峰。阿尔卑斯山主脉向东延伸是喀尔巴纤山脉，向南延伸是亚平宁山脉，向西南延伸是比利牛斯山脉。

⑯乞力马扎罗山。是非洲最高的山脉，高 5963 米，有“非洲屋脊”之称，许多地理学家则称它为“非洲之王”。原为一个火山丘，面积 756 平方千米，位于坦桑尼亚东北部，邻近肯尼亚，距离赤道仅 300 多千米。

## 第四节　时区与时差计算、温度换算

### 一、时区与时差

#### 1. 地球上的坐标和方向

飞机驾驶员在高空中远望地平线时看到的是一条弯曲的线，飞机飞得越高，这种弯曲的感觉就越明显，这和站在地面上的人对地平线的感觉有很大差别。所以，驾驶员在高速运行的飞机上对飞行距离、飞行方向、飞机所在地点的时间等等作出决定时，时刻也不能忘记地球不是一个平面，而是一个球。

地球围绕着一根抽象的地轴自转，这根轴经过地心穿出地面的两个点被称为南极和北极，南北两极决定了地球的南北方位。南北半球的分界线是赤道，为了给地球上各点的位置确定南北坐标，把南北半球分别用平行于赤道的平面分成 90 份，这些平面线就是纬度，纬度决定了地球上南北方向的坐标。

东西方向的起始点没有天然的界定点，只好人为地替它定一个起点，即以通过英国伦敦格林威治天文台伸向地球南北极的经线作为计算地球东西方位的起始线，这条经线叫做起始经线，也叫本初子午线或者零度经线。起始经线被定为经度 0 度，它和地心形成的平面，把地球分为两半，即东、西半球，每个半球按圆周等分为 180 份，向东为东经，向西为西经。东经 180°与西经 180°相重合，经度决定了地球上东西方向的坐标。

经度和纬度在地球表面构成了一个坐标网，地球上的每一点的位置都可以用经度和纬度标出来。

### 2. 理论时区和区时

1884 年在华盛顿举行的国际经度会议上，决定按经度线把全球划分为 24 个标准时区，每个时区跨 15°经度，即每相差 15°，时间就相差 1 小时，以 15°作为一个区域，每区的中央经度称为标准经度，这个经度的东边 7. 5°和西边 7. 5°之间构成一个时区，在这个时区内都使用中央经度的时间，这种时间被称为区时。零度经线（本初子午线）所在的时区，即 0°经线向东、向西各 7. 5°构成的时区，叫零时区，也叫中央时区，简称中时区。中时区的区时被称为世界标准时或格林威治标准时（GMT—Greenwich Mean Time）。这样，全球共划分为东西各 12 个时区，全球使用的不同时间减少到 24 个。

标准时间度的确立，是时间计量上的一大飞跃。它给现代社会生产、科学研究和国际间大范围的频繁交往带来了很大的方便。不过，上述时区制只是一种理论上的标准时刻度。这种理论区时制的时区既不考虑大陆分布状况，也不考虑国家政区界线，完全是根据经线划分的。实际上，时区的划分并不完全遵照理论区时制度的规定，各国所使用的标准时制度，同理论上的标准时制度是有区别的。

### 3. 法定时区和法定时

法定时区是各国根据本国具体情况自行规定的适用于本国的标准时区。法定时区的界限一般不是依据经线，而是依据实际的政治疆界和社会经济发展状况来确定的。根据法定时区的标准时，成为法定时。为了充分利用太阳光照，世界各国法定时区的标准经度，往往不是其适中经度，而是普遍向东偏离。从世界范围看，法定时区系统几乎比理论上的时区系统偏离一个时区。例如，法国和西班牙都位于中时区，它们所使用的法定时区却是东 1 区的标准时。而在我国，最东面比最西面的时间早约 4 小时，因此，新疆的作息制度比北京推迟2个小时，即北京工作人员中午12点下班吃午饭时，新疆工作人员尚在上午10点的工作状态。

4. 法定时间和标准时间的换算

法定时是目前世界各国实际使用的标准时，也称当地时。民航运输使用的航班时刻表，均以当地时显示时间。“OAG”航班指南中，公布了国际时间换算表来准确换算当地时和标准时。

当地时和标准时的关系在换算表中用标准时加或减的数字表示。

例如，当地时表示为GMT+1：表示当地时比标准时快一小时；

当地时表示为GMT-1：表示当地时比标准时慢一小时。

另外，除“OAG”中的国际时间换算表公布的信息外，以0°经线和180°经线为中央经线划出的中时区和东西12时区，也能查出各地当地时与标准时的关系（见图7.2）。

例如，北京所在的位置是东8区，即北京的当地时为GMT+8；

洛杉矶所在的位置是西8区，即洛杉矶的当地时为GMT-8。

当地时和标准时的换算非常有规律，利用“OAG”国际时间换算表换算时间，简单方便，是运输业务中常使用的方法。

5. 国际日期变更线

国际日期变更线也称日界线。跨越国际日期变更线的飞行，会在日期上产生一些混乱，形成让人们觉得时间多了一天或少了一天的有趣现象。其实，时间既不会多，也不会少，而是人们对日期数字的错觉。人们规定国际日期变更线的西侧最先进入新的一天，东侧的地方要等地球转了快一周后，才开始新的一天。因此，飞行从东向西飞越国际日期变更线，原周三即变成周四；如果飞行从西向东，原周三即变成周二。

但是，值得注意的是，跨越国际日期线的飞行，虽然改变了日期，但是不会对当日时刻问题产生影响。也就是，如果飞行由东向西，是周三12：00飞越国际日期变更线，那么，飞越后的瞬间即是周四的12：00。简单地说，飞行中跨越国际日期变更线，日期变化，但时刻不变。

国际日期变更线的两侧，同一时间内有两个日期。为了减少这一现象对人们工作和生活的影响，国际日期变更线划在太平洋上，并且有几个弯折，以避开不同的行政区划。但是，世界上只有一个国家基里巴斯被日界线穿越而过，成为世界上唯一须使用两本不同日历的国家。

时差换算中，如果换算的两个城市位于国际日期变更线的两侧，那么，由于日期的变化，可能得出负数时间，或大于24小时的时间数。这样，需要用一天的时间去调整成人们习惯的24小时制表示。

-11 -10 -9 -8 -7 -6 -5 -4 -3 -2 -1 GMT +1 +2 +3 +4 +5 +6 +7 +8 +9 +10 +11 +12 -12
换日线
DATE LINE
SATURDAY 星期六
SUNDAY 星期日
-9 安克雷奇 Anchorage
-8
-7
埃德蒙顿 Edmonton
温尼伯 Winnipeg
-5
温哥华 Vancouver
多伦多 Toronto
芝加哥 Chicago
纽约 New York
蒙特里尔 Montreal
-3:30
-6 华盛顿 Washington DC
洛杉矶 Los Angeles
檀香山 Honolulu
休斯敦 Houston
墨西哥城 Mexico City
努克 Nuuk
雷克雅未克 Reykjavik
加拉加斯 Caracas
波哥大 Bogota
利马 Lima
巴西利亚 Brasilia
里约热内卢 Rio de Janeiro
圣保罗 Sao Paulo
圣地亚哥 Santiago
布宜诺斯艾利斯 Buenos Aires
-9:30
帕匹特 Papeete
-8:30
斯德哥尔摩 Stockholm
伦敦 London
Paris 巴黎
马德里 Madrid
Rome 罗马
卡萨布兰卡 Casablanca
阿尔及尔 Algiers
柏林 Berlin
圣彼得堡 St. Petersburg +3
+5
莫斯科 Moscow
+4
伊斯坦布尔 Istanbul
塔什干 Tashkent
+6
开罗 Cairo
利雅得 Riyadh
+3:30
+4:30
New Delhi
新德里 +5:30
+5:40
+6:30
加尔各答 Calcutta
Bombay 孟买
Bangkok 曼谷
达喀尔 Dakar
阿比让 Abidjan
拉各斯 Lagos
金沙萨 Kinshasa
罗安达 Luanda
亚的斯亚贝巴 Addis Ababa
摩加迪沙 Mogadishu
内罗毕 Nairobi
约翰内斯堡 Johannesburg
开普敦 Cape Town
+7
新西伯利亚 Novosibirsk
+9
乌兰巴托 Ulaanbaatar
北京 Beijing
+8
Shanghai 上海
香港 Hong Kong
汉城 Seoul
东京 Tokyo
+10
+11
+12
+13
新加坡 Singapore
Jakarta 雅加达
莫尔斯比港 Port Moresby
苏瓦 Suva
+9:30
佩思（柏斯） Perth
悉尼 Sydney
墨尔本 Melbourne
奥克兰 Auckland
惠灵顿 Wellington

图7.2　世界时区图

## 二、温度换算

目前世界上采用的温度计量方式有三种，摄氏度、华氏度和热力学温度。我国和一些国家采用摄氏度，而另一些国家采用华氏度。

把冰、水、氯化铵和氯化钠的混合物的熔点定为零度，以0°F表示，把冰的熔点定为32°F，把水的沸点定为212°F，在32～212的间隔内均分180等份，这就是现在仍在许多国家使用的华氏温标，华氏温标确定之后，就有了华氏温度（指示数）。

用水银作测温质，以冰的熔点为零度（标以0℃），以水的沸点为100度（标以100℃）。水银柱的长度随温度做线性变化，在0度和100度之间均分成100等份，每一份也就是每一个单位叫1摄氏度。这种规定办法就叫摄氏温标。

华氏温标与摄氏温标的换算公式：

华氏℉（Fahrenheit）=℃×9/5+32

摄氏℃（Celsius or Centigrade）=5/9×（℉-32）

例如，将摄氏17度，换算成华氏度数。

其计算方法为：17×9/5+32=153/5+32=30.6+32=62.6，即摄氏17度等于华氏62.6度。

再如，将华氏84度，换算成摄氏度数。

其计算方法为：5/9×（84-32）=5/9×52=260/9=28.9，即华氏84度等于摄氏28.9度。

# 第五节 CIQ基本常识

## 一、CIQ的含义

CIQ是海关（Customs）、边防（Immigration）、检疫（Quarantine）的英文缩写。各国在出入境地方都设有CIQ机构，在海关、边防、检疫方面都有严格的规定。

海关主要负责对经口岸进出境的货物、运输工具、行李邮递物品等进行监管，征收关税和其他法定由海关征收的税费，查缉走私，开展贸易统计并办理其他海关业务。

出入境边防检查总站主要负责对出入境人员及其行李物品、交通运输工具（汽车、火车、船舶、飞机）及其运载货物实施边防检查，对出入境交通运输工具进行监护，对口岸限定区域进行警戒以及承担法律法规和主管机关赋予的其他任务。

国家出入境检验检疫局主要负责组织实施出入境检验检疫、鉴定和监督管理，负责对国家实行进口许可制度的民用商品入境验证管理，组织进出口商品检验检疫的前期监督和后续管理，组织实施出入境卫生检疫、传染病监测和卫生监督，组织实施出入境动植物检疫和监督管理，负责进出口食品卫生、质量的检验、监督和管理工作等等。

## 二、CIQ 机构及其职能

中国海关是国家进出境监督管理机关，在组织机构上分为 3 个层次，即海关总署（广东分署，天津、上海特派员办事处）、41 个直属海关、313 个隶属海关，并在布鲁塞尔、莫斯科、华盛顿等地设有派驻机构。中国海关实行垂直管理体制，海关总署是中国海关的最高领导机关，为中华人民共和国国务院下属的正部级直属机构，统一管理全国海关。中国海关奉行“依法行政，为国把关，服务经济，促进发展”的工作方针和“政治坚强、业务过硬、值得信赖”的队伍建设要求。

出入境边防检查工作的性质是代表国家在对外开放口岸为维护国家主权安全、便利通行而对出入国境人员和交通运输工具等实施的一种公开的国家行政管理活动。具体特性如下：第一，出入境边防检查工作具有高度统一性、集权性，由中央政府主管部门直接管理，实行垂直领导，国家在对外开放口岸设立的出境入境边防检查站均冠以国名。同时，出入境边防检查的根本任务是核准出境入境人员及其出境入境行为的资格，这种对资格的认定由国家法规授权，代表了国家的权力和意志，是一种通行的国际惯例和国家行为。第二，出入境边防检查工作具有涉外性。出入境边防检查工作直接处理外国人入境出境事务，是直接的外事工作。即使是处理本国公民的出入境事务，因涉及双边关系协定、国际公约、外国入境签证许可及其真伪等问题，也具有较强的涉外性。第三，出入境边防检查工作具有警察的职能。出入境边防检查工作属于公安行政管理，实行人民警察建制，承担着巩固共产党执政地位、维护国家长治久安、保障人民安居乐业的三大政治和社会责任。出入境边防检查工作的中央事权性、涉外性、公安性，决定了出入境边防检查工作的基本原则是依法行政，维护国家主权、安全和利益，方便出入境往来。概言之，就是依法行政、把关服务。

国家出入境检验检疫局的主要职能是贯彻执行出入境卫生检疫、动植物检疫和进出口商品检验法律、法规和政策规定的实施细则、办法及工作规程，负责境内的出入境检验检疫、鉴定、认证和监督管理等行政执法工作；负责实施出入境卫生检疫、传染病监测和卫生监督，负责口岸传染病的预防与控制工作，负责出入境人员的预防接种和传染病监测体检的管理工作；负责实施出入境动植物及其产品和其他检疫物的检验检疫与监督管理，负责动植物疫情监测、调查等工作，办理国家出入境检验检疫局授权的动植物检疫审批，实施动植物疫情的紧急预防措施；负责实施进出口商品（含食品）的法定检验和监督管理，负责实施一般包装和出口危险品货物包装检验，负责进出口商品鉴定管理工作，负责实施外商投资财产鉴定，办理进出口商品复验工作；负责实施对进出口食品、动植物及其产品等的生产（养殖、种植）、加工和存放等单位的卫生、检疫注册，负责实施进口安全质量许可和出口质量许可工作，负责实施进出口产品、体系认证和实验室认可、人员注册等工作，并监督管理等。

## 三、中国 CIQ 的规定

中国入境第一站办理检疫、边防手续，终点站办理海关手续。

### 1. 海关规定

①下列入境旅客应填写申报单：携带需经海关征税或限量免税的（旅客进、出境行李物品分类表）第二、三、四类物品（不含免税限量的烟酒）者；非居民旅客及持有前往国家（地区）再入境签证的居民旅客携带途中必需的旅行自用物品超出照相机、便携式收录机、小型摄影机、手提式摄录机、手提式文字处理机，每种一件范围者；携带人民币现钞 20000 元，或金银及其物品 50 克以上者；居民旅客携带外币现钞折合 6000 美元以上者；携带货物、货样以及所带物品超出旅客个人自用行李物品范围者；携带中国检疫法规规定管制的动、植物及其产品以及其他需办理验放手续的物品者。

②下列出境旅客应填写申报单：携带需复带出境的照相机、便携式收录音机、小型投影机、手提式摄录机、手提式文字处理机等旅行自用物品；未将应复带出境物品原物带出或携带出境的暂时免税物品未办理海关手续者；携带外币、金银及其物品未取得有关出境许可证明或超出本次进境申报数额者；携带人民币现钞 20000 元以上者，外币折合 6000 美元以上者；携带文物者；携带货物、货样者；携带出境物品超出海关规定的限值、限量或其他限制规定者；携带中国检疫法规规定管制的动、植物及其产品以及其他需办理验收手续的物品者。

③中华人民共和国禁止入境物品包括：各种武器、仿真武器、弹药及爆炸物品；伪造的货币及伪造的有价证券；对中国政治、经济、文化道德有害的印刷品、胶卷、照片、唱片、影片、录音带、录像带、激光视盘、激光唱盘、计算机存储介质及其他物品；各种烈性毒药；鸦片、吗啡、海洛因、大麻以及其他能使人成瘾的麻醉品、精神药物；带有危险性病菌、害虫及其他有害生物的动、植物及其产品；有碍人畜健康的、来自疫区的以及其他能传播疾病的食品、药品及其他物品。

④中华人民共和国禁止出境物品包括：列入禁止入境范围的所有物品；内容涉及国

家秘密的手稿、印刷品、胶卷、照片、唱片、影片、录音带、录像带、激光视盘、激光唱盘、计算机存储介质及其他物品；珍贵文物及其他禁止出境的文件；濒危的和珍贵的动、植物（均含标本）及其种子和繁殖材料。

⑤征免规定（16 岁以上者）：当天往返港澳地区的旅客，香烟 40 支或雪茄 50 支或烟丝 250 克免征关税，不准带免税酒进境；来往港澳地区的旅客（包括港澳旅客和内地因私前往港澳地区探亲和旅游等旅客），烟 200 支或雪茄 50 支或烟丝 250 克及酒 1 瓶（12 度以上的酒）免征关税；其他旅客，香烟 400 支或雪茄 100 支或烟丝 500 克及酒 2 瓶免征关税；外交部派出驻外人员和海员烟酒免税标准同其他旅客。

2. 边防规定

①出、入境卡用中、英文填写，不得涂改；

②任何护照都须填写出入境卡，一家人可填写一张（两人使用一本护照）；

③外国旅游团体持集体签证的客人，可不填写出入境卡片。

3. 检疫规定

①中国入境检疫规定：入境旅客必须遵守中国检疫法规，按照检验检疫机关的要求，如实填写入境检疫申明卡；来自黄热病疫区的旅客，必须填写申明卡并向检疫机关出示有效的黄热病预防接种证书；患有发热、腹泻、艾滋病、性病、精神病、开放性肺结核的入境人员应当申明。

②禁止携带入境的物品：人血及其制品；水果、辣椒、茄子、西红柿；动物尸体及标本；土壤；动植物原体、害虫及其他有害生物；活动物（伴侣犬、猫除外）及动物精液、受精卵、胚胎等遗传物质；蛋、皮张、鬃毛类、蹄骨角类、油脂类、动物肉类（含脏器类）及其他制品，鲜奶、奶酪、黄油、奶油、乳清粉、蚕蛹、蚕卵，动物血液及其制品，水生动物产品；转基因生物材料；废旧服装。

③允许带入但须申报检疫的物品：种子、苗木及其他繁殖材料、烟叶、粮谷、豆类（入境前需要先办理检疫审批手续）；鲜花、切花、干花；植物性样品、展品、标本；干果、干菜、腌制蔬菜、冷冻蔬菜；竹、藤、柳、草、木制品；犬、猫等宠物（每人限带一只，须持有狂犬病免疫证书及出发地所在国或者地区官方检疫机构出具的检疫证书，入境后需在检验检疫机构指定的地点隔离检疫 30 天）；特许进口的人类血液及其制品、微生物、人体组织及生物制品。

## 四、日本 CIQ 规定

1. 海关规定

①免税标准：机组人员可携带外国烟 60 支，日本烟 60 支，共 120 支或卷烟 15 支

或其他烟；居住者，纸烟400支，雪茄50支，其他烟250支，任选一种；非居住者，纸烟400支，卷烟100支，其他烟50支，任选一种；以上旅客，均可带3瓶酒（760克/瓶）限20岁以上，香水2盎司，手表2块（其中一块不得超过3万日元）。

除以上免税外，居住者还有20万日元的免税，非居住者10万日元的免税。

②海关申报单填写时的注意事项：不超过免税标准，可不填写申报单；过境旅客不出机场可不填写；带刀、枪的人都要填写；分离行李，无论是否超过标准都要填写；海关申报单分为日文、英文版，居住者填写日文版，非居住者填写英文版；可用各种文字填写，字迹清楚，不得涂改。

2. 边防规定

①日本入境，所有旅客都要填写入境卡，大人、孩子每人填写一张，可用各种文字填写；

②过境旅客，不出机场可不填写入境卡；

③机组人员不填写入境卡。

3. 检疫规定

①黄皮书一般情况不需要；

②肉类及动物不允许带进；

③禁止带植物，特殊情况时，有政府证明可以带有根的花，从美国来的白瓜子、橘子；

④不填写旅客健康表。

## 五、韩国CIQ规定

1. 海关规定

①18岁以上的旅客可享受免税标准：居住者和非居住者可带威士忌或其他酒一瓶，烟200支，香水2盎司，总价值不超400美元；所有贵重物品必须申报，携带10000美元以上，包括支票都要申报，外交官、外交使团不需要申报；12岁以上的旅客都要填写海关申报单，一家人可填写一张申报单；无论去哪里都由第一站国际机场办理海关手续；出入境时海关人员要对旅客的行李物品进行检查，不能口头申报，禁带出韩国古物和珍品（除非有文化部和情报部签发的许可证）；禁带麻醉剂、色情野蛮画册入境，禁带电影出版物、资料和来自共产主义国家的产品。

②对机组要求：机组海关申报单和旅客的申报单相同（当天往返不用填写）；机组携带物品不超过50000KRW，不许带威士忌入境，可带一瓶酒，一条烟。

2. 边防规定

每人必须填写入境卡（除过境旅客），包括韩国人。

3. 检疫规定

①不允许带水果、种子、鱼、肉类入境，可带少量罐装食品；

②植物和植物制品需有原国家植物检疫部门的卫生许可证；

③宠物必须持有原国家签发的健康证方可入境，入境后要作10天隔离，除非来自澳大利亚、夏威夷、爱尔兰、挪威、牙买加、日本、新西兰、葡萄牙、新加坡、瑞典、芬兰、斐济、塞浦路斯等国以及台湾地区。

思考题

1. 请说出南京、成都、大连、厦门等10个国内城市及机场的三字代码；写出中国10家主要航空公司的公司代码。

2. 举例说明北京—广州航线经过的国内主要地标；简述国际主要航线的划分情况。

3. 中国的航空区域规划有几个？陕西、湖北、贵州等省属于哪个航空区划地区？

4. 中国北京与美国休斯敦的时差是多少？

5. 回答CIQ的全称及其职责；从澳大利亚乘航班到达广州时，可以带进水果和大虾吗？为什么？

# 第八章　航空气象基础知识

## 学习目标

1. 了解航空气象的基本知识及其与飞行的关系。
2. 熟知影响飞行安全的气象要素。
3. 了解航空气象观测与报告的机构、方法、内容和相关术语。

航空气象是影响飞行正常和安全的主要因素之一，轻则导致航班延误，重则造成飞行事故。2010 年 4 月 10 日 14 时 50 分，波兰总统卡钦斯基乘坐的专机在俄罗斯西部城市斯摩棱斯克机场降落时坠毁，机载 97 人全部遇难，包括卡钦斯基夫妇。根据初步调查，该飞机坠毁的主要原因有三个，其中一条就是降落地天气条件不佳，据称飞机失事时当地浓雾弥漫，能见度很低。而同年 8 月 24 日 21 时 36 分左右发生在我国的伊春空难（机载 91 名旅客、5 名机组人员中有 43 人遇难），虽然尚未公布事故原因，但可以肯定的是，当地气象部门介绍说 24 日当晚伊春有大雾。

那么，到底天气对航空运输有着怎样的影响？哪些天气容易造成飞机飞行事故和航班延误？航空天气预报与普通天气预报又有怎样的不同呢？

## 第一节　航空气象概述

飞机在大气中飞行，大气总是在不停地运动。特别在对流层的中下部，各种天气现象频繁出现。它们往往对飞机起降和空中航行产生不利影响，气象人员要及时、准确地提供航空天气实况、航站预报、航线预报和区域预报，以供航行管制、飞行人员参考。同时，还需要地面服务人员的密切配合、协调。飞机的安全、正点，要靠全体民航工作人员的努力。因此，地面服务人员也应对影响飞行的天气有所了解。必要时，还可做好对旅客的解释工作。

航空气象学有其系统的理论基础和完整的知识体系，本章对其不做全面、深入地阐述，只对一些重要的特殊天气定性描述，即只介绍各种特殊天气的特征及对飞行的影响，不研究它们的形成背景、产生机制和发展变化。

## 一、民航飞机活动的大气环境

### （一）地球的圈层结构

地球是一个球体，它具有明显的圈层结构。大体来说可分为外部圈层和内部圈层。地球的内部圈层有 3 个，自地表向地球中心可依次分为地壳、地幔和地核，它们与飞行没有直接关系。

外部圈层指地表外的各个圈层，它由气体、液体及生物等共同组成，分为大气圈、水圈和生物圈。其中，大气圈是环绕地球外层的气体圈层，它的厚度约 2000 多千米。大气主要由 N、O、H、C 等元素组成，其中 N 元素约占 78%，O 元素约占 21%，二者容积占大气的 99%。大气的质量虽然只有地球质量的百万分之一，但是它对自然环境起到极为深刻的影响。深厚的大气好像地球的外衣，保护着生物免受外层空间各种宇宙射线的危害并防止地表温度的剧烈变化和水分散失。大气内部的物质始终处于运动态，一切风云雨雪等天气现象都发生在这一层；大气对生物界和人类的影响更为深刻，地球上的一切生命都离不开大气，可以说，没有大气就没有人类。从航空的角度上看，飞机活动的空间是大气圈的底层，而水圈、生物圈不与飞机飞行活动发生直接关系，但大气圈、水圈、生物圈均不是独立存在的，它们之间相互交叉，相互制约，形成人类赖以生存的自然环境。

### （二）飞机活动圈层

飞机的活动范围在大气层的底层。目前，高空飞行飞机的飞行高度一般不超过 20 千米，民航运输飞机则多在 12000 米以下。这一圈层的厚度还不足整个大气层厚度的 1%，根据近代卫星探测资料，大气的厚度为 2000 ~ 3000 千米，按照大气在垂直方向上温度的变化特点以及空气运动的规律，可以分为 5 个层次，即对流层、平流层、中间层、暖层、散逸层。飞机的活动圈层在对流层全部和平流层下部的范围之内，因此这两层的性质与特点，直接影响和制约着飞机的飞行活动。

### 1. 对流层

对流层为大气层的最底层，平均厚度约 10 多千米，低纬度地区相对较厚，约 17 ~ 18 千米，高纬度地区相对较薄，约 8 ~ 9 千米。它虽然是各层中最薄的一层，但却集中了整个大气质量的3/4，大气中的水汽和杂质都集中于这一层。对流层是目前飞行活动的主要圈层，飞机飞行中遇到的各种复杂的天气现象，像云、雾、雪、暴雨、雷电等都出现在这一对流层中。

对流层有三个明显的特征：

①气温随高度递减。在对流层中，大气的热能主要来自地面的长波辐射。由于太阳辐射能的绝大部分集中于短波 0. 17 ~ 4 微米之间，而大气对于这种短波辐射几乎不能吸收，因此大气的温度主要取决于地表的长波辐射，即离地表越近，得到的热能越多，反之，远离地表，则得到的热能越少，所以出现气温随高度增加而递减的现象，气象学中称之为气温的垂直递减率。一般来说，地表温度约为 288K（绝对气温），相当于摄氏温度 15℃；上升到对流层顶为 190K，相当于摄氏温度 -83℃，下降了 98℃；平均每上升 1000 米约下降 4. 5℃。

②有强烈的空气对流运动，对流层也因此而得名。由于气温随高度递减，造成空气对流，即空气的垂直升降运动，正是由于空气的抬升，才造成大气中的云、雨、雪、雷、电等危险天气的产生。

③冷、暖、干、湿的水平分布不均。这种分布不均造成空气的水平运动，使得不同区域之间不断进行能量和水分的交换。同时，对流层中由下到上的气流和天气现象的分布也有明显的差异。

### 2. 平流层

平流层是指从对流层顶至大气层 55 千米处，与对流层相比，它有明显不同的特点：

①气温随高度的增加而增加。平流层中大气的热能主要来自臭氧（$O_3$），对太阳辐射的吸收，主要是对紫外线的吸收。气温从 190K 又增加到 270K。

②平流层中大气运动以平流为主，平流层因此得名，该层气流相对平稳。

③平流层中含水汽和杂质极少，云、雨现象几乎绝迹。

所以，平流层中没有强烈的空气对流运动，没有各种危险的天气现象，气流平稳且大气均衡，能见度好，是民航飞机航行的良好层次。

从以上两个层次的分析来看，对流层上部和平流层内应该是飞行的理想层次。但是，在目前平流层还没有被充分利用，其原因一是民航飞机受性能所限，在平流层飞行的飞机必须具备高空飞行的能力，因为随着高度的增加，空气逐渐稀薄，飞行对操纵的反应会相对迟缓，改变这些缺陷只能通过飞机性能的提高才能解决。另一方面，由于各国行政区划的限制和空中管制的约束，多数中、短程飞行都被限制在较低的大气层次中，因为飞机爬高和降落是需要过程的，同时也会加剧航路的拥堵。

正常情况下，飞机起飞后，升到一定高度开始水平飞行，水平飞行的层次有一定的高度范围。在对流层中、下部，各种天气现象频繁出现，对飞行不利。但是在短程航线上，由于受距离、机型、空中管制等因素的制约，飞机仍需在这个层次内飞行。而在绝大多数中、远程航线上，航行层次在对流层上层和平流层下部之间。

考虑到目前的飞行密度及技术因素，通常将 8400 ~ 12000 米划为高空飞行层，8400 米以下为中低空飞行层。在高空飞行层中，相向飞行的层间间隔约为 600 米，同向飞行的高度层间隔为 1200 米；在中低空飞行层中，相向飞行的最小间隔为 300 米，同向飞行的高度层间隔为 600 米。为了充分利用空域资源，最新出台的新规则已把高空飞行层中的相向飞行层间隔也缩小为 300 米。

在低空飞行时，为了确保安全，要规定最低飞行高度。最低飞行高度与地形和障碍物有关。在平原地区，飞行必须高出航路上的最高障碍物 400 米以上，最高障碍物是指沿航路宽约 50 千米的带状区域内的制高点。而在山区，飞行要高出航路带上制高点的 600 米以上。

## 二、天气的基本要素及其对飞行的影响

### 1. 天气的基本要素

天气是指一个地方短时间内风雨、冷热、阴晴等大气状况，描述天气的基本要素包括：

①风——大气的水平流动；

②气温——大气的温度；

③降水——雨、冻雨、雪、冰雹、霜、雾、雾凇等，大气中的水分子只要以液态或固态形式降落于地表，均属于降水；

④气压——大气的压强。

天气是不断变化的，其要素为随机变量，如气象机构每日天气预报中的降水等都是用概率来描述的。

气候是一个地方多年平均的天气特征，这种特征相对稳定。气候的基本要素相同于天气的基本要素。

### 2. 气温及其对飞行的影响

①气温的水平分布及其影响。大气总是不断吸收热量和向外辐射热量，其获得净热量为正时，温度不断升高；净热量为负时，温度不断降低。通常，在 14 点之前，大气

吸收的热量大于其失去的热量，气温在 14 点前后达到最大值。14 点之后，大气吸收的热量小于其失去的热量，气温逐渐降低，在凌晨日出之前达到最低值。所以，一天当中的最高气温出现在 14 点前后，最低气温出现在凌晨日出之前。凌晨时的低温是产生辐射雾的主要原因之一。

一年当中，地球北半球平均最高气温的月份在 7 月，平均最低气温的月份在 1 月；地球南半球则正好相反。北半球夏季时普遍高温，高温可造成发动机推力相对减小，特别在高原地区，氧气稀少，与低压相配合会造成航班飞机的全重减载。而冬季的雨雪天气也会对飞行造成不利影响，特别是降雪造成北方很多机场的航班延误甚至停航。

②气温的垂直变化及其影响。由于大气不能直接吸收太阳光的短波辐射，其热量主要来自于地表的长波辐射。因此，离地表越近温度越高，离地表越远温度越低。在大气的底层，气温随着高度的增加而递减，平均每上升 1000 米气温下降 6.5℃。由于航班飞机多在 7000 米以上的高空平飞，因此，飞机在高空飞行层的机外温度多在零下 30℃以下，为此，航班飞机都有较好的保温和密封设施。

飞机在高空飞行时，其喷出的热气在吸收了周围的水汽后迅速凝结，在尾部形成一条长长的尾迹，被称为凝结尾气。若是其喷出的热气使云中的水滴或冰晶蒸发，形成云中空白，则被称为蒸发尾气。

### 3. 降水及其对飞行的影响

降水的所有形态，特别是雨雪、大雾等天气可能使地面能见度降低，从而影响飞行；降水还会导致机场跑道道面湿滑、场地密实度降低，增加飞机的起飞与降落滑跑距离，可能会造成飞机冲出跑道或陷落于土质场地；降水也会造成雨雪污染飞机和机场道面，遮盖地面标志，直接影响飞行安全。

### 4. 气压及其对飞行的影响

气压指大气的压强，主要与高度、温度有关。气压随高度的增加而递减，高空通常小于 0.5 个大气压。为此，民航飞机客舱必须密封，并且会随着飞行高度的增加自动增压。若客舱发生失密，将导致舱内人员及物体被大气吸出，同时产生的高空缺氧和低温会使舱内人员的生命受到威胁。在同一高度上，温度越高气压越低，温度越低气压越高。

气压与飞行安全关系密切，气压降低，即空气密度降低，可造成飞机发动机推力减小，导致飞机所需跑道滑跑起飞的距离加大；海拔越高，气压越低，高原地区的低压与夏季高温情况叠加，可造成飞机的全重减载，影响民航经济效益。冬季，西伯利亚的冷高压常常造成冷空气南下，出现锋面、大风、降温等天气；夏季的低压则是造成各种复杂天气的主要诱因，航班飞行时对此要特别重视。

资料链接

### 飞行员——搏击长空的“企业家”

迎着晨曦，我们驾着B757，从成都起飞了。目的地：东京。我们穿过厚厚的云层，高度接近9000米，我用无线电说：“成都：国航451请求继续上升高度!”

“国航451，保持9000米，‘合流水’报告。”成都常规回答。

“其他航路上的飞机，还没过来呢，我希望再上点。”

“稍等。”区调等了一下说，“你2分钟之内能上到10200米吗?”

“没问题。”我根据CDU显示果断地说。

强大的推力使飞机如小燕子般地向10200米高度层跃进。随着高度的升高，我欣喜地发现背后的西风越来越大。透过云缝，曲曲弯弯的长江丝带般悄然飘到了我的脚下，啊，飞机已经临近涪陵上空。我再次请求上升高度，区调管制员好奇地问“干吗飞那么高哇? 有的人可担心缺氧呵!”

“你爬过峨眉山吗?”

“爬过呀。”

那我告诉你吧，现代飞机的增压系统非常出色。我们现在的感觉，就好比坐在峨眉山金顶欣赏佛光。如可能的话，我们请求上11400米! 经管制员与武汉协调，我们终于上到了11400米的高度层，在强劲的西风吹送下，飞机以近1111千米/小时的地速向湖北境内急速进发。

“谢谢您，成都，您一个指令，我们这一趟至少节省2吨燃油，又为公司省下6000多块钱的成本!”（资料来源：《民航飞行与我》，本书编委会编，中国民航出版社，2004）

## 第二节　影响飞行安全的气象因素

按照正常的飞行过程，民航航班飞行可分为起飞爬升、航路巡航、进近着陆3个阶段。其中，起飞爬升和进近着陆两个阶段所用时间约占整个飞行时间的40%，但其发生事故的概率却高达95%以上；而占飞行总时间60%左右的航路巡航阶段的事故发生概率则在5%以下。据此，影响飞行安全的重要天气可分以为影响起降的重要天气以及影响航行的重要天气两种情况。

## 一、影响航班起降的重要天气

在航班起降阶段发生的事故中，除少数因飞机机械故障和机组人员操纵失误外，大多数与天气条件有关。严重影响航班起降的恶劣天气主要有低能见度、雷暴、地面大风、低空风切变等。

1. 低能见度

能见度是指具有正常视力的人在当时的天气条件下，能够看清目标轮廓的最大距离。低能见度通常是指能见度在1000米以下的天气。能见度的好坏直接影响着飞机的起降，能见度越低造成航班延误的可能性越大。低能见度是造成航班延误最重要的天气之一，它主要由雾、低云、降水、风沙、吹雪、浮尘、烟、霾等天气现象产生。

雾是水汽与悬浮在近地表上空的灰尘凝结而成的大量水滴或冰晶。雾的厚度一般在几十米到几百米之间。雾滴悬浮在近地表上空，一方面影响空气的透明度，另一方面对灯光产生较强的反射。机场上空有浓雾时，将严重妨碍飞机的起降。

雾是造成航班延误最主要的天气之一。在我国，雾的分布广泛且出现频繁，对航班起降影响很大，我国大部分重要空港城市都不同程度地受到其影响。

大雾是众多可以引起能见度降低的天气状况中对航班飞行影响最大的因素，严重妨碍航班的起飞和降落。当航线上有雾时，会影响地标航行；当目标区有雾时，对目视地标飞行、空投、照相、视察等活动有严重的影响。机场能见度低于350米，航班就无法起飞，低于500米时，航班就无法降落。如果能见度低于50米，飞机连滑行都无法进行，如果处置不当，极易造成飞行事故。国内外航空史上都曾发生过飞机在大雾中滑行时相撞而造成严重后果的事故。

2. 低云

云是由飘浮在空中的大量水滴和冰晶所组成，有各种各样的形态，反映当时的大气状态并能预示未来的天气变化。低云包括淡积云、浓积云、积雨云、碎积云、碎雨云。云底高度在500米以下的云，生成和移动较快，短时间内可掩盖整个机场上空，使能见度迅速降低，对飞机安全起降影响很大。根据形成原因，低云又可以分为锋面低云、平流低云和扰动低云。

低云也是危及航班飞行安全的危险天气之一，非常不利于飞机着陆。在低云遮蔽机场的情况下着陆，会造成飞机出云后离地面高度太低，如果这时飞机航向未对准跑道，往往来不及修正，容易造成复飞或坠毁；也会因为指挥或操作不当，可能造成飞机与地面障碍物相撞，或者造成飞机失速而发生事故。

3. 降水

降水泛指液态或固态水从云中降到地面的现象。云中的水滴和冰晶增长到不能飘浮在空中时会降到地面，产生降水。降水按其颗粒形态可分为液态降水和固态降水。液态降水即降雨，如雨、毛毛雨；固态降水有雪、冰雪、霰等。降水使能见度降低，降水越强，能见度越低。

降水不但能使能见度降低，而且会附着于飞机和地表，对低空飞行及着陆都产生不利影响。在空中，降水在座舱玻璃上造成流水或黏附雪花，使空中能见度更低。飞机如在过冷水滴的云层下飞行，会迅速结冰，危及安全。在大雨中飞行时，由于雨水的附着，可能改变机身表面形态，使飞机升力减小、阻力增大，同时大雨对机身的冲击会损失飞机的水平和垂直动量，使其在进近阶段过快而失速。在地面，降水附着在跑道上，地面摩擦力减小，使飞机操纵困难，特别是跑道积雪、结冰时更为明显，造成飞机在快速滑行或突然刹车时可能偏离跑道。

4. 地面大风

气象学上，一般把地面风速大于 12 米/秒的风称为大风，航空界则对地面大风有更严格的规定，因为机型不同，其所能承受的最大风速允许值也不同。有地面大风时，往往产生乱流涡旋，从而影响飞机的稳定性能，加大飞机飞行的操纵难度。尤其是侧风起降时，会使机身倾斜，导致飞机翼尖擦地，造成事故。风速强劲时，甚至会吹动吹翻停放的飞机并造成很大的破坏。同时，地面大风还可能伴有风沙、吹雪、浮尘等发生，致使近地面的能见度降低，从而影响航班起降。

在大风对航班飞行安全的影响中，低空风切变最为严重。低空风切变是指 600 米以下空中风向或风速的突然变化或明显变化。这种变化可分为三种基本情况，即水平风的垂直切变、水平风的水平切变及垂直风的水平切变。水平风的垂直切变指水平风在垂直方向上风速或风向突然改变；水平风的水平切变指水平风在水平方向上风向或风速突然改变；垂直风的水平切变指垂直风在水平方向上的突然改变。

风向及风速的突然变化，会造成改变飞机航迹和飞机姿态的结果，这种变化如在高空发生，可以通过适当的操纵使飞机恢复到平衡状态，但发生在低空时则来不及进行操纵调整，极有可能造成飞机坠毁事故。影响飞机安全起降的低空风切变主要是水平风切变和垂直风切变。

5. 雷暴

雷暴是指伴有雷击和闪电的强烈的局地对流性天气，是夏季影响飞行的主要天气因素之一。雷暴出现时，多伴有雷电、暴雨、冰雹和大风。雷暴产生于强烈发展的积雨云中，通常以一个个单体的形式分布空中，并且以一定的速度移动。

闪电和强烈的雷暴电场能严重干扰中、短波无线电通讯，甚至使通信联络暂时中断。当机场上空有雷暴时，往往会有短时间的强降水、恶劣的能见度、急剧的风向变化和阵风，这些都对飞行活动以及地面设备有很大的破坏性影响。雷暴产生的强降水、颠簸（包括上升、下降气流）、结冰、雷电、冰雹和飑，均给飞行造成很大的困难，严重时会使飞机失去控制、发动机或仪表损坏、马力减少，直接危及飞行安全。

我国东部地区的大多数机场在夏季都会不同程度上受到雷暴的影响。通常，出发机场和到达机场有强雷雨天气发生时，会造成航班大面积延误；而与雷雨相伴出现的大风、龙卷风、冰雹等灾害性天气，也会给飞行造成很大的困难；强电子流形成雷击，可以损坏雷达罩、天线、挡风玻璃、机翼，导致机体烧蚀现象；强烈颠簸则可能造成机体结构变形，威胁飞机中旅客的安全；如果在飞行中突入雷雨、飞机误入积雨云或者进入强降水区，还容易引起发动机停车；如果是在起飞降落的过程中进入雷雨区，受下沉气流的影响，可能遭遇低空风切变，飞机会变得很难操纵，容易失去方向，甚至失速坠落。

## 二、影响航行的重要天气

航行指飞机在高空的平飞阶段，此阶段可能遇到雷暴、高空急流、山地气流、飞机颠簸、飞机积冰等危险天气。

1. 雷暴

强雷暴的堡状云体可能突到7000米以上，从而对飞机航行产生威胁。雷暴对飞机起降以及巡航均有较大影响，强雷暴的出现往往对飞行造成危险。在雷暴中飞行时，云中强烈的乱流使飞行发生严重颠簸，甚至使飞机处于无法控制的状态；云中大量的过冷水滴会使飞机发生积冰；闪电能严重干扰无线电通讯，甚至烧坏仪器；冰雹可能击穿飞机蒙皮等等。一般情况下，应避免在雷暴区飞行。

2. 高空急流

高空急流指高空中风速超过30米/秒的强、窄气流。高空气流的分布比较有规律，某些急流随季节的变化而南北移动。我国青藏高原南北两侧有北支西风急流和南支西风急流，它们夏季北移，冬季南移。我国南海地区上空也存在一条东风急流。在急流中，风的水平切变和垂直切变明显，容易使气流产生扰动，从而造成飞机颠簸。飞机逆高空急流飞行时，速度降低，燃料消耗大。横穿急流时，将产生很大的偏流，难以保持航向。但若能掌握其特点并顺其飞行，则可节省燃油，缩短飞行时间。

3. 山地气流

气流过山时，因受阻被迫绕山和抬升，造成气流升降。越山后，往往又在背风坡造成乱流。由于山区地形和气候的复杂变化，还会产生动力乱流和热力乱流。因此飞机飞越山地时，在迎风坡，飞机受上升气流的抬举而自动升高，在背风坡则受下降气流影响自动下降。比较而言，背风坡对飞行更具有危害性。在山区，飞机被迫下降时可能发生撞山事故，也可能被下降气流带入背风坡涡旋中，使飞机难以操纵。此外，山地乱流也可能对飞行造成较大影响。因此，在山地飞行时应尽量保持在安全高度之上。

### 4. 飞机颠簸

飞机颠簸是飞机进入扰动空气层后发生的左右摇晃、前后冲击、上下抛掷及机身震颤等现象。飞机颠簸会使飞机各部承受的载荷发生变化，可能造成部件损害。颠簸发生时，常使仪表显示失常，难以靠仪表飞行。同时，飞机的颠簸会增大飞行阻力、增加燃料消耗、影响航程，还会使机组人员与旅客困乏疲惫。飞机颠簸为扰动气流所致，而扰动气流在不同高度层都有可能发生，所以高空飞行中旅客仍然要系好安全带。飞机颠簸几乎在每次飞行中都会遇到，一般不会出现太大危险。但如遇到强烈的扰动气流也可能造成严重事故，1998 年 12 月，美联航一架波音 747 型飞机在太平洋上空遇到强力晴空颠簸，一名乘客因未系安全带头部撞到机舱顶部后受伤死亡。

### 5. 飞机积冰

飞机航行时，大气中的过冷水滴在飞机表面冻结成冰层的现象称飞机积冰。飞机积冰多发生在飞机突出的迎风部位。积冰后，飞机的空气动力性能变坏，影响稳定性和操纵性，若天线积冰将妨碍通讯联系，若座舱盖积冰会使目视飞行发生困难，因此结冰对飞行是很危险的。不过现代化大型客机上均装有防冰设备，除少数天气恶劣情况下仍有飞机积冰现象外，一般不会发生很大危险。

### 6. 影响航行的重要天气系统

天气由大气中移动着的大小天气系统引起，这些系统既是各种危险天气的“酿造者”，又是它的“运载者”。天气系统尺度，大则在几千千米以上，小则不足一千米。大气中尺度较大的天气系统是气团、锋、气旋反气旋、槽线、切变线等，其中气旋对航班飞行影响更大。

气旋是在低压中心周围形成的较大尺度的水平空气涡旋，它在地球中纬度地区出现频繁，尤其在欧亚大陆和北美大陆，是造成各种天气的重要天气系统。气旋在热带海洋上可形成较大尺度的强烈空气涡旋，它在太平洋西部称为台风，在太平洋东部及大西洋上称为飓风。台风是影响东亚地区的重要天气系统。每年 7、8、9 月，台风频繁出现在我国东南部海域，且常有台风登陆，威胁百姓生命及财产安全。台风内的恶劣天气同样严重威胁航班飞行安全，在台风经过的地区常造成航班暂时中断，甚至吹翻停在机坪上的飞机。

科学技术的进步特别是气象卫星的使用，已经能对台风、飓风的发生进行十分准确的预报，气象卫星云图可让气象预报机构掌握每一个台风、飓风的发生、发展和移动情况，有利于航班飞行安全的保证。

## 资料链接一

### 我国主要空港城市的年平均雾日

| 城市 | 雾日 | 城市 | 雾日 |
|---|---|---|---|
| 重庆 | 69.7 | 天津 | 17.4 |
| 成都 | 54.5 | 乌鲁木齐 | 17.4 |
| 杭州 | 46.3 | 厦门 | 14.3 |
| 上海 | 43.1 | 哈尔滨 | 13.6 |
| 大连 | 41.9 | 沈阳 | 11.4 |
| 海口 | 40.7 | 广州 | 4.8 |
| 西安 | 33 | 昆明 | 3.6 |
| 武汉 | 32 | 桂林 | 2.6 |
| 南京 | 22.4 | 兰州 | 1.4 |
| 北京 | 19.3 | 拉萨 | 0 |

## 资料链接二

### 飞机除雪除冰，方能安全飞行

我国北方地区冬季的降雪，经常对一些重要机场造成影响，为此，北方机场都制订了冬季除冰雪计划。此外，驻场飞机在雨雪天气下，也可能造成机身表面结冰。在起飞前要除冰以确保飞行安全。降雪对飞机飞行的影响主要是体现在几个方面：

其一，大雪天气里，机场的能见度严重变低，影响飞行人员的视线。当能见度只有几十米时，飞行人员操控的飞机根本无法降落和起飞，甚至无法滑行。如果处理不当就极易出现飞行事故，这使得机场被迫关闭，正常航班随之变得不正常或被取消。

其二，由于强冷空气的到来，地表温度急剧下降。所降雨雪遇到低温，会在跑道上迅速结成冰层。飞机轮胎与冰层间摩擦力减小，降落或起飞的飞机在跑道上会产生不规则滑动，不易保持方向，极易冲出跑道发生危险。

其三，大雪使飞机机身积冰或结冰，冰霜的聚积增加了飞机的重量。同时，积冰可能引起机翼流线型的改变、螺旋桨叶重量的不平衡，或者是汽化器中进气管的封闭、起落架收放困难、无线电天线失去作用、汽化器减少了进气量、飞机马力降低、油门冻结断绝了油料来源、驾驶舱窗门结冰封闭驾驶员的视线等等，这些都可能造成严重的飞机失事。

因此，大雪天气里，由于能见度低，为了保障安全，空中交通管制部门会加大飞机之间的安全距离，控制航班起降，加长间隔时间，拉大空间距离，所以难免会让航班等待时间变长，造成航班延误。同时，一旦飞机出现冰冻现象时，就必须及时除冰。而除冰作业需要一定的时间，这样势必会影响航班正点。

## 资料链接三

### 飞机与雷电

2006 年 4 月 8 日 15 时 37 分，由大连经停青岛飞往武汉的 MU2518 波音 737-300 型客机，在武汉天河机场降落过程中突遭雷击，起落架舱周边被雷击中，出现 4 个雷击点，但飞机安全降落在武汉天河机场，百余名乘客安然无恙。

图 8.1　飞机遭雷击示意图

航空公司高度重视，为安全起见，该飞机的后续航班暂时停飞，立即进行全面修检，确认可以安全飞行后，于 19 时 59 分，该飞机改为 MU2519 次航班，由武汉飞往海南三亚。

另悉，原定 15 时 50 分由昆明至武汉的 MU2464 航班因雷雨天气而备降长沙，17 时 55 分才回武汉。（摘自《武汉晚报》，2006 年 4 月 9 日，记者万勤、左洋，通讯员李明）

## 第三节　航空气象观测与报告

气象条件对飞机的起飞、航行、降落以及其他各种飞行活动有着很大的影响。鉴于气象对航空活动的重要影响，各国的民航当局和气象部门都组织了气象服务部门及时地为航行部门、空中交通管理部门及驾驶员提供准确的气象信息以保证飞行安全、正常和效率。民用航空气象工作的基本内容包括探测、收集、分析和处理气象资料，制作发布航空气象产品，及时、准确地提供民用航空活动所需的气象情报。民用航空气象工作的目的是为民用航空活动的安全、正常和效率提供服务。

### 一、民航气象组织机构

中国的航空气象服务是由单独的民航气象机构完成的，由航空气象观测站、机场气象台和区域气象预报中心组成。航空气象观测站设在机场和主要航路点上，它的任务是观察和记录天气实况，向机组和机场气象台提供天气实况；机场气象台的任务是编制机场和航路天气预报，收集有关航行的气象报告，并和有关的方面与地方气象台交换气象情报，向飞行机组和其他航务人员讲解天气形势，并提供各种气象文件；区域气象预报中心的任务是提供区域内重要天气预报图和特定高度层上的高空风的情况。此外，驾驶员要按规定向航空气象部门报告天气情况，也是航空气象情报网的重要组成部分。

国外则把较多的气象预报任务交由国家气象系统的气象台站发布，航空气象服务部门和航行情报部门合在一起，由航行情报服务中心发布主要的气象报告。

### 二、民航气象报告

民航气象报告主要有下列几种：

①机场气象观测报告。这是由观测站发布的当地有关的地面风、能见度、云底高、降水、气温、露点、气压的报告，这种报告要每小时发布一次，通过电信网来发布。如果遇到特殊的天气变化，还可以不定期地发布这种报告，目前在一些大机场都有自动气象发布设施，可以每小时自动发出观测报告。

②机场预报。它是对机场区域的天气进行预报，一般每 6 小时发布一次，有效时段为 18 或者 24 小时，机场预报的主要内容是机场的云底高度、能见度和风速、风向、降水等在 24 小时内的变化。

③起飞预报。对跑道上地面风、气温、气压提前3小时作出预报，以帮助飞行人员做飞行准备。

④高空风预报。它报告在一段时间内（一般为9小时、6小时或3小时）不同高度上的风速、风向、温度。预报中要注明发布时间和有效时间，报告的高度从3000英尺、6000英尺一直到34000英尺和39000英尺。

⑤航路预报。分为航路天气信息和重要气象情报两种，都是由航路气象观测站发出的，然后由航行服务中心的高频广播播出。航路天气信息是对航路飞行高度上天气情况的预报，内容包括高空风、气温和重要天气情况，每小时广播2次；重要气象情报是在航路上出现或预期出现影响飞机安全飞行因素时的气象情报，内容包括巡航高度上的雷暴、热带气旋、严重结冰、沙暴、火山喷发等，在发布后的最初1小时播出4次，每15分钟1次，之后每小时2次，有效时间一般为4～6小时。

⑥天气图。天气图是由国家气象系统来制作的，分为很多种，通过电信网发给各气象单位，由于航空和气象的密切关联，根据航空需要制作的称为航空天气图，有地面天气图、天气形势图、天气预报图等三种。

⑦雪情通告。机场航行情报室根据雪情由电信网络自动以电信方式发出，它一般附加在每小时一次的天气报告之后，通常每小时一次。如果跑道雪情有重大变化，要增加发布次数，有效期不超过24小时，使驾驶员和其他人员能在飞行前或飞行中及时得到信息，制订或修订飞行计划。

随着气象科学的进步，气象报告和气象预报越来越准确，更多的气象预报工作也直接由政府气象部门负责。由于民航部门需要航路点上及时的气象预报，因此民航的气象观察点和飞行员在飞行中观测到有关天气的报告仍然是重要的第一手气象资料，民航的航行情报单位要和气象单位紧密合作，为航行部门和飞行人员提供更准确和详尽的气象服务，以保证民航运输的效率和安全。

## 三、飞行情报服务（含天气情报）的具体内容与发送

飞行情报是为飞行的航空器提供的航行情报服务，目的是为飞机飞行的安全和有效进行提供情报和建议，它由飞行情报服务单位或空中交通管制单位提供。

### 1. 飞行情报服务的具体内容

①重要天气情报和航行通告（NOTAM）中未发布的有关火山喷发前活动、火山喷发的情报和关于火山灰尘的情报；

②导航设备可用性变动和服务内容变动的情报；

③机场设施或飞行区有关设施变动的情报，影响飞行的雪、冰或相当深度积水的情

报；

④起飞机场、目的地机场、备降机场的天气状况；

⑤关于气球等碰撞危险的示警报告；

⑥对水域上空的飞行，可应驾驶员要求提供任何有用的情报，如该区内水面船只的有关无线电呼号、真实航迹以及运动速度情况等。

### 2. 飞行情报的发送

飞行情报主要使用三种手段发送：高频通信、甚高频通信和航站自动情报服务（ATIS—Automatic Terminal Information Service）广播。

空中交通服务单位应尽快地把飞行情报发往有关的航空器、其他空中交通服务单位和协作的气象单位。如果空中交通管制单位同时负责航行情报服务，但它的首要任务仍是空中交通管制服务。

### 3. 航站自动情报服务

航站自动情报服务是由繁忙机场为减少甚高频通信频道负荷而提供的广播服务，它为进场的和离场的航空器提供所需求的情报。有的机场把对到达的航空器和对离场的航空器的广播分别设立两个频道。广播是连续重复的而且不断更新内容，内容主要是飞机在这个机场上运行所需要掌握的有关情况，如机场的名称、代号；观测的时间；在用跑道情况和跑道系统有无潜在问题；跑道道面重要情况；是否需要等待；地面风向、风速；能见度和跑道能见距离；1500 米以下的云层；大气温度、露点温度；高度表设定以及其他的 ATIS 的指令。

## 第四节　航空气象预报术语

①标准等压面：世界范围内使用的用以表示和分析大气状况的等压面。包括 1000、925、850、700、500、400、300、250、200、150、100hPa 等层。

②城市热岛：由于大城市人口密集、工业集中、交通发达和建筑物本身导热率和热容量高，结果出现城市温度比郊区温度高出 2～3℃的现象。

③低空风切变：一般指高度在 500 米以下，风向或风速在空间一定距离上的突然变化。如发生在飞机的起降航径上，对飞行安全有很大的威胁。

④低空重要气象情报（AIRMET）：气象监视台发布的可能影响低空航空器飞行安全的特定航路天气现象的发生或预期发生的情报。该情报中的天气现象未包含在为有关的飞行情报区（或其分区）的低空飞行发布的预报中。

⑤对流：在流体中，造成流体特性混合和传输的质量运动。在气象上专指以垂直方向为主的大气运动，由此产生的天气现象主要有雷暴、龙卷风、下击暴流。

⑥飞机颠簸：飞机在短时间内突然上升、突然下降以及摇晃、摆动和局部抖动的现象。

⑦过冷却：任何液体的温度下降到该物质固点的熔点（正常的冻结点）以下不冻结的现象。

⑧飞机积冰：飞行穿越过冷却云层或雨区时，飞机某些机体表面由于过冷水滴碰并、聚集或水汽凝华形成冰层的现象。

⑨飞机尾涡：飞机飞行中绕过机翼和机身的气流产生的低速低压区，常呈长条开尾状的涡旋区。

⑩急流：大气层中一股强而窄的气流。一般长数千千米，宽数百千米，厚数千米。

⑪大雨：降水强度和数量较大的雨。日（24 小时）降水量在 25.0 ~ 49.9 毫米之间的降雨。

⑫暴雨：统指日降水量大于或等于 50 毫米的降雨。其中，日降水量大于或等于 100 毫米小于或等于 199 毫米的称大暴雨。日降水量大于或等于 200 毫米的称特大暴雨。

⑬能见度：用距离来表示大气浑浊程度的量，可分为：

航空能见度：当在明亮的背景下观测时，能够看到和辨认出位于近地面的一定范围内的黑色目标物的最大距离；在无光的背景下，使用 1000 坎德拉左右的灯光能够看到和辨认出的最大距离。

有效能见度：指观测点四周一半以上的视野内都能达到的最大水平距离。目前，中国民航观测和报告有效能见度。

主导能见度：指观测点四周一半或以上的视野内能达到的最大水平距离。

跑道能见度：指从跑道的一端沿跑道方向可以辨认跑道本身或接近跑道的目标物（夜间为指定的跑道边灯）的最大距离。

垂直能见度：指浑浊媒质中的垂直视程。

倾斜能见度：指从飞行中的飞机驾驶舱观察未被云层遮蔽的地面上的明显目标物（夜间为规定的灯光）时，能够辨认出来的最大距离。从地面向斜上方观察时，能见度也称为倾斜能见度。

最小能见度：指能见度因方向而异时，其中最小的能见距离。

⑭跑道视程（RVR）：在跑道中线，航空器上的飞行员能看到跑道面上的标志或跑道边界灯或中线的距离。

⑮气压：大气压强的简称，表示单位面积上所承受的大气柱的重量。

本站气压：指气象台（站）气压表所在高度的气压。

场面气压：指飞机着陆地区（在跑道上）最高点的气压。

修正海平面气压：指场面气压按国际标准大气条件订正到海平面的气压。

海平面气压：指海平面高度上的气压。通常指本站气压订正到海平面高度处的气压。

⑯热带气旋：起源于热带和亚热带水域、伴有对流发生和明显的气旋性风向环流的非锋面性天气尺度气旋，包括：

最大风力 12 级或以上为台风（西北太平洋）、飓风（北大西洋）；

最大风力 8 ~ 11 级为热带风暴；

最大风力 7 级以下为热带低压。

⑰云：大气中水汽凝结或凝华所形成的一种物理现象。云有几种分类方法，按云底高分类有：高云，底高 6000 米以上；中云，底高 2500 ~ 6000 米；低云，底高低于 2500 米。其中对飞行影响较大的主要为低云，低云又有四种——层云，呈均匀幕状，像雾但不接触地面，偶降米雪、毛毛雨或冰针；雨层云，厚而均匀的降水云幕，常布满全天而完全遮蔽日月，云底低，较阴暗模糊，常有连续性降水；浓积云，云顶呈重叠的圆弧形凸起，垂直发展强的时候，个体臃肿、高耸，有时产生阵性降水；积雨云，云体浓厚庞大，垂直发展极盛，远看很像耸立的高山。云中对流旺盛，能产生多种影响飞行安全的天气。

⑱重要气象情报：气象监视台发布的可能影响航空器飞行安全的特定航路天气现象的出现或预期出现的情报。

1. 简述气温、降水、气压、风对飞行的影响。
2. 导致低能见度天气的主要因素有哪些？
3. 在出现大雾的情况下航班可以正常起降吗？为什么？

# 参考文献


[1] 姜长英．中国航空史．北京：清华大学出版社，2000.

[2] 姚峻．中国航空史．郑州：大象出版社，1998.

[3] 王乃天．近代中国民航史稿．北京：《当代中国民航事业》编辑部，1987.

[4]《当代中国》丛书编辑部．当代中国的民航事业．北京：中国社会科学出版社，1989.

[5] 蒋祝平．中国民航的改革开放（1979—1991）．北京：国际文化出版公司，1992.

[6] 中国民航总局史志编辑部．中国航空公司、欧亚—中央航空公司史料汇编．北京：中国民航总局，1997.

[7] 中国民航总局史志编辑部．中国民航史料通讯（1～180 期）．北京：中国民航总局．

[8] 陈耀寰．银翼处处：中国大陆、台湾省及香港民航史略．北京：中国华侨出版公司，1990.

[9] 沈图．沈图回忆录．天津：百花文艺出版社，1993.

[10] 孟平．中国通用航空 50 年．北京：中国民航出版社，2004.

[11]《航空史研究》编辑部．航空史研究（52～62 期）．西安：西北工业大学航空史研究室．

[12] 徐柏龄．前车之鉴——新中国民航飞行安全回顾与思考．北京：中国民航出版社，2002.

[13] 徐柏龄．政要专机的绝密飞行．北京：中国青年出版社，2003.

[14] 刘得一．民航概论．北京：中国民航出版社，2000.

[15] 刘得一．民航知识小百科．北京：中国民航出版社，2003.

[16] 林千，邓有池．中国民航大博览．北京：京华出版社，2000.

[17] 王钟强，刘润宝．航空航天博物馆．郑州：河南教育出版社，1995.

[18] 程昭武，沈美珍，孟鹊鸣．中国名机珍藏．北京：中国民航出版社，1998.

[19] 谭惠卓．航空运输地理教程．北京：中国民航出版社，2007.

[20] 韩明阳．草创人民空军纪实．北京：中国文史出版社，1997.

[21] 马鸿志. 新中国第一代空姐. 银川：宁夏人民出版社，1994.
[22] 徐康明，刘莲芬. 飞越“驼峰”. 北京：解放军出版社，2005.
[23] 刘宝善. 飞天史话. 北京：中国民航出版社，2003.
[24] 林明华. 天泉——周恩来与中国民航. 北京：中国民航出版社，2007.
[25] 林明华. 凤翥龙翔——民航文化纵横. 北京：人民日报出版社，2009.
[26] 万青. 航空运输地理. 北京：中国民航出版社，2006.
[27] 洪德慧，江群. 航空运输地理. 北京：国防工业出版社，2009.
[28] 中国民用航空局网站. 网址：www. caac. gov. cn.
[29] 中国民用航空总局规划司. 从统计看民航（1997—2010）. 北京：中国民航出版社，2010.
[30] 本书编委会. 民航飞行与我. 北京：中国民航出版社，2004.
[31] 民航总局职业技能鉴定指导中心. 民航乘务员职业技能鉴定指南，2000.
[32] 李永. 与您同飞——中国民航旅行伴读. 呼和浩特：内蒙古人民出版社，1996.
[33] 李永. 刘敬宜传. 北京：中国文史出版社，2001.
[34] 李永. 民航基础知识教程. 北京：中国民航出版社，2006.
[35] 李永. 民航简史. 北京：中国民航出版社，2010.
[36] 李永，朱天柱. 民航机场地面服务概论. 北京：中国民航出版社，2006.